入选"教育部基础教育课程教材阅读指导目录"

老子今注今译

（参照简帛本最新修订版）

陈鼓应　注译

图书在版编目(CIP)数据

老子今注今译:参照简帛本最新修订版/陈鼓应注译.—北京:商务印书馆,2020
ISBN 978-7-100-18757-2

Ⅰ.①老… Ⅱ.①陈… Ⅲ.①道家 ②《道德经》—注释 ③《道德经》—译文 Ⅳ.①B223.1

中国版本图书馆 CIP 数据核字(2020)第 126264 号

权利保留,侵权必究。

老子今注今译
(参照简帛本最新修订版)
陈鼓应 注译

商务印书馆出版
(北京王府井大街36号 邮政编码100710)
商务印书馆发行
北京艺辉伊航图文有限公司印刷
ISBN 978-7-100-18757-2

2020年8月第1版　开本 880×1230 1/32
2020年8月北京第1次印刷　印张 15⅜
定价:62.00元

目　录

北京商务重排版序 …… 1

三次修订版序 …… 3

二次修订版序 …… 5

修订版序 …… 7

初版序 …… 14

老子哲学系统的形成和开展 …… 22

注释、今译与引述 …… 73

一　章（73）　　二　章（80）　　三　章（86）

四　章（90）　　五　章（93）　　六　章（98）

七　章（100）　八　章（102）　九　章（105）

十　章（108）　十一章（115）　十二章（118）

十三章（121）　十四章（126）　十五章（129）

十六章（134）　十七章（141）　十八章（145）

十九章（147）　二十章（150）　二十一章（156）

二十二章（161）　二十三章（164）　二十四章（167）

二十五章（169） 二十六章（176） 二十七章（179）

二十八章（183） 二十九章（188） 三十章（192）

三十一章（195） 三十二章（198） 三十三章（201）

三十四章（203） 三十五章（205） 三十六章（207）

三十七章（212） 三十八章（215） 三十九章（221）

四十章（226） 四十一章（229） 四十二章（233）

四十三章（239） 四十四章（241） 四十五章（243）

四十六章（245） 四十七章（248） 四十八章（250）

四十九章（253） 五十章（256） 五十一章（260）

五十二章（265） 五十三章（268） 五十四章（271）

五十五章（274） 五十六章（277） 五十七章（280）

五十八章（284） 五十九章（288） 六十章（291）

六十一章（293） 六十二章（295） 六十三章（298）

六十四章（301） 六十五章（304） 六十六章（308）

六十七章（310） 六十八章（313） 六十九章（315）

七十章（318） 七十一章（320） 七十二章（323）

七十三章（326） 七十四章（328） 七十五章（330）

七十六章（332） 七十七章（336） 七十八章（339）

七十九章（341） 八十章（345） 八十一章（349）

历代老子注书评介 ……………………………………… 352

附录一　帛书老子甲乙本释文 ……………………………… 397

附录二　郭店竹简《老子》甲乙丙三组释文 ……………… 431
附录三　老子校定文 ……………………………………… 441
附录四　参考书目 ………………………………………… 477
校后记 ……………………………………………………… 484

北京商务重排版序

早在一千三百五十多年前，老子的书就被译成外国文字，那是唐太宗时代，高僧玄奘与道士成玄英等将《老子》译为梵文。近代以来，西方学人移译外国典籍，最多是《圣经》，其次就是《老子》。当代自马王堆汉墓发掘两种帛书《老子》，及最近湖北郭店战国楚墓出土三种《老子》摘抄本以来，世界各地的专家学者更加热切地发表论著或译成各国文字。本书也因竹帛《老子》的问世，进行了多次的修订。

本书初稿完成于1970年，由台湾商务印书馆印行。数年后马王堆帛出《老子》出版的消息传来，但是由于当时台湾尚处于戒严时期，大陆出版品在严禁之列，直至1979年我旅居美国，才得以看到有关帛书探讨的书籍文章。我在加州大学柏克莱分校作研究的数年间，运用该校中文部图书馆的有关藏书，对拙著进行首次大幅度修订，参照马王堆帛书《老子》进行逐章修订。校定稿于1983年由北京中华书局以繁体字排版发行。

1984至1996年间，我在北京大学讲授老庄哲学课程时，陆续发现注译方面有不少尚待订正之处。1997年春，我因平反复职重回母校台大哲学系任教；1999年秋天，又到布拉格查尔斯大学讲授老子课程，在此期间，笔者对本书再次进行大幅度修订。此次修订仍以王弼通行本为底本，参照帛书及郭店本，作了全面审慎的修改。这是第二次对本书做出大幅度的修订，修订后由台湾商务印书馆于2000年以繁体字排印。

本书的出版权已经由北京商务向台湾商务取得，以简体字体印行，在排印校对期间，我又作了少许订正，作为一个作者，这是我自己最满意的一个定本了。

承蒙总经理杨德炎先生面允，北京商务将陆续出版我的多种著述，这对我是莫大的鼓励。有关排印等各项事宜，获著作室主任常绍民先生费心协助，一并感谢。

2002年11月于台大哲学系研究室

三次修订版序

一九七三年湖南长沙马王堆汉墓出土一大批帛书,其中帛书甲、乙本《老子》尤引人注目。岂料二十年后,一九九三年湖北荆门郭店村战国楚墓又出土了为数众多的竹简,其中竟然出现三种《老子》摘抄本。消息传出,举世学子奔走相告。这批比马王堆帛书早上百年的珍贵文献,终于在一九九八年五月汇编成册(《郭店楚墓竹简》)由北京文物出版社印行问世。我们能目睹这一世界最古老的《老子》抄本,何其有幸!

郭店楚墓整理者彭浩先生根据竹简形制及长短不同,将多种简文《老子》分成甲、乙、丙三组,这三组《老子》摘抄本字数约当今本三分之一。章次安排与今本大不相同。拿通行本来仔细核对,可以发现章次虽迥异,但各本文义顺序及其内容基本一致。三组简文抄写内容上各不相复,仅有一节相应于通行本六十四章下段文字,重出于甲、丙组中,两相对比,丙组中的文句与马王堆帛本及通行本接近。通体观察,我们认为甲组文义接近《老子》祖本,它的抄写年代,距离老聃逝世可能仅百余年。

郭店简文《老子》的问世,不仅打破了《老子》晚出说的谬误,也大大扩展了老学宽广的伦理空间。中外学者在这些方面纷纷发表专文讨论,读者有兴趣,请参看陈鼓应主编的《道家文化研究》十七辑专刊《郭店楚墓〈老子〉专题研究》。

在多种通行本中,王弼本对历代影响最大。所以本书仍以王本为主,参照其他各古本进行校释。年前曾据马王堆帛书本,做了一次审慎的修改,如今郭店简本的公布,我不得不再次进行修订。我想这该是我有生之年最后一次为《老子今注今译》修订了。

一九九九年一月于台大哲学系

二次修订版序

本书于 1970 年初版，三年后曾略作修订。由于我长期滞留海外，自 1973 年修订后，迄未改版。我在北京大学多次开设老庄哲学课程，对于本书【注释】部分早就感到有重新修改的必要。前年夏天，我回到阔别十四年的台北，承商务总经理张连生先生面允，修改后重新排版由台湾商务印书馆一家出版。我遂于去年秋冬着手整理，日前完稿。这次修订，主要在【注释】部分进行了较多的更改，而【引述】部分，仍维持原样，以保持我先前的观点。我在写这序文时，悉获湖北荆门市出土了一批比马王堆汉墓帛书更早的竹简，其中与《老子》有关的残简尤引人瞩目。该墓葬早至战国中期，是则古史辨派学者所谓《老子》成书晚期说，更加不能成立。此前，我曾多次为文力主《老子》为老聃自著，其成书早于《论语》（近年来我曾发表过〈老学先于孔学〉、〈老子与孔子思想比较研究〉、〈老子与先秦道学各流派〉、〈论老子晚出说在考证方法常见的谬误〉、〈墨子与老子思想上的联系〉等文，前三文收在拙著《老庄新论》书中，后两文刊在《道家文化研究》第四、五辑。我对老学有些新的观点，则尚未成文）。

近五六年，在我已发表的论文里，有两个论题引起学界广泛的争论：一是《易传》学派性质的问题，一是道家主干说。前者，我连续写了十几篇文章，推翻《易传》是儒家作品的旧说，而论证它是道家学派之作（现已汇集成册《易传与道家思想》在台湾商务印书馆出版）。后者，我曾撰文论说中国哲学的主干部分是道家思想而非儒家。今后的几年我将在这一课题上，继续探讨。在我近来写的文章里，我曾一再提到老子是中国哲学之父，认为中国"哲学的突破"始于老子。事实上，对于整个中国哲学史，越往下探索，越深入研究，就越会认识到老子在中国哲学史上的影响，远超过其他各家。

中国古典文化译成外国文字，以《老子》的译本最多，时至今日，每年仍有多种不同的老子译本问世。在众多研究著述中，对老子原文的阐释，也常出现仁者见仁、智者见智的现象，拙著也只是提供一得之愚，尚祈专家学者不吝指正。

1996 年春于台北

修订版序

一、本书正文以中华书局据华亭张氏所刊王弼注本为主，这个本子"玄"字因避清圣祖讳而改为"元"字，现在都把它改正过来。王注本有误字或错简的，根据其他古本或近代校诂学者的考订改正，并在注释中说明。

二、本书的〔引述〕部分，是我自己的意见，聊供一得之愚。〔注释〕部分，选集前人在《老》学上的精辟解说。这方面的工作花费的时间最多。本书写作期间，曾参考古今注书一百多种，〔今译〕基本上是依前人注解而语译，此外参看张默生《老子章句新释》与任继愈《老子今译》等书。本书修订版并参考严灵峰《老子达解》的"语译"部分，尽量求译文的确当。

三、本书初版，没有提老子其人及其书的问题。因为这方面的问题，前人讨论得很多，而且由于古籍在这方面资料的欠缺，有些问题实在无法探出一个究竟来。然而学者们在这方面费的精力甚多，思想方面反倒略而不谈。

《史记·老庄申韩列传》替老子作了一个四百多字的传，有关老子的生平事迹。从梁启超在民国十一年撰文提出质疑开始，引起了一场热烈的争论,多达五十万字的文章,都搜集到《古史辨》这部书上。梁启超和他的附和者提出了许多疑问和意见,张煦和胡适等人则作了有力的批驳。对于这类问题有兴趣的人,可以参看《古史辨》第四册和第六册。在这里,仅综合各家的意见,对老子其人及其书的问题,作下面几点简要的说明:

(一)关于姓名的问题:《史记》传文中说:"老子者,姓李氏,名耳……谥曰聃。"老子即老聃是可以确认的,先秦古书中可以为证(如《庄子》书上同一段话,前称老聃,接着又称老子)。关于"老子"有二说:一说"老"是尊称,"老子"即后人所谓老先生的意思。一说"老"是姓氏,当时称"子"的,如孔子、有子、曾子、阳子、墨子、孟子、庄子、惠子,以及其余,都在氏族下面加"子"字(参看唐兰〈老聃的姓名和时代考〉)。老聃或当姓老。古有老姓而无李姓:《世本》:"颛顼子有老童。"《风俗通义》:"老氏,颛帝子老童之后。"《左传》成公十五年《传》:"宋有司马老佐。"又昭公十四年《传》:"鲁有司徒老祁。"可证古有以老为姓,而春秋二百四十年间无姓李者(见高亨《老子正诂》前记),在先秦典籍中没有提到"李耳",或由"老聃"两字转出亦未可知。"耳"和"聃"字义相应。"老"和"李"古音同,"李"姓或由"老"姓转出,如荀卿转为孙卿。

(二)关于问礼的问题:孔子问礼于老聃,《史记·孔子世家》所载与本传所载稍异,但对问礼一事,则确认无疑。关于孔老相会和孔子学于老子的记载,见于《礼记·曾子问》四次,《庄子》五次(见〈天地〉、〈天道〉、〈天运〉、〈田子方〉及〈知北游〉各篇)。此外也见于《孔子家语》和《吕氏春秋》(《当染篇》)。孔子访老聃的故事出现在不同学派的典籍上,"在传说不同的系统中,而发现可以互证的材料,则不能不说是有力的材料。"(语见徐复观《有关老子其人其书的再检讨》,附《中国人性论史》内)"孔子问礼的传说,春秋以及战国,必定是很流行,所以儒家都不能为他抑低孔子而埋没他。"(语见陈荣捷《战国道家》,载于中研院史语所《集刊》第四十四本)。孔子问礼于老聃的事,依然为多数学者所接受。

(三)著作时代问题:梁启超认为《老子》书作于战国之末,这说法自然引出《老》书与《论语》著作先后的问题,也引出《老》书与《庄》书先后的问题。关于前者,颇可讨论;关于后者,实无须费笔墨。因《老》书前于《庄》书是不成问题的事,不仅《庄子》书上辄引"老聃"其人及《老子》书文可证,从他书中也可明证。如《战国策·齐策》载:"颜斶曰:老子曰:'虽贵必以贱为本,虽高必以下为基;是以侯王称孤寡不谷,是其贱之本与非。'"这文出自老子三十九章。颜斶与齐宣王同时,亦即与庄子同时;这时《老子》已成书,也就是成于《庄子》之前的"铁证"(见严灵峰《辩老子书不后于庄子书》)。下面就出书时代问题分数项叙说:

(1)关于使用名词:梁启超说:"《老子》书中用'王侯'、'王公'、'万乘之君'等字样者凡五处,用'取天下'字样者凡三处,这种成语,像不是春秋时人所有;还有用'仁义'对举的好几处,这两个字连用,是孟子的专卖品,从前像是没有的。"张煦随即指出梁氏的疏误:"《易·蛊之上九》:'不事王侯,高尚其事。'不是早已

'王侯'联用吗？《易·坎象》：'王公被险以守其国。'〈离象〉：'六五之吉离王公也。'不是'王公'联用吗？"又说："《易·系辞下传》说：'小人不耻不仁，不畏不义。'《左传》说：'酒以成礼，不继以淫，义；以君成礼，弗纳于淫，仁也。'仁义为文，与老子所说'绝仁弃义''先仁而后义'有何不同？《史记》引周初所制谥法云：'仁义之所往为王。'周初谥法篇义与此合，早以仁义为联同，与老子'大道废而后有仁义'有何不同？"（张煦〈梁任公提诉老子时代一案判决书〉，见《古史辨》第四册下编三一七页）张煦并指出梁氏误把"取天下"的取字作《三国演义》"取上将首级如探囊取物"的取字。这句旧注："取，治也。"所以说"取天下常以无事"即"无为而治"的意思，梁任公没有弄清楚这句话的原义。至于以"万乘之君"一句作为战国时证据也不能成立，张季同指出《论语·先进》："千乘之国，摄乎大国之间。加之以师旅，因之以饥馑……。"可见千乘之国正是被大国蹂凌的小国，所以，在春秋时说万乘之国当然是十分可以的（见张季同〈关于老子年代的一假定〉，《古史辨》第四册下编四三一页）。此外有人认为《老子》第三章"不尚贤"句是《老》书晚于墨子尚贤思想之证，唐兰辩称："'不尚贤使民不争'，更是与墨子的尚贤不相干，'贤'字是当时一个流行底题目，和'道'、'德'、'仁'、'义'、'名'、'实'一样，各家的学说里都要讨论一下，决不能说某书受某书影响的。"（见《古史辨》第四册三四九页）。有关其他词句的议论，可参看《古史辨》。在这里我们要特别指出：根据几个片语只字来考订著作的年代是不可靠的。除非能把整本书的大部分和主要部分都加以审定，否则不能仅摸索到书中几个字句有疑问而据以推定全书都有疑问。梁启超等人妄断《列子》是魏晋时代的伪作，所持的态度和论点都是同样地误谬的。

（2）关于引述：有人认为《论语》和《墨子》都未称引《老子》，可见《老》书是晚出。但我们是否也可由《老子》未称引《论》《墨》而断言《论》《墨》晚出呢？所以这论点是不能成立的。如庄子与孟子同时，两书互不称引。《韩非子》、《战国策》引《老子》不引《孟子》，难道因此可以否认《孟子》七篇的存在吗？（见严灵峰〈辩老子书不后于庄子书〉）孟子没有提到《易经》，我们不能说孟子时《易经》不存在。又如惠施和孟子同时在梁，孟子却未提及惠子。因此以《论》《墨》未引《老》书而断定它晚出是不足为据的。至于《论语》引述《老子》与否，仍值得商榷。《述而》篇："窃比于我老彭。"旧说虽有以"老"即老子之说（如郑玄注："老，老聃。彭，彭祖。"），但多人以老彭指商贤大夫。然而《宪问》篇"或曰'以德报怨'"，"或曰"显然是引别人的话，而这话正出于《老子》书上。由此可证《论语》曾引述《老》书。《论语·卫灵公》："无为而治。""无为"思想很可能来自老子。再则《说苑·敬慎篇》说："叔向曰：老聃有言曰：'天下之至柔，驰骋乎天下之至坚。'又曰：'人之生也柔弱，其死也刚强，万物草木之生也柔脆，其死也枯槁。'"这里所引的是《老子》第四十三章和第七十六章文字。叔向是晋平公时代的人，与孔子同时。假使刘向《说苑》所据不误，则《老子》的成书年代当在孔子之前（见严灵峰《辩老子书不后于庄子书》）。此外

《太平御览》第三百二十二卷引"墨子曰:'墨子为守,使公输般服,而不肯以兵知,善持胜者,以强为弱。'故老子曰:'道冲而用之,有弗盈也。'"这是《老子》第四章文,如果是《墨子》的佚文,那么墨翟或他的及门弟子也一定诵读过老子的书(见严文)。

(3)关于文体:冯友兰在《中国哲学史》上认为:"《老子》非问答体,故应在《论语》、《孟子》后。"然而《周易》与《诗》三百篇也非问答体,是否也应在《论》《孟》之后呢?何况《论语》本身的大部分也不一定是问答,如《论语》第一篇共十六章,问答只有两章;第四篇共二十六章,问答只有一章;第七篇共三十七章,问答只有七章,其余各篇,也是非问答居多数(见胡适〈评论近人考据老子年代的方法〉,在《古史辨》第六册)。冯友兰还说:"《老子》之文为简明之'经'体,可见其为战国时之作品。"胡适批驳说:这要我们先得承认"凡一切简明之'经'体都是战国时的作品"一个大前提。至于什么是简明的"经"体更不容易说了。《老子》"道可道,非常道。名可名,非常名"和《论语》"道之以政,齐之以刑。……道之以德,齐之以礼",岂不是同一个文体?可见冯氏以文体作论断是不足为据的。

总结地说:老子即老聃,《老子》一书为老聃所作,成书年代不至晚于战国初。在先秦典籍中,〈战国策〉(〈齐策〉、〈魏策〉),〈庄子〉(〈内〉〈外〉〈杂〉多篇),《荀子》(〈天论篇〉),《韩非子》(〈解老〉〈喻老〉〈外储说下篇〉〈六反篇〉),《吕氏春秋》(〈君守篇〉等),《尹文子》(〈大道篇〉),《列子》(〈黄帝篇〉、〈说符篇〉),无不引述《老子》,各家都明确地看到《老子》书。

　　我们还认为,《老子》这本书是一本专著而不是纂辑。这本书前后理论一贯,层层推出,成一家之言(张季同持此说),而且"全书分明有著者自称的'我'、'吾',则非由编纂而成,甚为明显"。(徐复观持此说)由《老子》书中没有一处自称"老子曰"或"老聃曰",这也可以证明是老聃自著。无论从文体或思想内容一贯性来看,这本书很可能是出于一人的手笔,当然,有些字句为其弟子或后学所附加,亦所不免的。

1973 年年底于台北

初　版　序

一

老子是个朴素的自然主义者。他所关心的是如何消解人类社会的纷争，如何使人们生活幸福安宁。他所期望的是：人的行为能取法于"道"的自然性与自发性；政治权力不干涉人民的生活；消除战争的祸害；扬弃奢侈的生活；在上者引导人民返回到真诚朴质的生活形态与心境。老子哲学中的重要思想便是从这些基本观点中引发出来的。但是由于老子用语的殊异性而产生许多误解。下面指出比较流行的误解，并加以澄清：

（一）一般人常以为老子思想是消沉的、厌世的或出世的。造成这种误解是由于对他的重要观念望文生义所致，例如：无为、不争、谦退、柔弱、虚无、清静等观念都曾被人曲解。其实，"无为"是顺任自然、不强作妄为的意思（这观念主要是针对统治者提出的）。"不争"是不伸展一己的侵占意欲（这观念主要也是针对统治者提出的）。"谦退"具有"不争"的内涵，要人含藏内敛，不显露锋芒。"柔弱"的观念意在不可恃刚陵物、强悍暴戾。"柔弱"并非懦弱，老子所说的"柔"是含有无比的韧性和持续性的意义。"虚"

是形容道体的,如第四章上说:"道冲,而用之,或不盈。""冲"训"虚",意指"道"体是虚状的,虚状的"道"体却能发挥无穷的作用来。又如第五章上说:"天地之间,其犹橐籥乎!虚而不屈。"这是说天地之间是虚空的,但万物却从这虚空中蓬勃生长。可见这个"虚"含有无穷的创造因子。用在人生的层面上,"虚"含有深藏的意义。"无"有两种解释:一是指称"道"(如第一章和第四十章),因为"道"是无形无色而不可见的,所以用"无"来形容它的特性;另一是指空的空间(如第十一章)。从上面简略的解释中,可以了解老子这些观念不仅没有消极的思想,相反的,却蕴涵着培蓄待发的精神;一方面他关注世乱,极欲提供解决人类安然相处之道(如"无为""不争""谦退"等观念的提出,乃在于呼吁人收敛一己的占有冲动,以消解社会争端的根源);另方面,他要人凝炼内在生命的深度(如"虚静"等观念的提出,乃在于期望人们发展主体的精神空间)。

老子说:"生而不有,为而不恃。"又说:"功成而不有""为而不争"。"生"、"为"、"功成"便是要人创作从事;"不有"、"不恃"、"不争"便是不必把创作的成果据为己有(这一观念罗素十分赞赏)。由此可知,老子的思想并没有消沉出世的念头。

(二)一般人又以为老子思想含有阴谋诈术。这是因为将《老子》书上的一些文句割离了它的脉络意义而产生的误解。例如:

(1)"无为而无不为。"这句话常被解释为:表面上不做,暗地里什么都来。事实上,"无不为"只是"无为"的效果,即是说,顺其自然便没有一件事做不好。

（2）"圣人后其身而身先，非以其无私邪！故能成其私。"有些人以为老子这话是叫人为"私"的，"无私"只是个手段而已。其实这一章（第七章）的重点在于说"无私"。圣人的行为要效法天地的无私意（"天地之所以能长且久者，以其不自生。""不自生"是不自贪其生的意思）。一个高位的人，由于机会的便利，往往容易抢先占有，因而老子唤醒人要贡献力量而不据有成果，如果能做到退让无私（"后身"），自然会赢得人的爱戴（"身先"）。所谓"成其私"，相对于他人来说，得到大家的爱戴；相对于自己来说，成就了个人的精神生命。

（3）"古之善为道者，非以明民，将以愚之。"后人以为老子主张愚民政策。其实这里所说的"愚"是真朴的意思。老子期望统治者培养出笃实的政风，引导人民以挚诚相处。老子不仅期望人民真朴，他更要求统治者以身作则。第二十章上说："我愚人之心也哉！"老子以"愚人之心"来赞许圣人的心态，可知"愚人"乃是治者的一个自我修养的理想境界。老子深深地感到人们攻心斗智、机诈相见是造成社会混乱的根本原因，所以他极力提倡人们应归真返朴。因而以"愚"（真朴）为人格修养的最高境界。

（4）"将欲歙之，必固张之；将欲弱之，必固强之；将欲废之，必固兴之；将欲取之，必固与之；是谓微明。"（"取"通行本误作"夺"）第三十六章这段文字被普遍误解为含有权诈之术。其实老子这些话只在于分析事物发展的规律，他指出事物常依"物极必反"的规律运行;这是自然之理,任何事物都有向它的对立面转换的可能,当事物发展到某一个极限时,它就会向相反的方向运转,所以老子认为:在事物发展中,张开是闭合的一种征兆,强盛是衰弱的一种征兆。这里面并没有权诈的思想。

二

在各种误说中,以第三十六章"将欲歙之,必固张之"一段文字所引起的误解最大。近代许多研究老子思想的学者也感到困惑不解,所以我们在这里将作进一步的讨论:

(一)误解的由来:以为老子思想含有权诈的意味。这种误解早在韩非时代就开始了,《喻老篇》说:"越王入宦于吴,而观之伐齐以弊吴,吴兵既胜齐人于艾陵,张之于江济,强之于黄池,故可制于五湖,故曰:'将欲翕之,必固张之;将欲弱之,必固强之。'晋献公将欲袭虞,遗之以璧马;知伯将欲袭仇由,遗之以广车,故曰:'将欲取之,必固与之。'"韩非以后,以宋儒的误解最深,尤其是程朱和苏子瞻。苏子瞻说:

"老子之学,重于无为,轻于治天下,韩非得其所以轻天下之术,遂至残忍刻薄。"

朱子的误解还不如他们,他只说"老子便是杨氏"。只说老子"紧要处发出来,教人支吾不住"。而二程的误解可大了:

"与夺翕张,固有此理,老子说著便不是。"(《二程全书·遗书》七)

"老子之言,窃弄阖辟者也。"(《遗书》十一)

"问《老子》书若何,曰:《老子》书,其言自不相入处如冰炭。其初欲谈道之极玄妙处,后来却入做权诈看上去,如'将欲取之,必固与之'之类。然老子之后有申韩,看申韩与老子道甚悬绝,然其原乃自老子来。"(《遗书》十八)

老子思想导致权诈的误解,固然和老子文字的含混性有关,然而读者的不求甚解,也应负草率附会的责任。

(二)历代学者的解释:韩非和宋儒固然导致严重的误解,但历代却有不少学者给予精确的解释。下面征引自汉到宋明各代学者的见解,供我们作参考:

汉严遵说:"实者反虚,明者反晦,盛者反衰,张者反弛,此物之性,自然之理也。"(《道德指归论》)

宋董思靖说:"夫张极必歙,与甚必夺,理之必然。所谓'必固'云者,犹言物之将歙,必是本来已张,然后歙者随之。此消息盈虚相因之理也。其机虽甚微隐而理实明。"(《道德真经集解》)

宋范应元说:"天下之理,有张必有翕,有强必有弱,有兴必有废,有与必有取。此春生夏长,秋敛冬藏,造化消息,盈虚之运固然也。然则张之、强之、兴之、与之之时,已有翕之、弱之、废之、取之之几伏在其中矣。几虽幽微而事已显明也。故曰是谓微明。或者以数句为权谋之术,非也。"(《老子道德经古本集注》)

薛蕙说:"此章首明物盛则衰之理,次言刚强之不如柔弱,末则因戒人之不可用刚也。岂权诈之术?夫仁义圣智,老子且犹病之,况权诈乎!按《史记》陈平本治黄帝老子之术,及其封侯,尝自言曰:'我多阴谋,道家之所禁,吾即废亦已矣,终不能复起,以吾多阴祸也。'由是言之,谓老子为权数之学,是亲犯其所禁,而复为书以教人,必不然矣!"(《老子集解》)

明释德清说:"此言物势之自然,而人不能察。天下之物,势极则反。譬夫日之将昃,必盛赫;月之将缺,必盛盈;灯之将灭,必炽明。斯皆物势之自然也。故固张者,翕之象也;固强者,弱之萌也;固兴者,废之机也;固与者,夺之兆也。天时人事,物理自然,第人所遇而不测识,故曰微明。"(《道德经解》)

明朱得之说:"首八句,言造化乘除之机如此,非言人立心也。"(《老子通义》)

明王道说:"将欲云者,将然之辞也;必固云者,已然之辞也。造化消息盈虚、与时偕行之运,人事有吉凶祸福相为倚伏之理,故物之将欲如彼者,必其已尝如此者也。将然者,虽未形而难测;已然者,则有实而可征,人能据其已然而探其将然,则虽若幽隐而实为至明矣,故曰:是谓微明。"(《老子亿》)

明陆长庚说:"此章之旨,说者多借其言以为阴谋捭阖之术自老氏,今为正之。言物之翕张、强弱、废兴、予夺互相倚伏,皆理之一定而不可易者。其今之将欲如彼者,必昔之已然如此者。《易》有之曰:'无平不陂,无往不复。'《象》曰:'无往不复,天地之际也。'"(《老子道德经玄览》)

明林兆恩说:"世之诡谲者,即谓其得老子之术,岂非妄执'必固张之'之数言而诟让之邪！且盈而必缺，中而必昃，寒往而暑，昼往而夜，天道之常也。吾尝执天道而仿老子之词曰：'将欲缺之，必固盈之；将欲昃之，必固中之；将欲暑之，必固寒之；将欲夜之，必固昼之。'谓之天有术可乎！万物之生而死，荣而悴，成而毁，亦天道也。天何心哉！由是观之，则世之非老子者，非惟德不达老子之意，亦且目不涉老子之文。"（《道德经释略》）

明徐学谟说："按此章解者纷纷，宋儒以'固'作'故'，既不得其字义，而乃指之为权谋，诬矣！即苏子由亦谓其'几于用智，与管仲孙武无异。'彼岂闻道而大笑之乎！"（《老子解》）

明陈懿典说："物之欲敛聚者，必其已尝张大者（"之"字作"者"字看）；物之将微弱者，必其已尝刚强者也；物之将欲废坠者，必其已尝兴隆者也；物之将欲失者，必其已尝得者也。此理虽微妙而实明白易见。"（《道德经精解》）

明赵统说："此推原事物自然之理，示为道者当知退晦示弱，不可取强于天下也。"（《老子断注》）

明洪应绍说："《易》曰：'尺蠖之屈，以求信也。龙蛇之蛰，以存身也。'与老圣之言，正互相发。盖循环往复，天之道，物之理，人之事，无不皆然。惟早知之士，于其固然，知其将然，在张知歙，在强知弱。"（《道德经测》）

如果我们细读以上各家的注解，我们可以充分了解老子的原义，也可分辨宋儒程、朱等人的误说。

《老子》书上一再提到"婴儿"，要人归真返朴，保持赤子之心。

老子最反对人用心机,正如薛蕙所说的:"仁义圣智,老子且犹病之,况权诈乎!"可知阴谋诈术为"道家之所禁"是必然的道理。

老子曾说:"圣人常善救人,故无弃人;常善救物,故无弃物。""善者吾善之,不善者吾亦善之。信者吾信之,不信者吾亦信之。""圣人不积,既以为人己愈有,既以与人己愈多。"从这些言词中所表现的对社会关怀,当可领会老子的忧世之言与救世之心。然而他所用以拯救乱世的方法,确有欠积极改造的功能。

1970年3月于台湾大学哲学系研究室

老子哲学系统的形成和开展

中国哲学一向是较关注人生和政治问题的。这些问题的讨论,又常落到伦理道德的圈子里,这样一来,思想范围常常被框在某些格式上。老子哲学的特异处,就在于扩大了这一个局限,把人类思考的范围,由人生而扩展到整个宇宙。他看人生种种问题,乃从宏观出发,而又能微观地作多面的审视。

老子的整个哲学系统的发展,可以说是由宇宙论伸展到人生论,再由人生论延伸到政治论。然而,如果我们了解老子思想形成的真正动机,我们当可知道他的形上学只是为了应合人生与政治的要求而建立的[①]。

老子哲学的理论基础是由"道"这个观念开展出来的,而"道"的问题,事实上只是一个虚拟的问题。"道"所具有的种种特性和作用,都是老子所预设的。老子所预设的"道",其实就是他在经验世界中所体悟的道理,而把这些所体悟的道理,统统附托给所谓的"道",以作为它的特性和作用。当然,我们也可以视为"道"是人的内在生命的呼声,它乃是应合人的内在生命之需求与愿望所开展出来的一种理论。

下面我将老子基本理论的部分,作一个分析和说明。从这些分析和说明中,可以看出老子哲学系统的发展,如何地由形上学的性质渐渐的落实到人生和政治的层面。于此,他提出了许多重要的观念,用以作为实际人生的指引。

一 "道"的各种意义

"道"是老子哲学的中心观念,他的整个哲学系统都是由他所预设"道"而开展的。《老子》书上所有的"道"字,符号型式虽然是同一的,但在不同章句的文字脉络中,却具有不同的义涵[②];有些地方,"道"是指形而上的实存者[③];有些地方,"道"是指一种规律;有些地方,"道"是指人生的一种准则、指标、或典范。因而,同是谈"道",而义涵却不尽同。义涵虽不同,却又可以贯通起来。下面分别加以解说。

(一)实存意义的"道"

甲、"道"体的描述

老子认为"道"是真实存在的东西。在下面三章里说得很清楚。第十四章上说:

> 视之不见,名曰"夷";听之不闻,名曰"希";搏之不得,名曰"微"。此三者,不可致诘,故混而为一。其上不皦,其下不

昧,绳绳不可名,复归于无物。是谓无状之状,无物之象,是谓惚恍。迎之不见其首,随之不见其后。

第二十一章上说:

> 道之为物,惟恍惟惚。惚兮恍兮,其中有象;恍兮惚兮,其中有物。窈兮冥兮,其中有精;其精甚真;其中有信。

第二十五章上又说:

> 有物混成,先天地生。寂兮寥兮,独立而不改,周行而不殆,可以为天下母。吾不知其名,强字之曰"道"。

老子说,有一个混然一体的东西("有物混成"),不知道它的名字,勉强叫它做"道"。

为什么不知道它的名字呢?因为我们既听不见它的声音,又看不见它的形体(寂兮寥兮)。换句话说,它不是一个有具体形象的东西。管子说:"物固有形,形固有名","名"是随着"形"而来的,既然"道"没有确定的形体,当然就"不可名"了。

"道"之不可名,乃是由于它的无形。为什么老子要设定"道"是无形的呢?因为如果"道"是有形的,那必定就是存在于特殊时空中的具体之物了,存在于特殊时空中的具体事物是会生灭变化的。然而在老子看来,"道"却是永久存在("常")的东西,所以他要肯定"道"是无形的。为什么老子又要反复声明"道"是"不可名"的呢?因为有了名,就会把它限定住了,而"道"是无限性的。通常我们用名来指称某一事物,某一事物被命名以后,就不能再称为其他的东西了,例如我们用"菊花"这个字来称呼"菊花"这个东西,既经命名以后,就不再称它为"茶花"或"蔷薇"了。由于"道"的不可限定性,所以无法用语言文字来指称它。老子在第一章的开头就说:"道可道,非常'道';名可名,非常'名'。"真常的"道"是不可言说的,无法用概念来表达的。现在勉强地用"道"字来称呼它,只是为了方便起见。

"道"虽然没有固定的形体,虽然超越了我们感觉知觉的作用,但它却并非空无所有;"其中有象"、"其中有物"、"其中有精"、"其中有信"(二十一章),都说明了"道"是一个实有的存在体。老子又告诉我们,这个实有的存在体,在这宇宙间是惟一的、绝对的(万物则是杂多的、相对的),它的本身是永久常存,不会随着外物的变化而消失,也不会因着外在的力量而改变,所以说:"独立而不改。"(二十五章)在这里,有些人把老子的"道"和希腊哲学家巴门尼底斯(Parmenides)的"存有"(Being)相比附。这是似是而非的,因为巴门尼底斯所说的"存有",固然是指惟一的、绝对的、永存,同时又认为它是不变不动的。但是老子的"道"却并不是固定不变的,它却是不断地在运动着,所以说:"周行而不殆。"(二十五章),"道"乃是一个变体,是一个动体,它本身是不断地在变动着的,整个宇宙万物都随着"道"而永远在"变"在"动"(任何事物在变动中都会消失熄灭,而"道"则永远不会消失熄灭——"独立不改"的"不改",就是指不会消失熄灭的意思)。由于"道"的变动,由是产生了天地万物。

以上是对于"道"体的描述。下面引说"道"的产生天地万物。

乙、宇宙的生成

老子说:"有物混成,先天地生。""道"这个实存体,不仅在天地形成以前就存在,而且天地万物还是它所创生的。下面几章都明白的说到"道"是天地万物创造的根源:

无,名天地之始;有,名万物之母。(一章)

天下万物生于有,有生于无。(四十章)

道冲而用之,或不盈。渊兮似万物之宗。(四章)

道生一,一生二,二生三,三生万物。(四十二章)

道生之,德畜之,物形之,势成之。是以万物莫不尊道而贵德。故道生之,德畜之;长之,育之;亭之,毒之;养之,覆之。(五十一章)

老子认为,"道"是一切存在的根源("万物之宗"),也是一切存在的始源。"道"是自然界中最初的发动者(The primordial natural force),它具有无穷的潜在力和创造力。万物蓬勃的生长,都是"道"的潜在力之不断创发的一种表现。从万物生生不息、欣欣向荣的成长中,可以看出"道"有一种无穷的活力。

老子说:"道生一,一生二,二生三,三生万物。"这里所说的"一""二""三",即形容"道"的创生万物的历程;"道"一层层地向下落实,而创生万物。"道"创生万物以后,还要使万物得到培育,使万物得到成熟,使万物得到覆养("长之育之;亭之毒之;养之覆之")。从这里看来,"道"不仅创生万物就完事了,它还要内附于万物,以畜养它们、培育它们。

老子认为"道"在品位上、在时序上都先于任何东西,它不受时间和空间的限制,不会因他物的生灭变化而有所影响,从这些角度来看,"道"是具有超越性的。从它的生长、覆育、畜养万物来看,"道"又是内在于万物的。

天地万物是由"道"所产生的。老子在第一章上说:"无,名天地之始;有,名万物之母。"又在四十章上说:"天下万物生于有,有生于无。"可见"无"和"有"是指称"道"的。这里的"无""有"是老子哲学的专有名词,"无""有"似对立,而又相连续的。"无"含藏着无限未显现的生机,"无"乃蕴涵着无限之"有"的。老子用"无""有"的别名,来表示形上的"道"向下落实而产生万物时的一个过程。

老子为什么要用"无""有"来指称"道"呢?王弼说:"欲言无耶!而物由以成,欲言有耶!而不见其形。"(十四章注)换句话说,由于"道"之"不见其形",所以用"无"来形容它;而这个"不见其形"的"道"却又能产生万物("物由以成"),所以又用"有"来指称它。可见老子所说的"无"并不是等于零,只因"道"之为一种潜藏力,它在未经成为现实性时,它"隐"着了。四十一章说:"道隐无名。"这个"隐"字用以形容"道"幽隐而未形,所以不被我们所识知。因而我们既不能用感官去接触它,又不能用概念去表述它,于是老子不得已就用"无"字来作为"道"的别名。对于"道"的创生万物和蕴涵万物来说,老子又用个"有"字作为"道"的另一别名。总之,"无""有"都是用来指称"道"的,是用来表现"道"一层层地由无形质落实到有形质的一个先后而具持续性的活动过程①。

(二)规律性的"道"

"道"体固然是无形而不可见,恍惚而不可随,但它作用于万物时,却表现了某种规律,这些规律却可作为我们人类行为的效准。因而《老子》书上,除了描述实存意义的"道"之外,许多地方所说的"道",乃是意指规律性的"道"。

老子说:"反者道之动。"(四十章)老子认为自然界中事物的运动和变化莫不依循着某些规律,其中的一个总规律就是"反":事物向相反的方向运动发展;同时,事物的运动发展总要返回到原来基始的状态。因而,"反"字可作"相反",也可作"返回"讲("反"即"返")。它蕴涵了两个概念:(1)相反对立。(2)返本复初。下面依次说明。

甲、对立转化的规律

老子认为一切现象都是在相反对立的状态下形成的。例如他说:

> 有无相生,难易相成,长短相形,高下相倾,音声相和,前后相随。(二章)

人间的存在价值也是对待形成的。例如老子说:

> 天下皆知美之为美,斯恶已;皆知善之为善,斯不善已。(二章)

老子认为任何事物都有它的对立面,同时因着它的对立面而形成。并认为"相反相成"的作用是推动事物变化发展的力量。进一步,老子说明相反对立的状态是经常互相转化的。他说:

祸兮!福之所倚;福兮!祸之所伏。(五十八章)

祸福相因,这使我们想起"塞翁失马"的故事来。这段故事是说:"塞上之人,有善术者,马无故亡而入胡,人皆吊之,其父曰:'此何遽不能为福乎?'居数月,其马将胡骏马而归;人皆贺之,其父曰:'此何遽不能为祸乎?'家富良马,其子好骑,堕而折其髀,人皆吊之,其父曰:'此何遽不为福乎?'居一年,胡人大入塞,丁壮者,引弦而战,近塞之人,死者十九,此独以跛之故,父子相保。故福之为祸,祸之为福,化不可极,深不可测也。"(《淮南子·人间训》)这个故事在于说明人生过程中祸福相倚伏的情形。普通一般人只看到事物的表面,而不能进一层的透视其中隐藏着相反的可能性。因而在老子看来,祸患的事情,未始不潜藏着幸福的因素;幸福的事情,也未始不含藏着祸患的因子。这个道理,在经验世界中处处可见,我们经常可以看到一个人处于祸患的境遇中,反倒激发他奋发的心志,使他迈向广大的途径;我们也经常可以看到一个人处于幸福的环境中,反倒养成他怠惰的习性,使他走向颓败的路子。世事尽如祸福相因一般地互相对立而又互相转化。

老子认为一切事物都在对立的情状中反复交变着,这种反复交变的转化过程是无尽止的。

老子为什么这样重视事物相反对立的状态和事物对立面的

转化呢？这不外有下面几个原因：

（1）老子认为事物是在对立关系中造成的。因此观察事物不仅要观看它的正面，也应该注视它的反面（对立面），两方面都能兼顾到，才能算是对于一项事物作了全盘的了解。常人只知执守着正面的一端，然而老子则提醒大家更要从反面的关系中去把握正面的深刻涵义。

（2）老子不仅唤醒大家要从反面的关系中来观看正面，以显示正面的深刻涵义；同时他也提示大家要重视相反对立面的作用，甚至于他认为如能执守事物对立面所产生的作用当更胜于正面所显示的作用。例如在雄雌、先后、高下、有无等等的对立状态中，一般人多要逞雄、争先、登高、据有；老子却要人守雌、取后、居下、重无。老子认为守雌要胜于逞强，取后要胜于争先。他说明下是高的基础，奠基不巩固，高的就要崩塌了。他又指出"有之以为利，无之以为用"，如果没有"无"，那么"有"就不能发挥出作用来⑤。这些例子，都说明了对于反面作用的掌握比正面的作用更大。

（3）老子认为事物的发展到某种极限的程度时，就改变了原有的状况，而转变成它的反面了。这就是古语所说的"物极必反"的观念；事物达到强的顶峰、盛的极致时，也就是向下衰落的一个转捩点。老子在三十六章上说："将欲歙之，必固张之；将欲弱之，必固强之；将欲废之，必固兴之；将欲取之，必固与之；是谓微明。"这段话的意思是："要收敛的，必定先扩张；要衰弱的，必定先强盛；要废堕的，必定先兴举；要取去的，必定先给与。这就是几先的征兆。"⑥这段话就是对于"物极必反"观点的说明。天下的事物，势极则反，好比月之将缺，必极盈（月极盈，乃是将缺的征兆）；灯之将灭，必炽明（灯炽明，乃是将灭的征兆）；花之将谢，必盛开（花盛开，乃是将谢的征兆），这些都是物势的自然。了解这种"物盛必衰"的道理，对于许多事情，当可先着一步，防患于未然，也可优先掌握情势，转危为安。

关于对立转化的规律，老子说得很多，比如他说："曲则全，枉则直，洼则盈，敝则新，少则得，多则惑。"（二十二章）又说："物或损之而益，或益之而损。"（四十二章）这都是运用"对立面转化"的规律加以说明的。老子还说："天之道，其犹张弓与？高者抑之，下者举之；有余者损之，不足者补之。天之道，损有余而补不足。"老子认为自然的规律，减少有余用来补充不足。这也是"反"律第一义的说明。

总结上面所说，老子认为"道"表现了这种规律：它的运动和发展是向对立面的转化，亦即是朝相反方向进行着。当"道"作用于事物时，事物也依循着这个变化规律而运行着。

乙、循环运动的规律

老子重视事物相反对立的关系和事物向对立面转化的作用。但老子哲学的归结点，却是返本复初的思想。

"返"和"复"，与"周行"同义，都是循环的意思。这是"反"的第二意义。

"反"若作"返"讲,则老子说:"反者道之动。"即是说:"道"的运动是循环的;循环运动是"道"所表现的一种规律。关于"道"的循环运动,老子在二十五章和十六章上都说过了。他说:

> 有物混成……周行而不殆……强字之曰"道",强为之名曰"大",大曰逝,逝曰远,远曰反。(二十五章)

> 致虚极,守静笃。万物并作,吾以观复。夫物芸芸,各复归其根,归根曰静,静曰复命。复命曰常,知常曰明。不知常,妄作凶。(十六章)

老子形容"道"时,说到"道"是"周行而不殆"的。"周"是一个圆圈,是循环的意思。"周行"即是循环运动,"周行而不殆"是说"道"的循环运动生生不息。老子在同一章(二十五章)上说:"强为之名曰大,大曰逝,逝曰远,远曰反。"这就是"周行而不殆"的解释。这是说:"道"是广大无边的,万物都从它出来("大"),万物从"道"分离出来以后,周流不息地运动着("逝"),万物的运行,越来越离开"道"了("远"),离"道"遥远,剥极必复,又回复到原点("反")。这样一逝一反,就是一个"周行"。

十六章上的"复",也是"周行"的意思。老子从万物蓬勃的生长中,看出了往复循环的道理("万物并作,吾以观复"),他认为纷纷纭纭的万物,最后终于各自返回到它的本根("夫物芸芸,各复归其根")。在这里可以知道老子所说的"反"含有返回本根的意思。老子为什么要主张返回本根呢?本根是怎样的一种状态呢?老子认为本根就是一种虚静的状态("归根曰静")。在他看来,

"道"是合乎自然的,虚静是自然状态的,"道"创生万物以后,万物的运动发展就越来越离开"道"了,去"道"越远,就越不合乎自然了,万物的烦扰纷争都是不合自然的表现。所以只有返回到本根,持守虚静,才体合于自然,才不起烦扰纷争。关于"虚""静"的观念,后文再加以解说。

以上说明规律性的"道"。由"反"的概念,说明"道"和"道"所作用的事物,依循着如下的规律:(1)事物向相反的方向运动;(2)循环运动,返回原点。

此外,老子说:"飘风不终朝,骤雨不终日。"(二十三章)"柔弱胜刚强。"(三十六章)"为者败之,执者失之。"(出于强力,一定会失败,加以把持,一定要失去)(二十九章)这些也都是自然的规律。老子说,了解自然的规律,就是知"常"("常"是指事物变动的不变之规律),我们应依循着自然的规律去行事,如果不依循着自然的规律而轻举妄动,就会出乱子("知常曰明,不知常,妄作凶")。

(三)生活准则的"道"

形而上的"道"是我们人类的感觉知觉所不能直接接触到的。这个不为我们所闻所见的"道",却能落实到现象界对我们产生很大的作用。当"道"作用于各事各物时,可以显现出它的许多特性,"道"所显现的基本特性足可为我们人类行为的准则。这样,形上的"道"渐渐向下落,落实到生活的层面,作为人间行为的指标,而成为人类的生活方式与处世的方法了。这层意义的"道",

已经脱离了形上学的色彩,犹如从浓云中降下来,平平实实地可以为我们人类所取法。

形而上的"道",落实到物界,作用于人生,便可称它为"德"。"道"和"德"的关系是二而一的,老子以体和用的发展说明"道"和"德"的关系;"德"是"道"的作用,也是"道"的显现。混一的"道",在创生的活动中,内化于万物,而成为各物的属性,这便是"德",简言之,落向经验界的"道",就是"德"。因而,形而上的"道"落实到人生的层面上,其所显现的特性而为人类所体验、所取法者,都可说是"德"的活动范围了。在这里,我们还可以把"道"和"德"作这样的一个区分;"道"是指未经渗入一丝一毫人为的自然状态,"德"是指参与了人为的因素而仍然返回到自然的状态(可见道家所说的"道德"是着重于顺任自然的一面,而全然不同于儒家所强调的伦理性的一面)。

刚才说过,落实到人生层面而作为我们生活准则的这一层次的"道",就是"德"(《老子》书上虽然仍称为"道",但其意义与"德"相同)。现在我们要问:这个作为人类行为所依循的"道"(即是"德"),究竟蕴涵了哪些基本的特性和基本的精神呢?老子认为凡是自然无为,致虚守静,生而不有,为而不恃,长而不宰,柔弱,不争,居下,取后,慈,俭,朴等观念都是"道"所表现的基本特性与精神。其中"自然无为"的观念,成为《老子》一书的中心思想,其他的重要观念都是环绕着这个观念而开展的。"自然无为"是意指顺任事物自身的状况去自由发展,而不以外在的强制力量去约束它。关于这些观念留待下文第三节中详细的引申说明。

下面我把《老子》书上所有谈到"道"字的地方都列出来,看看在不同的文字脉络中究竟属于上述哪一类意义的"道"。

二　道的脉络的意义

"道"这个字,在《老子》书上前后出现了七十三次,这七十三个"道"字,符号型式虽然一样,但是意义内容却不尽同。因此,我们必须在不同的章句中,去逐一寻找"道"字的脉络意义。下面根据王弼本所排定的章次,将"道"字所出现的上下文字依次地列出来,以寻求它的确实涵义。

一章

> 道可道,非常道。

"道可道,非常道"的意思:道可以说得出来的,就不是常"道"。"可道"的"道"字,和老子哲学思想无关;它是指言说的意思。第一个"道"字和第三个"道"字,是老子哲学上的专有名词,这里指"道"是构成世界的实体,也是创造宇宙的动力。它是永恒存在的,故而称为"常道"。所以这一个"道"字显然是指实存意义的"道"。

四章

> 道冲而用之,或不盈。渊兮,似万物之宗。

这章形容"道"体是虚空的,这个虚空的"道"体,是万物的根源。这里所说的"道",也是指形而上的实存之"道"。

八章

  水善利万物而不争,处众人之所恶,故几于道。

这个"道"表现了"不争"的特性。这个"不争"之"道",不同于形而上的实存之"道"。形上实存意义的"道",是不为我们所得而闻问的,但这里所说的"道",已经落实到人生的层面,它可以为我们所取法——老子认为我们应取法于它的"不争"的精神。(这层意义的"道"同于"德"。)

九章

  持而盈之,不如其已;

  揣而锐之,不可长保;

  金玉满堂,莫之能守;

  富贵而骄,自遗其咎。

  功成,名遂,身退,天之道。

"揣而锐之,不可长保";"富贵而骄,自遗其咎",这就是老子戒矜的观念。"功成,名遂,身退"(王本作"功遂身退"),老子认为是自然之"道"("天之道"),这里所说的"道"蕴含了"谦退"、"不争"的精神。(这层意义的"道"同于"德"。)

十四章

  执古之道,以御今之有。能知古始,是谓道纪。

"道纪"即是"道"的规律。这里两个"道"字都是规律性的"道"。

本章自开头"视之不见名曰夷,听之不闻名曰希,搏之不得名曰微"至"迎之不见其首,随之不见其后",这一段都是描述形上的实存之道。紧接着这段文字的下面就是:"执古之道,以御今之有。"(掌握早已存在的"道",来驾驭现在的具体事物。)这两个"道"字应指规律性的"道"。这里所谓的"道纪"("道"的规律),我们也可以说是实存意义的"道"所显现的规律。实存的"道"体,虽然不为我们所认知,但当它作用于物所显现的规律却可为我们所遵循。

十五章

古之善为道者,微妙玄通,深不可识。夫唯不可识,故强为之容:

豫兮若冬涉川;犹兮若畏四邻!俨兮其若客;涣兮其若凌释;敦兮其若朴;旷兮其若谷;混兮其若浊;澹兮其若海;飂兮若无止。

孰能浊以静之徐清;孰能安以动之徐生。

保此道者,不欲盈。夫唯不盈,故能蔽而新成。

"保此道者,不欲盈。夫唯不盈,故能蔽而新成。"这是说"道"有"不盈"的特性,要能守住它,就不至于自满,不自满才能够去旧更新。

"保此者"以下三句疑是错简,这三句是写不自满("不盈")的。然而上面一段文字都是描写"古之善为道者"之风貌的。这两段文字的意义可说并不相关联。所以我怀疑"保此'道'者"三句是别章的文字错到这里的。

如果说"保此道者不欲盈"的句子是承接上文而来的,那么这个"道"字应指"强为之容"以下所说的体道者之容态和心境,即意指:慎重、警戒、威仪、融和、敦朴、旷达、虚怀、深远等人格修养的境界。

十六章

致虚极,守静笃。……

知常容,容乃公,公乃全,全乃天,天乃道,道乃久。

这里两个"道"字都是指自然之道。"天乃道,道乃久。"这是说"天"即是自然,符合于自然之"道",就能长久。

本章主旨是谈"虚""静"的,老子认为"致虚""守静"就合乎自然之"道"了。

十八章

大道废,有仁义;智慧出,有大伪。

大道废弃,这是统治者"有为"之政的结果。这里所说的大道,即是指"自然无为"之"道"。废弃"自然无为"之"道",而行"有为"之政(统治者强作妄为,伸张自身的意欲,扩展一己的权益,对人民构成胁迫并吞,这就是老子所谓的"有为"之政),社会乃渐混乱,人际关系乃渐失常,于是"仁义"的呼声起来了。

二十一章

孔德之容,惟道是从。

道之为物,惟恍惟惚。

老子认为"道"这个东西是恍恍惚惚,不具确定形状的;它虽然真实存在着,却不能为我们所确认。显然,本章两个"道"字,都是指形而上的实存体。

二十三章

希言自然。

故飘风不终朝,骤雨不终日。孰为此者?天地。天地尚不能久,而况于人乎?

故从事于道者,同于道;……同于道者,道亦乐得之。

本章四个"道"字,很显明的是指"自然无为"之"道"。

老子认为"希言"(意指不施加政令)是合于"自然"的。狂风骤雨般的暴政是维持不久的。为政如能"自然无为",社会自然平平安安。

二十四章

企者不立,跨者不行;自见者不明,自是者不彰,自伐者无功,自矜者不长。其在"道"也,曰余食赘形。物或恶之,故有道者不处。

老子在这里告诫人们不要自我夸耀,自我矜持。本章所说的"道"的涵义,即在于戒矜戒伐(这层意义的"道"同于"德")。

二十五章

有物混成,先天地生。……吾不知其名,强字之曰"道",强为之名曰"大"。……

故道大,天大,地大,人亦大。域中有四大,而人居其一焉。

人法地,地法天,天法道,道法自然。

本章所说的"道",都是指实存意义的道。末句所说的"天法道,道法自然",乃是指效法实存之"道"所呈现的自然规律。

三十章

以道佐人主者,不以兵强天下。其事好还。师之所处,荆棘生焉,大军之后,必有凶年。

善有果而已,不敢以取强。果而勿矜,果而勿伐,果而勿骄,果而不得已,果而勿强。

物壮则老,是谓不道,不道早已。

用"道"辅助人主。这个"道"字是指柔"道"或不争之"道",蕴含着不逞强、戒矜、戒伐的意思。

"物壮"的"壮",含有称雄逞强的意思。本章所说的"道",很清楚的是指勿逞强、勿矜、勿伐。反之,逞强、矜伐就不合于"道"了(这层"道"同于"德")。

三十一章

夫兵者,不祥之器,物或恶之,故有道者不处。……兵者不祥之器,非君子之器,不得已而用之,恬淡为上。胜而不美,而美之者,是乐杀人。

这一章老子表达了反战的思想。这里所说的"有道者",是指有高度修养境界的人。这种人具有浓厚的人道主义思想,深深地了解战争的残酷性,厌恶战争。不得已因抗暴而起兵,也能心怀

"恬淡"之德。

三十二章

> 道常无名、朴。虽小,天下莫能臣。……天地相合,以降甘露,民莫之令而自均。始制有名,名亦既有,夫亦将知止,知止可以不殆。
>
> 譬道之在天下,犹川谷之于江海。

"道常无名、朴"("道"永远是无名而朴质状态的),这个"道"指形而上无名、无形、本始的实存之"道"。

"譬道之在天下,犹川谷之于江海",是说"道"为天下所依归,正如江海为河川所流注一样。这个"道"是指"处下"之"道"。"处下"是老子重要思想之一,这是专就人生而言的,非形上之"道"。本章最末这两句,疑是错简,和上面的文义似不一贯。

三十四章

> 大道泛兮,其可左右,万物恃之以生而不辞,功成而不有,衣养万物而不为主。

这个创生万物("万物恃之以生")的"道",即是实存意义的"道"。

三十五章

> 执大象,天下往,往而不害,安平太。
>
> 乐与饵,过客止。道之出口,淡乎其无味。

"执大象"即是执大"道"。这和淡乎无味的"道",同是指"无为"之"道"。老子认为如能执守"无为"的道理,大家就能平和安泰("安平太")了。

三十七章

> 道常无为而无不为。

这里的"道"不用说是指"无为"之"道"。

三十八章

> 上德无为而无以为，下德无为而有以为。……故失道而后德，失德而后仁。

> ……前识者，道之华，而愚之始。

本章谈"德"，老子认为不妄为，也不故意表现他的作为（"无为而无以为"），可以称为"上德"。如果不妄为，但故意表现他的作为（"无为而有以为"），那就变成"下德"了。"上德"者，因任自然，体"道"而行。如果表现"有为"（妄自作为），那就失"道"了。失"道"是有为的结果。"失道"的"道"，即是指自然无为的"道"。"道之华"的"道"，也是承接上文指自然无为的"道"。

四十章

> 反者道之动，弱者道之用。

这是讲实存意义的"道"所表现的规律和作用。

四十一章

> 上士闻道，勤而行之；中士闻道，若存若亡；下士闻道，大笑。不笑不足以为道。

> 故建言有之：明道若昧；进道若退；夷道若纇。……

> 道隐无名。夫唯道善贷且成。

这里说"道"可得而"闻",可见这个不是形上之道。这个可闻之"道",表现了若"昧"、若"退"、若"纇"(起伏不平)、若"谷"、若"辱"(含垢)、"不足"等等特性。这里所说的"道",是就人生的层面上来说的。这个"道"同于"德"。

本章末句说:"道隐无名。"这个幽隐而无形无名的"道",显然是指形而上的恍惚实存之"道"。这个"隐"而"无名"的"道",当然是不可得而"闻"的,这和上文叙说可"闻"的"道",在字义上显然不一致。在许多地方,就是老子用字未曾考虑到文字上歧义的情形。

四十二章

> 道生一,一生二,二生三,三生万物。

本章讲"道"创生万物的历程。这无疑是指实存意义的"道"。

四十六章

> 天下有道,却走马以粪。天下无道,戎马生于郊。

这里所说的"有道"和"无道",即是我们通常所说的上轨道和不上轨道的意思。为政如能"自然无为",国家政治可上轨道("天下有道"),如果过分"有为",国家政治就不上轨道("天下无道")。

四十七章

> 不窥牖,见天道。

"天道"即指自然的规律。这个"道"是指规律性的"道"。

四十八章

为学日益,为道日损,损之又损,以至于无为。

这里的"道"是指"无为"之"道"。

五十一章

道生之,德畜之,物形之,势成之。是以万物莫不尊道而贵德。

道之尊,德之贵,夫莫之命而常自然。

故道生之,德畜之;长之,育之;亭之,毒之;养之,覆之。

这里讲"道"的创生万物和畜养万物。本章所有的"道"字都是形而上的实存之"道"。这个形上的实存之"道",当它生物成物之时,就开始向下落实,而为成物之"德"。

五十三章

使我介然有知,行于大道,唯施是畏。

大道甚夷,而人好径;朝甚除,田甚芜,仓甚虚;服文彩,带利剑,厌饮食,财货有余;是谓盗夸,非道也哉!

这里所说的"大道",就是我们通常说"正途"的意思。怎样才是"正途"?老子认为统治者为政和他的生活行为,要能清静无为,才是正途。"非道"即是不走正途,即是不能清静无为。

五十五章

心使气曰强。物壮则老,谓之不道,不道早已。

这里的"不道",即指逞强而言。老子在这里要提示柔和之"道"。

"物壮则老,谓之不道,不道早已"三句,已见于三十章,这里是否为错简复出,则不得而知。

五十九章

> 长生久视之道。

这是说长久维持的道理("久视"就是久立的意思)。这里的"道",是通常所说的道理、方法的意思,并不是老子哲学上的特有名词。

六十章

> 治大国,若烹小鲜。以道莅天下……。

治理国家,像煎小鱼,要"无为",不可"有为"。"以道莅天下",即是说以"无为"治理天下(这层意义的"道"同于"德")。

六十二章

> 道者万物之奥。……立天子,置三公,虽有拱璧以先驷马,不如坐进此道。
>
> 古之贵此"道"者何?不曰:求以得,有罪以免邪?故为天下贵。

本章所说的"道"都是指"自然无为"之"道"。老子认为立位天子,设置"三公",进奉拱璧驷马,还不如用"自然无为"之"道"来作为献礼。为政者若能行"自然无为"之"道",人民都可得到庇荫了("道者万物之奥")。

六十五章

> 古之善为道者,非以明民,将以愚之。

"善为道者"的"道",是指愚朴之"道"。王弼说:"愚"即"守真顺自然",这个"愚"字是老子特有的意义,它含有淳厚、朴实的意思(这个"道"即是"德")。

六十七章

〔天下皆谓我:"道大;似不肖。"夫唯大,故似不肖。若肖,久矣其细也夫!〕

我有三宝,持而保之。一曰慈,二曰俭,三曰不敢为天下先。

慈故能勇;俭故能广;不敢为天下先,故能成器长。今舍慈且勇;舍俭且广;舍后且先,死矣!

夫慈,以战则胜,以守则固。天将救之,以慈卫之。

本章谈"慈"。"天下皆谓我道大似不肖……久矣其细也夫"这一段和下文(谈慈的主题文字)意义毫不相应。很明显的是别章的错简。但又无法断定是哪一章错到这里来的。现在假定是错简,并且依严灵峰的说法移到三十四章,同时依文义:"道大似不肖"的意思是"'道'广大不像任何具体的东西",那么这里所说的"道",或是指形而上的实存之"道"。如果不是错简,那么这个"道"字应是指下文所说的"三宝",也即是指"慈"、"俭"、"不敢为天下先"。

七十三章

天之道,不争而善胜,不言而善应。

"天之道",即是指自然的规律。这个"道"乃是规律性的

"道"。

七十七章

天之道,其犹张弓与?高者抑之,下者举之;有余者损之,不足者补之。天之道,损有余而补不足;人之道,则不然,损不足以奉有余。

孰能有余以奉天下?唯有道者。

老子认为自然的规律是减少有余,用来补充不足。而社会的一般律则("人之道")就不是这样了,反而剥夺不足,用来供奉多余的人。"有'道'者"是指能遵行自然规律的人。这种人能够把有余的拿来贡献给社会上不足的。本章所有的"道"字都是指规律性的"道"。

七十九章

天道无亲。

"天道无亲"是说自然的规律没有偏爱。这里的"道"也是指规律性的"道"。

八十一章

天之道,利而不害;人之道,为而不争。

本章的"道"和七十七章、七十九章一样,都是指规律、法则而言。

从以上各章的文字脉络意义中,寻找"道"的真正涵义,我们可以确知在一、四、二十一、二十五、三十二、三十四、四十二、五十一等章上所说的"道"是指形而上的实存之"道",其余各章,多就人生方面而立说的。老子哲学,形上学的色彩固然浓厚,但他所最关心的仍是人生和政治的问题,这种说法,可以从《老子》整本书中所着重的分量上取得论据的。

形而上的"道"如果不与人生发生关联,那么它只不过是一个挂空的概念而已。当它向下落实到经验界时,才对人产生重大的意义。这层意义的"道"——即作为人生指标的"道",它呈现了"自然无为"、"虚静"、"柔弱"等特性,这些特性可说全是为了应合人生和政治的需求而立说的。

三 自然无为、虚静、柔弱

(一)"自然""无为"

"自然无为"是老子哲学最重要的一个观念。老子认为任何事物都应该顺任它自身的情状去发展,不必参与外界的意志去制约它。事物本身就具有潜在性和可能性,不必由外附加的。因而老子提出"自然"一观念,来说明不加一毫勉强作为的成分而任其自由伸展的状态。而"无为"一观念,就是指顺其自然而不加以人为的意思。这里所说的"人为"含有不必要的作为,甚或含有强作妄为的意思。

老子哲学常被称为"自然"哲学,"自然"一观念的重要性,可以从这句话中看得出来,老子说:"人法地,地法天,天法道,道法自然。"这里不仅说"道"要法"自然",其实天、地、人所要效法的也是"自然"。所谓"'道'法自然",是说"道"以它自己的状况为依据,以它内在原因决定了本身的存在和运动,而不必靠外在其他的原因。可见"自然"一词,并不是名词,而是状词。也就是说,"自然"并不是指具体存在的东西,而是形容"自己如此"的一种状态。

《老子》书上所说到的"自然",都是这种意思。让我们看看他所说的:

> 悠兮其贵言。功成事遂,百姓皆谓:"我自然"。(十七章)
> 希言自然。
> 故飘风不终朝,骤雨不终日。(二十三章)
> 道之尊,德之贵,夫莫之命而常自然。(五十一章)

是以圣人欲不欲,不贵难得之货;学不学,复众人之所过,以辅万物之自然而不敢为。(六十四章)

以上所引的文字中,所有关于"自然"一词的运用,都不是指客观存在的自然界,乃是指一种不加强制力量而顺任自然的状态。

十七章所说的"百姓皆谓我自然"是说明政府的作为以不干扰人民为上策,政府的职责在于辅助人民,功成事遂,百姓并不感到政府力量的存在,反而觉得是自我发展的结果。在人民丝毫不感到政府干预的情况下,大家都觉得十分的自由自在。

二十三章说的"希言"是合于自然的。"希言"按字面的解释是"少说话"的意思。老子所说的"言",其实是指"声教法令"。因而"希言"乃是指不施加政令的意思。这和"不言之教"的意义是相通的。老子认为,为政不宜扰民,扰民就不合于自然了。反之,如果政令烦苛,犹如飘风骤雨,对人民构成侵害,那就不能持久了。暴政之所以不能持久,就是因为它不合于自然的缘故。

五十一章很清楚的说明了"道"之所以受尊崇,"德"之所以被珍贵,就在于它不干涉,而让万物顺任自然。

六十四章所说的"以辅万物之自然而不敢为"和五十一章"夫莫之命而常自然"意义是相通的,这都说明了"道"对于万物是居于辅助的立场,所谓辅助,只是依照万物本然的状态去发展。体"道"的"圣人"——理想中的治者,他的为政也能表现这种精神:辅助百姓的自我发展而不加以制约。

以上的申说,我们可以知道老子提出"自然"的观念,目的在于消解外界力量的阻碍,排除外在意志的干扰,主张任何事物都应该顺任它本身所具有的可能趋向去运行。

老子说:"天地不仁,以万物为刍狗;圣人不仁,以百姓为刍狗。"(五章)这是说,天地是不偏私的,任凭万物自然生长;"圣人"是不偏私的,任凭百姓自己发展。这就是"自然无为"思想的说明。"自然",常是对天地的运行状态而说的;"无为",常是对人的活动状况而说的。"无为"的观念,可说是"自然"一语的写状。"自然"和"无为"这两个名词可说是二而一的。

老子说:"道常无为而无不为。"(三十七章)这个顺任自然的"无为"之"道",老子将它从形而上的境界落实到政治的层面上。除了三十七章中以"无为"来描述"道"以外,其他《老子》书上凡是谈到"无为"的地方,都是从政治的立场而发的。

老子提倡"无为"的动机是出于"有为"的情事。"有为"一词是针对着统治者而发的[⑦]。

所谓"有为"是指统治者强作妄为,肆意伸张自己的意欲。老子看到"有为"之政的祸害已经是非常严重了,所以他说:

> 天下多忌讳,而民弥贫,……法令滋彰,盗贼多有。(五十七章)

又说:

> 民之饥,以其上食税之多,是以饥;民之难治,以其上之有为,是以难治。(七十五章)

禁忌太多了,弄得人民手足不知所措;法令森严,把人民捆得动弹不得。严刑的暴虐,加上重税的搜刮,弄得民不聊生。

在上者吞食税赋,这样的政府,只是加强少数人的利益,成为大众的暴虐。在老子那时代,擅自夺取百姓的权利是很普遍的。政府权威所集中化的控制越强,对于百姓的蹂躏性就越大。政府原是服务大众的工具,然而当时的政府却已成为压迫人民的工具。老子沉痛地说出了当时的景象:

> 朝甚除,田甚芜,仓甚虚,服文彩,带利剑,厌饮食,财货有余,是谓盗夸。非道也哉!(五十三章)

这几句话,道尽了专制者侈靡的景况。统治者侵公肥私,过着豪华的生活,而农民却田园荒芜,无以为炊;百姓仓库空虚,在上者钱庄存款累累。这种光景,老子怎能不感叹的说:"多么的无道呀!"掌权人身带利剑,威压逞强,在饥饿和死亡边缘的百姓,哪个敢发怨言?这种情形,老子看在眼里,无怪乎他要气愤地骂一声:"这简直就是强盗头子!"

然而,逼迫过甚,终会产生大的祸乱。老子说:"民不畏威,则大威至。"("人民不畏惧威压,则更大的祸乱就要发生了。")(七十二章)统治者作威作福,压迫百姓,到了极致,威压就要引起反作用了。老子又说:"民不畏死,奈何以死惧之。"(七十四章)假如人民被逼到这种极端的情境,那就只有铤而走险了。到这时候,即使用死亡去威吓人,已经走死路一条了,怎能产生阻吓的效果呢?

老子处在那样的时代,深深地觉察到那些自认为是他人命运的裁定者,自以为有资格对别人的理想专断的人,他们的作为,正是造成人间不平与残暴的根由。

老子看到当时的统治者,不足以有所作为,却偏要妄自作为,结果适足以形成人民的灾难。在这种情形下,老子极力地呼吁为政要"无为"。在他看来,这是惟一釜底抽薪的办法。

我们可以说,老子著书立说最大的动机和目的就在于发挥"无为"的思想。甚至于他的形上学也是基因于"无为"思想而创设的。

"无为"一观念,散布于全书,其中五十七章说到"无为"的结果:

我无为而民自化,我好静而民自正,我无事而民自富,我无欲而民自朴。

事实上,"好静""无事""无欲"就是"无为"思想的写状。"好静"是针对于统治者的骚乱搅扰而提出的;"无事"是针对于统治者的烦苛政举而提出的;"无欲"是针对于统治者的扩张意欲而提出的。可知"好静""无事""无欲"都是"无为"的内涵。如果为政能做到"无为",让人民自我化育,自我发展,自我完成,那么人民自然能够安平富足,社会自然能够和谐安稳。

"无为"主张,产生了放任的思想——充分自由的思想。这种思想是由不干涉主义而来的,老子认为统治阶层的自我膨胀,适足以威胁百姓的自由与安宁,因而提出"无为"的观念,以消解统治者的强制性与干预性。在老子所建构的社会里,虽然不能以"民主"的观念来附会它,但空气是自由的。

老子的"无为",并不是什么都不做,并不是不为,而是含有不妄为的意思。"无为"的思想产生了很大的误解,尤其是"'无为'而无不为"这句话,许多人以为老子的意思是表面上什么都不做,暗地里什么都来。因此误认为老子是个阴谋家[⑥]。其实老子绝非阴谋家,他整本书没有一句话是含有阴谋思想的。导致这种误解,完全是因为不了解老子哲学术语的特有意义所致。所谓"'无为'而无不为"的意思是说:"不妄为,就没有什么事情做不成的。""无为"乃是一种处事的态度和方法,"无不为"乃是指"无为"(不妄为)所产生的效果。这和《老子》第三章上所说的"为'无为'则无不治"的意义是相通的。"为'无为'则无不治"的意思是以"无为"的态度去处理世务，就没有不上轨道的。"为'无为'"是说以"无为"的态度去"为"。可见老子并不反对人类的努力，他仍然要人去"为"的。老子又说："为而不恃"（二章）"为而不争"（八十一章）。他鼓励人去"为"，去做，去发挥主观的能动性，去贡献自己的力量，同时他又叫人不要把持，不要争夺，不要对于努力的成果去伸展一己的占有欲。

老子主张允许每个个人都能依照自己的需要去发展他的秉赋，以此他提出了"自然"的观念；为了使不同的意愿得到和谐平衡，他又提出"无为"的观念。老子"自然无为"的观念，运用到政治上，是要让人民有最大的自主性，允许特殊性、差异性的发展。也就是说，允许个人人格和个人愿望的充分发展，但不以伸展到别人的活动范围为限。对于统治者来说，"无为"观念的提出，是要消解独断意志和专断行为的扩展，以阻止对于百姓权利的胁迫、并吞。

老子"自然无为"的主张是有他的历史背景的，在上古"日出而作，日入而息，帝力于我何有哉"的安闲自足的社会，事实上政府的存在，在一般人民的生活中并不是一件有必然相关性的东西。十八世纪西方就流行着一句口号："最懒惰的政府是最好的政府。"那时的政府，并没有什么重大的事情可做，主要的工作只是替人民修修道路而已。但是二十世纪的今天，情况就大变了，政府要统筹办理太多的事情，要做到"无为"已经是不可能的事。

然而针对于减缩独裁政治的为祸而言,"无为"的观念,仍是空谷足音。今天,人们的生活走向合模化的趋势越来越厉害,这已经成为整个世界普遍可虑的现象。我们处处可看到权力支配个人的生命,处处可看到个人无助的情形;权力越来越强化,越来越集中化。在这种情境下,老子"自然无为"的主张,仍有其时代的意义。

(二)"虚""静"

老子说:"致虚极,守静笃。"(十六章)他认为万物的根源是"虚""静"状态的。面对世事的纷争搅扰,所以老子提出这一个主张,希望人事的活动,能够致虚守静。下面对于这两个观念分别加以说明:

司马谈《论六家要旨》,曾说道家思想是"以虚无为本"的。可见"虚"的观念在老学中的重要性。《老子》第四章说:

> 道冲而用之,或不盈,渊兮,似万物之宗。

"道冲"即是形容"道"体是"虚"状的。这个"虚"状的"道"体,像是万物的根源。它不但是万物的根源,而且它所发挥出来的作用是永不穷竭的(这可见老子所说的"虚",并不是空无所有的)。这和第五章上的说法是一样的:

> 天地之间,其犹橐籥乎!虚而不屈,动而愈出。

"橐籥"是形容虚空的状态,天地之间虽然是虚空状态,它的作用却是不穷屈的。运动一经开始,万物就从这虚空之处涌现出来。可见这个"虚"含藏着创造性的因子,它的储藏量是无穷的。这正如山谷一样,虽然是虚空状的,却为大量水源的会聚处。老子喜欢用谷来比喻"虚"。他说:

　　上德若谷。(四十一章)

我们常用"虚怀若谷"这个成语来形容某种心境。达到这种心境的人可以称为上"德"之人。

老子用"谷"来象征"虚","虚"这个观念应用到人生方面的时候,它含有"深藏"的意义。《史记·老庄列传》上说:"良贾深藏若虚,君子盛德,容貌若愚。""深藏若虚",这和半瓶子满就摇摇晃晃的情形,刚好是一个对比。

"虚"的反面是"实",是"盈"。"实"含有成见的意思,"盈"表示自满的意思。老子说了许多关于自满所产生的弊病,他说:"自见者不明,自是者不彰,自伐者无功,自矜者不长。"(二十四章)又说:"持而盈之,不如其已;揣而锐之,不可长保。"(九章)这些话都是提醒人家不要自满,要深藏。

"虚"状的东西,必然也呈现着"静"定的状态。老子重视"虚",也必然重视"静"。无论在人生或人事各方面,老子都很重视"静"的作用。现在让我们看看老子对于"静"这个观念的说法,他说:

　　万物并作,吾以观复。

　　夫物芸芸,各复归其根,归根曰静,静曰复命。(十六章)

万物蓬蓬勃勃地生长,老子在蓬勃生长的现象中,看出往复循环的道理。依他看来,万物纷纷纭纭,千态万状,但是最后总要返回到自己的本根,而本根之处,乃是呈虚静的状态。这个观点应用到人生和政治方面,老子认为人事的纷嚣,仍以返回清静状态为宜。

老子谈"静",特别着重在政治方面来立论。他说:"清静为天下正。"(四十五章)可见"清静"的作用是多么的大。他又说:"不欲以静,天下将自正。"(三十七章)如果不被贪欲所激扰,才能达到清静的境地,而清静的境地,也就是"无欲"的状况。"清静""无欲"的重要性老子说得很清楚,他说:

> 我好静,而民自正;……我无欲,而民自朴。(五十七章)

在这里,"无欲"和"清静"是密切相关的。"无欲"则民自朴,民朴则足以自正。"我无欲而民自朴",在这里"欲"和"朴"是相对提出来的,可见这个"欲"乃是指心智作用的巧诈之欲。因此"无欲"并不是要消解本能性的自然欲望,乃是要消解心智作用的巧诈欲望。在老子看来,统治者若能清静而不纵欲,社会才能走向安定的路子。

"静"的反面是急躁、烦扰。我们从它的反面来看,更可了解老子重视"静"的原因。在二十六章上老子说:

> 重为轻根,静为躁君。是以君子终日行不离辎重;虽有荣观,燕处超然,奈何万乘之主,而以身轻天下?轻则失本,躁则失君。(二十六章)

静、重是相关的,持重者恒静,所以老子重"静"也贵"重"。他认为一个统治者,在日常的生活中必须能够持守"静重";一个统治者虽然享有华丽的生活,却能安居泰然,这就是清静的表现。然而老子目击当时的统治者,过着奢侈糜烂的生活,表现着急躁轻率的作风,所以他感慨地说:为什么身为大国的君主还把自己看作是天下最轻的东西呢?

执政者不宜轻率急躁,尤其不可骚扰民安。所以老子说:

治大国,若烹小鲜。(六十章)

治理国家,好像煎小鱼一样;不能常常翻动,否则就要翻得破烂不堪了。老子用煎小鱼来比喻治理国家,也就是喻示着治理国家应以清静为原则,不可搅扰百姓。凡是苛刑重税都是扰民的政举,为政者应深自戒惕的。

老子"静"这个观念的提出是有他的思想背景的:(1)他看到当时统治阶层的纵欲生活;他们耽溺于官能的刺激,追逐着声色之娱,因此他发出警告说:"五色令人目盲;五音令人耳聋,五味令人口爽;驰骋畋猎令人心发狂。"(十二章)他唤醒大家要在多欲中求清静。(2)他目击当时统治者扰民的实况:重税的逼压,严刑的苛虐。所以他一再地呼吁为政要"清静",不可干扰民安。在《老子》书上,除了十六章以外,凡是谈到"静"字的地方,论旨都在政治方面,而且都是针对着为政者的弊端而发的。

老子不仅主张为政应求清静,人生的活动也应在烦劳中求静逸。他要人在繁忙中静下心来,在急躁中稳定自己。俗话常说:"心静自然凉",又说:"以静制动"、"以逸待劳"。这些"动中取静"

的道理,早已成为一般人生活经验上的口头禅了。可见老子的"静",并不是木然不动,裹足不前,也不是像一潭死水似的完全停滞状态,乃是"静中有动,动中寓静"的。老子说:"孰能浊以静之徐清;孰能安以动之徐生。"(十五章)在这里,老子很明显地肯定了"动极则静,静极而动"的道理。

(三)"柔弱""不争"

老子说:"弱者道之用。"(四十章)又说:"绵绵若存,用之不勤。"(六章)这说明了"道"的创生作用虽然是柔弱的,却能绵延不绝,作用无穷。"道"在创生过程中所表现的柔弱情况,正是"无为"状态的一种描写。正由于"道"所表现的柔弱,使万物并不感到是强力被造的,而是自生自长的。

柔弱的作用,运用到人生方面,老子认为:"柔弱胜刚强。"(三十六章)并且认为:"坚强者死之徒,柔弱者生之徒。"(七十六章)他说:

> 人之生也柔弱,其死也坚强。草木之生也柔脆,其死也枯槁。故坚强者死之徒;柔弱者生之徒。是以兵强则灭,木强则折。(七十六章)

老子从经验世界的事象中找到论据,用以说明"坚强"的东西是属于死亡的一类,而柔弱的东西是属于生存的一类。老子拿人作为例论,他说人活着的时候,身体是柔软的,死了的时候,就变成僵硬了。同时他又拿草木作为例论,他说,草木欣欣向荣的时候,形质是柔脆的,花残叶落的时候,就变成干枯了。从这两个例论中,得出这样的结论:"坚强者死之徒;柔弱者生之徒。"这个结论蕴涵着"坚强"的东西已失去了生机,"柔弱"的东西则充满着生机。这是从事物的内在发展状况来说的。若从它们的外在表现上来说,"坚强"的东西之所以属于"死之徒",乃是因为它们的显露突出,所以当外力逼近的时候,便首当其冲了。所谓"揣而锐之,不可长保。"(九章)才能外显,容易招忌而遭致陷害,这正如同高大的树木,容易引人来砍伐。这是人为的祸患。自然的灾难也莫不如此;例如台风吹袭,高大的树木往往摧折,甚至连根拔起。而小草却能迎风招展,由于它的柔软,反倒随风飘摇,而永远不会吹折。俗语说:"狂风吹不断柳丝,齿落而舌长存。"或说:"舌柔在口,齿刚易折。"这些道理人人都知道。又好比水是"至柔"的东西,它却具有攻不破的特点,水中抽刀,无论费多大的力气,永远是切不断的。老子从经验世界中找到诸如此类的论据,而得出这种结论:刚的东西容易折毁,柔的东西反倒难以摧折,所以最能持久的东西不是刚强者,反是柔弱者。因此他说:

天下莫柔弱于水,而攻坚强者莫之能胜,以其无以易之。弱之胜强,柔之胜刚,天下莫不知,莫能行。(七十八章)

天下之至柔,驰骋天下之至坚。(四十三章)

老子认为世间没有比水更柔弱的,然而攻击坚强的东西,没有能胜过它的。我们看看,屋檐下点点滴滴的雨水,由于它的持续性,经过长年累月可以把一块巨石穿破;洪水泛滥时,淹没田舍,冲毁桥梁,任何坚固的东西都抵挡不了。所以老子说柔弱是胜过刚强的。在这里可以看出老子的"柔弱"并不是通常所说的软弱无力的意思,而其中却含有无比坚韧不克的性格。

老子"柔弱"的主张,主要是针对于"逞强"的作为而提出的。逞强者必然刚愎自用,自以为是,也就是老子所说的自矜、自伐、自是、自见、自彰。世间的纷争多半是由这种心理状态和行为样态所产生的,在这种情况下,老子提出"柔弱"的主张。并提出"处下""不争"的观念。

老子喜欢以水作比喻,来说明他的道理。他说柔弱的水还具有居下、不争、利物的特点。人生的态度也应该如此:要能处下、不争而利民。

"处下"是老子"柔弱"道理的另一种运用。它含有谦虚容物的意思。老子常用江海作比喻,由于它的低洼处下,所以百川都汇归于海。老子有感于世上的人,大家都想站在高处,都要抢在亮处,所以他以"川谷之于江海"(三十二章)来说明"处下"的好处。他认为若能"处下",自然能够消解争端,而培养容人的心量。

"不争"的观念也基因于此。在现实社会上,没有一个角落不是在为着私自的利益而争嚷不休的,老子深有所感,所以他要人"利万物而不争"(八章)"为而不争"(八十一章)。老子的"不争",并不是一种自我放弃,并不是对于一切事、一切人的放弃,也不是逃离社会或遁入山林。他的"不争"的观念,乃是为了消除人类社会不平的争端而提出的。他仍要人去"为",而且所"为"要能"利万物"。"为"是顺着自然的情状去发挥人类的努力,而人类努力所得来的成果，却不必擅据为己有。这种为他人服务（"利万物"）而不与人争夺功名的精神，也可说是一种伟大的道德行为。老子所说的"功成而弗居"（二章）"功成而不有"（三十四章）"功成名遂身退"（九章），都是这种"不争"思想的引申。由此推知老子"谦退"、"居后"的观念都蕴涵在这种"不争"的思想里面，主要的目的乃在于消弭人类的占有冲动。

四　总结和批评

上面说过，老子的哲学系统是由"道"开展的。老子认为这个"玄之又玄""惟恍惟惚"的"道"是真实存在的。现在我们毕竟要问：世界上果真有老子所说的如此这般的"道"吗？它究竟是实际的存在呢？或者只是概念上的存在？关于这个问题，我们可以直截了当的说，"道"只是概念上存在而已。"道"所具有的一切特性的描写，都是老子所预设的。老子所说的预设"道"，若从常识的观点来看，也许会认为它是没有意义的。例如说"道"是"惟恍惟惚"的，是"独立不改"的，是"天地之始"、"万物之母"的，这一切都是非经验的语句，都是外在世界无法验证的。然而"道"的问题，却不可以把它当作经验知识的问题来处理，它只是一项预设，一种愿望，借以安排与解决人生的种种问题。"道"之为一种预设，犹如政治学上预设"人人生而平等"一样，果真是人人生而平等吗？对于这个预设的命题，我们既不能否认它，但也不能证明它⁹。关于老子"道"的理论也是这样,我们不能从存在的观点(existential viewpoint)来处理它,只能从设定的观点(hypothetical viewpoint)来讨论它。

如果我们再作进一步的了解,我们也可以说,老子"道"的论说之开展,乃是人的内在生命的一种真实感的抒发。他试图为变动的事物寻求稳固的基础,他更企图突破个我的局限,将个我从现实世界的拘泥中超拔出来,将人的精神生命不断地向上推展,向前延伸,以与宇宙精神相契合,而后从宇宙的规模上,来把握人的存在,来提升人的存在。

因而,老子的形上之"道",固然有人说只是满足人们概念游戏的乐趣,但是正因此而拉开了我们思维活动的范围,并且将我们为眼前事物所执迷的锁闭的情境中提升了一级。此外,老子关于宇宙创生的说法,在思想史上也具有重大意义的。"道"的预设,破除了神造之说⑩;他说"道"为"象帝之先"(四章),他不给"上帝"留下地盘;他说"天法道,道法自然",人格神的观念在他哲学的园地上销声匿迹;他说"天地不仁,以万物为刍狗",他这种自然放任的思想,把人从古代宗教迷信的桎梏下彻底地解放出来。老子所说的"天",都是指自然而言,他消解了意志的天、作为的天,他把前人视为无上权威、不可侵犯性的天,拉下来,屈居于混然之"道"的下面,而成为漠然存在的自然之天。总之,老子解释宇宙现象时,破除人格神创造的说法,而重视万物的自生自长,纯任自然。从这方面来看,他的形上学是有重大意义的。

形而上的"道"向下落实而成为人生准则的"道",它对人所产生的意义就很显然了。这一层意义的"道",具有"自然无为"、"虚静"、"柔弱"、"不争"、"处下"、"为而不恃,长而不宰,功成而不居"等等特性,从老子所预设的这些"道"的基本特性中,我们可以体会出老子立说的用意。老子立说的最大动机,是要缓和人类社会冲突。而人类社会冲突的根源,就在于剥削者肆意扩张一己的占有欲。所以老子提出"无为"、"质朴"、"无欲"、"谦退"、"不争"种种观念,莫不是在求减损人类占有的冲动。老子所处的社会——事实上从古到今所有人类的社会,有形和无形的争夺无尽期地在进行着。而战争的残杀,是有形争夺的事件中最惨烈的。战争的意义,令人感到惶惑,追根究底,这些屠杀的事件多半只是为了剥削者的野心和意气,而迫使多数人的生命去作无谓的牺牲。《老子》书上,表现了强烈的反战意识,他说:锐利的兵器是不祥的东西,大家都厌恶它,所有有"道"的人不使用它[1]。如果遭受强暴的侵凌,万不得已而应战,要"恬淡为上"。打了胜仗不要得意;得意,就是表示喜欢杀人[2]。想想看,打胜仗,就是杀死很多人,而每一个被杀的人,都是和你一般的,从呱呱坠地,在母亲的怀抱里含辛茹苦地抚养成长,从每一张年轻的脸孔上,可以体味出多少母爱,母爱之中蕴藏了多少辛酸血泪,岂料无辜地被驱使到战场上,在瞬刻间被打得血肉模糊,血水迸流。所以老子沉痛地说:"杀人之众,以悲哀泣之,战胜以丧礼处之。"(三十一章)这是何等伟大的人道主义思想的流露。他对人类的哀悯之心,因而提出"慈"

字,要列强发挥慈心,爱养百姓而不可轻杀。在那兵祸连年的时代,在那争夺迭起的社会,老子苦口婆心,极欲解决人类的争端。老子著书的动机是多方面的,然而从这一方面作为出发点去了解,才能把握老子立说的真正用意,并且从这点上去体认,当可知道老子仍是具有积极救世的心怀。我们常听人说,老子的思想是消极的、悲观的、出世的,这完全是一种误解。老子倡导"生而不有"、"为而不恃"、"长而不宰"、"功成而不有"、"衣养万物而不为主"、"为而不争"、"利万物而不争"。可见他仍要人去"为",去创生,去养育,去贡献自己的力量("衣养万物"、"利万物")。事实上,老子也并不反对人成就功业,只是他眼看到这个社会大家都急急忙忙地求名、取利、争功,大家都想出风头、占便宜、贪图利益,无功的想争功,有功的更要居功。所以他要人功业成就了,也不必去占为己有("功成而不有");事情做了,也不必去争夺名位("为而不争")。他还呼吁大家要拿出自己有余的去帮助不足的人("损有余而补不足"),要尽自己的所能去贡献给人类("有余以奉天下")。

此外,我们应重视老子所提出的"虚静"等观念,这是对生活上具有批评性与启示性的观念。"虚静"的生活,蕴涵着心灵保持凝聚含藏的状态。惟有这种心灵才能培养出高远的心志与真朴的气质,也惟有这种心灵,才能导引出深厚的创造能量。反观现代人的生活,匆促浮华,自然难以培养出深沉的思想;繁忙躁进的生活,实足以扼杀一切伟大的创造心灵。老子恳切地呼吁人们重视一己内在生命的培蓄,就这一个层面来说,对于现代这种浮光掠影式的生活形态与心理样态,老子的呼声,未尝不具有深刻的意义。

最后,我们要谈谈老子哲学上的缺点:首先,我们很容易发现老子常使用类比法(Analogy)去支持他的论点。例如,他从柔弱的水可以冲激任何坚强的东西,因而推论出柔弱胜刚强的结论来。这种类比法的使用,虽然有相当的说服性和提示性,但是并没有充分的证据力。因为你可以用同样的形式例举不同的前提而推出相反的结论来。你可以说,坚硬的铁锤可以击碎任何柔脆的东西,因而推论出刚强胜过柔弱的结论来。这里仅就老子所使用的类比法加以批评。当然我们了解老子的用意,只求在经验世界中找寻说明他的道理的论据,这些论据虽然无法保证他的结论之必然性,然而并无碍于他的道理之能在经验世界中得到运用。

老子的思想内容,有许多可批评的地方,例如:

(一)老子"返本复初"的思想是很浓厚的。然而是否能够返回到"本初"的状态?同时所谓"本初"的状态,是否像老子所设想的那样美好?是否有碍于事物的向前推展?

(二)老子认为事物的运动和发展是循环状态的。然而事物的发展状况是复杂多端的,有曲线的发展,也有直线发展,种种状况,不一而足,未可以单一的循环往复来概括其余的。

(三)老子主张"无知""弃智",因为他认为一切巧诈的事情都是由心智作用而产生的。他又主张"绝学"(老子所说的"学"是指仁义礼法之学),他认为这种圣智礼法的追求,徒然增加人们的智巧心机。但是他忽略了"智"和"学"也可引人向上、导人向善的趋途。

(四)老子重视事物对待关系的转化,他认为祸福相因,如环无端,然而他却忽略了主观力量的重要性。他这种说法,很容易使人觉得好像无需要主观力量的参与,祸就自然而然会转化而为福,福又自然而然地转化而为祸。事实上,主观的努力,常为决定祸福的主要因素。

(五)老子一再地强调人应顺应自然,然而如此纯任自然的结果,一切事物的发展是否能达到预期的效果,这很值得怀疑的。此外,道家思想都肯定了人和自然事物的一体情状,然而人和自然事物在本质上究竟是否同一?这显然是有问题的。事实上,人是有意志、有理性、有感情的。意志的表现,理性的作用,感情的流露,都使得人之所以为人,和自然事物在本质上有很大的差别。

(六)在老子所建构的理想国中,那种安足和谐的生活,固然很富诗意,令人神驰,固然有其社会环境作为依据而非全然梦境(古时的农村社会是由许多自给自足的村落形成的)。但是,我们毕竟感到在那种单纯而单调的生活方式中,人究竟还有多少精神活动可言?

(七)老子一再强调"清静无为、柔弱处下",一个人如果长时期浸染于这种思想的气氛中,久而久之,将会侵蚀人的奋发精神,也会消解人向观念探索以及向思想禁地推进的勇气。总之,在老子所建构的世界中,人们固然可获得心灵的平和宁静,然而相对地也会减损人创造性的冲动。

尽管如此,这些缺点并不能掩盖老子哲学的价值,他所提出的种种观念——比如文中一再提到的"生而不有,为而不恃,长而不宰,功成而不居"等观念,都已成为传统文化的精萃。

五千言的一本《老子》,充满了不少深沉的智慧之言。借用德国哲学家尼采所说的:"像一个永不枯竭的井泉,满载宝藏,放下汲桶,唾手可得。"

【注释】

①这种看法,徐复观在他的《中国人性论史》上说过。

徐复观说:"老学的动机与目的,并不在于宇宙论的建立,而依然是由人生的要求,逐步向上推求,推求到作为宇宙根源的处所,以作为人生安顿之地。因此,道家的宇宙论,可以说是他的人生哲学的副产物。他不仅是要在宇宙根源的地方来发现人的根源,并且是要在宇宙根源的地方来决定人生与自己根源相应的生活态度,以取得人生的安全立足点。"

②唐君毅在《中国哲学原论》中,将老子的"道"细分成六义:虚理之道,形上道体,道相之道,同德之道,修德之道及其生活之道,为事物及心境人格状态之道。

③"实存"是指真实的存在。这个真实存在的"道",具有形而上的性格,我这里所说的"形而上"的性格是指它不属于形器世界的东西,它无确切的形体,也无适切的称谓,我们无法用感官去直接接触它的存在。

④参看徐复观《中国人性论史》第三三七页:"宇宙万物创生的过程,乃表明'道'由无形质以落向有形质的过程。"
⑤一般人都知道"有"的用处,却往往忽略了它的反面"无"的作用。在十一章,老子举了三个例子说明"无"的作用:(1)有车毂的中空,才有车的作用;(2)有器皿的中空,才有器皿的作用;(3)有门窗四壁的中空,才有房屋的作用。所以老子说:"有"给人便利,"无"发挥了它的作用。

十一章所说的"有""无"("有之以为利,无之以为用")和二章所说的"有""无"("有无相生"),是指现象界中的"有""无",是通常意义的"有""无",这和第一章:"无名天地之始,有名万物之母"的"有""无",以及四十章:"天下万物生于有,有生于无"中的"有""无"不同,第一章和四十章上的"有""无"是超现象界中的"有""无",这是"道"的别名。许多谈《老》学的人,忽略了这种区别,混为一谈。
⑥三十六章可能是《老》书中最受误解的一章。许多人把这段话当作权谋诈术,这真是莫大的曲解。我把它译成白话以后,原义当可确立,它分明是讲"将欲歙之,必固张之"等等情况,乃是"几先的征兆",这是对于"物极必反"观念的说明,和所谓权谋诈术之语毫不相干。
⑦胡适在《中国哲学史》(四十七页)上,也提到老子反对"有为"政治和主张"无为"政治的动机。

他说:"老子反对有为的政治,主张无为无事的政治,是当时政治的反动。凡是主张无为的政治哲学,都是干涉政策的反动。因为政府用干涉政策,却又没干涉的本领,越干涉越弄糟了,故挑起一种反动,主张放任无为。欧洲十八世纪的经济学者、政治学者,多主张放任主义,正为当时的政府实在太腐败无能,不配干涉人民的活动。老子的无为主义,依我看来,也是因为当时政府不配有为,偏要有为;不配干涉,偏要干涉,所以弄得'天下多忌讳而民弥贫;民多利器,国家滋昏;法令滋彰,盗贼多有。'《瞻卬》诗说的'人有土田,汝反有之;人有民人,汝覆夺之;此宜无罪,汝反收之;彼宜有罪,汝覆说之',那种虐政的结果,可使百姓人人有'匪鹑匪鸢,翰飞戾天;匪鳣匪鲔,潜逃于渊'的感想。"

⑧ 这种误解是非常普遍的。钱穆在《庄老通辨》中,反反复复地说老子是个阴谋家,极尽误解之能事。

⑨ 金岳霖说:"我以为哲学是说出一个道理来的成见。哲学一定要有所'见',哲学的见,其论理上最根本的部分,或者是假设,或者是信仰;严格的说起来,大都是永远或暂时不能证明与反证的思想。"(引自《冯友兰〈中国哲学史〉审查报告》)

⑩ 老子的宇宙论破除了神造之说,这种看法已经有许多人说过,为了加强这个观点,下面征引各家的说法:

梁启超说:"他(老子)说的'先天地生',说的'是谓天地根',说的'象帝之先',这分明说'道'的本体,是要超出'天'的观念来求他;把古代的'神造说'极力破除。后来子思说:'天命之谓性,率性之谓道。'董仲舒说:'道之大原出于天。'这都是说颠倒了。老子说的是'天法道',不说'道法天'是他见解最高处。"《老子哲学》

章太炎说:"老子并不相信天帝鬼神,和占验的话。孔子也受了老子的学说,所以不相信鬼神,只不敢打扫干净;老子就打扫干净。"《演讲录》

夏曾佑说:"老子之书,于今具在;讨其义蕴,大约以反复申明鬼、神、术数之误为宗旨。'万物芸芸,各归其根,归根曰静,是谓复命',是知鬼、神之情状不可以人理推,而一切祷祀之说破矣。'有物混成,先天地生',则知天地山川、五行、百物之非原质,不足以明天人之故,而占验之说废矣。'祸兮福所倚,福兮祸所伏',则知祸福纯乎人事,非能前定之者,而天命之说破矣。"(引自王力《老子研究》)

胡适说:"老子哲学的根本观念是他的天道观念。老子以前的天道观念,都把天看作一个有意志、有知识、能喜、能怒、能作威福的主宰。……老子生在那种纷争大乱的时代,眼见杀人、破家、灭国等等惨祸,以为若有一个有意志知觉的天帝,决不致有这种惨祸。"《中国古代哲学史》

徐复观说:"由宗教的坠落,而使天成为一自然的存在,这与人智觉醒后的一般常识相符。在《诗经》、《春秋》时代中,已露出了自然之天的端倪。老子思想最大贡献之一,在于对自然性的天的生成、创造,提供了新的、有系统的解释。在这一解释之下,才把古代原始宗教的残渣,涤荡得一干二净,中国才出现了由合理思维所构成的形上学的宇宙论。"《中国人性论史》

⑪《老子》三十一章:"夫兵者,不祥之器,物或恶之,故有'道'者不处。"

⑫《老子》三十一章:"胜而不美,而美之者,是乐杀人。"

注释、今译与引述

一　章

道可道,非常道①;名可名,非常名②。

無,名天地之始;有,名萬物之母③。

故常無,欲以觀其妙;常有,欲以觀其徼④。

此兩者,同出而異名⑤,同謂之玄⑥。玄之又玄,衆妙之門⑦。

【注释】

①道可道,非常道:第一个"道"字是人们习称之道,即今人所谓"道理"。第二个"道"字,是指言说的意思。第三个"道"字,是老子哲学上的专有名词,在本章它意指构成宇宙的实体与动力。"常",马王堆汉墓帛书《老子》甲、乙本均作"恒"。

"常道"之"常",为真常、永恒之意。一般将"常道"解释为永恒不变之道,然可以"永恒"释之,却不当以"不变"作解,因老子之作为宇宙实体及万物本原的"道",是恒变恒动的。《老子》四十章谓:"反者道之动",便以道为动体;二十五章形容道的运行是"周行而不殆",也是描述道体之生生不息。

朱谦之说:"盖'道'者,变化之总名。与时迁移,应物变化,虽有变易,而有不易者在,此之谓常。……老聃所谓道,乃变动不居,周流六虚,既无永久不变之道,亦无永久不变之名。……天地之道,恒久而不已,四时变化,而能久成。若不可变、不可易,则安有所谓常者?"(《老子校释》)按朱说为是。程颐在《周易·程氏传》中释《易》之〈恒卦〉时指出:"天下之理未有不动而能恒者也,动则终而复始,所以恒而不穷,凡天地所生之物,虽山岳之坚厚,未有能不变者也。故'恒'非'一定'之谓也,'一定'则不能恒矣。惟随时变易,乃常道也。"程氏以"随时变易"解"常道",正合老义。

②名可名,非常名:第一个"名"字是指具体事物的名称。第二个"名"字是称谓的意思,作动词使用。第三个"名"字为老子特用术语,是称"道"之名。

蒋锡昌说:"《管子·心术》,'名者,圣人之所以纪万物也。'又《七发》注,'名者,所以命事也。'此名乃世人用于事物之名,其所含意义,常为一般普通心理所可了解,第一'名'字应从是解。第二'名'字用为动词。'常名'者,真常不易之名也,此乃老子自指其书中所用之名而言。老子书中所用之名,其含义与世人习用者多不同。老子深恐后人各以当世所习用之名来解《老子》,则将差以千里,故于开端即作此言以明之。"(《老子校诂》)

张岱年说:"真知是否可以用名言来表示!这是中国古代哲学中一个大问题。道家以为名言不足以表述真知,真知是超

乎名言的。"(《中国哲学大纲》)

③无,名天地之始;有,名万物之母:"无"是天地的本始,"有"是万物的根源。"无"、"有"是指称"道"的,是表明"道"由无形质落实向有形质的活动过程。

"无名天地之始,有名万物之母":历来有两种句读:一、"无",名天地之始;"有",名万物之母。二、"无名",天地之始;"有名",万物之母。严遵、王弼用"无名"、"有名"作解,前人多循王弼之见。王安石则以"无"、"有"为读。"'无',所以名天地之始;'有',所以名其终,故曰万物之母。"缪尔纾说:"此以'无'、'有'为读,然以'无名'、'有名'为读亦可。"(《老子新注》)

按:"无""有"是中国哲学本体论或宇宙论中的一对重要的范畴,创始于老子。通行本《老子》四十章:"天下万物生于有,有生于无"(湖北郭店战国楚墓竹简《老子》作:"天下之物生于有、生于物。"),亦以"无"、"有"为读。主张"无名"、"有名"为读的人,也可在《老子》本书上找到一个论据,如三十二章:"道常无名";二十五章:"吾不知其名,强字之曰道。"故两说可并存,笔者居于哲学观点,兹取"无"、"有"之说。

④常无,欲以观其妙;常有,欲以观其徼:常体"无",以观照"道"的奥妙;常体"有",以观照"道"的边际。

"徼",前人有几种解释:一、归结;如王弼注:"徼,归终也。"二、作"窍";如黄茂材本为"窍"。马叙伦说:"徼当作窍,《说文》:'窍,空也。'"(《老子校诂》)三、作"曒"解;如敦煌本为"曒"。朱谦之说:"宜从敦煌本作'曒'。……'常无观其妙','妙'者,微眇之谓,荀悦《申鉴》所云:'理微谓之妙也。''常有观其曒','曒者',光明之谓,与'妙'为对文,意曰理显谓之曒也。"四、边际;陆德明说:"徼,边也。"(《老子音义》)董思靖说:"徼,边际也。"(《道德真经解》)陈景元说:"大道边有小路曰徼。"吴澄说:"徼者,犹言边际之处,孟子所谓端是也。"今译从四,姑译为"端倪"。

"常无欲以观其妙,常有欲以观其徼。"有以"无"、"有"为读,有以"无欲"、"有欲"为读。王弼以"无欲"、"有欲"作解,后人多依从,然本章讲形而上之"道"体,而在人生哲学中老子认为"有欲"妨碍认识,则"常有欲"自然不能观照"道"的边际。所以这里应承上文以"无"、"有"为读。再则,《庄子·天下篇》说:"老聃闻其风而悦之,建之以常无有。"庄子所说的"常无有"就是本章的"常无"、"常有"。兹列举自宋代王安石至当代高亨各家见解于下,俾供参考:

王安石说:"道之本出于无,故常无,所以自观其妙。道之用常归于有,故常有,得以自观其徼。"

苏辙说:"圣人体道以为天下用,入于众有而'常无',将以观其妙也。体其至无而'常有',将以观其徼也。"(《老子解》)

王樵说:"旧注'有名'、'无名',犹无关文义;'无欲'、'有欲'恐有碍宗旨。老子言'无欲','有欲'则所未闻。"(《老子解》)

俞樾说:"司马温公、王荆公并于'无'字'有'字终句,当从之。下云:'此两者同出而异名,同谓之玄。'正承'有'、'无'二义而言,若以'无欲'、'有欲'连读,既'有欲'矣,岂得谓之'玄'?"(引自《诸子平议》)

易顺鼎说:"按《庄子·天下篇》:'老聃闻其风而悦之,建之以常无有。''常无有'即此章'常无''常有',以'常无'、'常有'为句,自《庄子》已然矣。"(《读老札记》)

高亨说:"'常无'连读。'常有'连读。'常无欲以观其妙',犹云欲以常无观其妙也。'常有欲以观其徼',犹云欲以常有观

其徼也。因特重'常无'与'常有',故提在句首。此类句法,古书中恒有之。"(《老子正诂》)
⑤此两者,同出而异名:帛书本作"两者同出,异名同胃(谓)"。"此两者",指上文"无"和"有"。

王安石说:"'两者',有无之道,而同出于道也。世之学者,常以'无'为精,以'有'为粗,不知二者皆出于道,故云'同谓之玄'。"

童书业说:"'无'和'有'或'妙'和'徼',这是'同出而异名'的。从'同'的方面看,混沌而不分,所以称之为'玄'。"
⑥玄:幽昧深远的意思。

苏辙说:"凡远而无所至极者,其色必玄,故老子常以玄寄极也。"(《老子解》)

范应元说:"玄者,深远而不可分别之义。"(《老子道德经古本集注》)

吴澄说:"玄者,幽昧不可测知之意。"(《道德真经注》)

张岱年说:"'玄'的观念,亦即道的观念之变相。"(《中国哲学大纲》)
⑦众妙之门:一切奥妙的门径,即指"道"而言。

【今译】

可以用言词表达的道,就不是常道;可以用文字表述的名,就不是常名。

无,是形成天地的本始;有,是创生万物的根源。

所以常从无中,去观照道的奥妙;常从有中,去观照道的端倪。

无和有这两者,同一来源而不同名称,都可说是很幽深的。幽深又幽深,是一切奥妙的门径。

【引述】

　　整章都在写一个"道"字。这个"道"是形而上的实存之"道",这个形上之"道"是不可言说的;任何语言文字都无法用来表述它,任何概念都无法用来指谓它。

　　"道"是老子哲学上的一个最高范畴,在《老子》书上它含有几种意义:一、构成世界的实体。二、创造宇宙的动力。三、促使万物运动的规律。四、作为人类行为的准则。本章所说的"道",是指一切存在的根源,是自然界中最初的发动者。它具有无限的潜在力和创造力,天地间万物蓬勃的生长都是"道"的潜藏力之不断创发的一种表现。

　　"无""有"是用来指称道的,是用来表明道由无形质落实向有形质的一个活动过程。

　　老子所说的"无",并不等于零。只因为道之为一种潜藏力(Potentiality),它在未经成为现实性(Actuality)时,它"隐"着了。这个幽隐而未形的"道",不能为我们的感官所认识,所以老子用"无"字来指称这个不见其形的道的特性。这个不见其形而被称为"无"的道,却又能产生天地万物,因而老子又用"有"字来形容形上的道向下落实时介乎无形质与有形质之间的一种状态。可见老子所说的"无"是含藏着无限未显现的生机,"无"乃蕴涵着无限之"有"的。"无"和"有"的连续,乃在显示形上的道向下落实而产生天地万物时的一个活动过程。由于这一个过程，一个超越性的道和具体的世界密切地联系起来，使得形上的道不是一个挂空的概念。

本章只在说明：一、道具有不可言说性，道是不可概念化的东西。二、道是天地万物的根源和始源。许多人以为老子的道理很玄虚，所谓"玄之又玄"。其实老子这句话只说明在那深远而又深远的根源之处，就是万物所从出的"道"。至于老子说"道"不可名，事实上他已经给了我们一些概念：即是道之不可言说性与概念性等。在二十五章上，老子说到这个形而上之实存体是个混然状态的东西，无以名之，勉强用一个"道"字来称呼它，这只是为了方便起见而已。老子说到道体时，惯用反显法；他用了许多经验世界的名词去说明，然后又一一打掉，表示这些经验世界的名词都不足以形容，由此反显出道的精深奥妙性。

二　章

天下皆知美之爲美,斯惡已①;皆知善之爲善,斯不善已。

有無相生②,難易相成,長短相形③,高下相盈④,音聲相和⑤,前後相隨⑥。

是以聖人⑦處無爲⑧之事,行不言⑨之教;萬物作而不爲始⑩,生而不有,爲而不恃⑪,功成而弗居。夫唯弗居,是以不去。

【注释】

①天下皆知美之为美,斯恶已:天下都知道美之所以为美,丑的认识产生了。"恶",指丑。"已",苏辙本作"矣","已"、"矣"古通。

　　王安石说:"夫善者,恶之对;善者,不善之反,此物理之常。"

　　吴澄说:"美恶之名,相因而有。"

　　陈懿典说:"但知美之为美,便有不美者在。"

　　王夫之说:"天下之变万,而要归于两端生于一致,故方有'美'而方有'恶'。"(《老子衍》)

　　以上各说,都在说明"美""恶"的事端或概念乃对待而生。

　　按:一般人多把这两句话解释为:"天下都知道美之为美,

就变成丑了。"老子的原意不在于说明美的东西"变成"丑，而在于说明有了美的观念，丑的观念也同时产生了。下句"皆知善之为善，斯不善已。"同样说明相反相因的观念。后面"有无相生"等六句，都在于说明观念的对立形成，并且在对立关系中彰显出来。

② 有无相生："有"、"无"，指现象界事物的显或隐而言。这里的"有""无"和第十一章"有之以为利，无之以为用"的"有"、"无"同义，而不同于上章（一章）喻本体界之道体的"无"、"有"。"有无相生"句上，今本有"故"字，敦煌本、遂州碑本、顾欢本无"故"字。郭店简本及帛书甲、乙本正同，据删。

③ 形：王弼本原作"较"。河上公本、傅奕本及其他古本都作"形"。帛书甲、乙本皆作"刑"。"刑""形"音近假借，"刑"即"形"。

毕沅说："古无'较'字。本文以'形'与'倾'为韵，不应作'较'。"（《老子道德经考异》）毕说可从，因据河上本与傅奕本改正。

④ 盈：通行本皆作"倾"。据帛书本改正。按："盈"为"呈"字之通假（盈声、呈声之字古多通假），"呈"与"形"义同，"高下相呈"，是说高与下在对立关系中才显现出来。郭店简本正作"涅"。"涅"通"盈"。

⑤ 音声相和：乐器的音响和人的声音互相调和。

《乐记》："声成文谓之音。"成文指形成的节奏。

⑥ 前后相随：此句下帛书甲、乙本均有"恒也"两字。

张舜徽说："'恒也'，乃总结上六句之辞，必不可少，今本夺去久矣。《老子》言事物之可名者，如有无、难易、长短、高下、音声、前后之类，皆以相对而存在。且皆相互依赖，彼此转化，包含着朴素辩证法思想。"（《周秦道论发微·老子疏证》卷下）然验之郭店简本与通行本并无。帛本"恒也"两字,或为后人所加。
⑦圣人:这是道家最高的理想人物,其人格形态不同于儒家。儒家的圣人是伦范化的道德人;道家的"圣人"则体任自然,拓展内在的生命世界,扬弃一切影响身心自由活动的束缚。道家的"圣人"和儒家的圣人,无论对政治、人生、宇宙的观点均不相同,两者不可混同看待。(本书"圣人"均从严灵峰《老子达解》语译为"有道的人"。)

钱钟书说:"老子所谓'圣'者,尽人之能事以效天地之行所无事耳。"(引自《管锥篇》第二册,四二一页)
⑧无为:不干扰;不妄为。

张岱年说:"无为的学说,发自老子。'无为'即自然之意。"

霍姆斯·伟尔奇(Holmes Welch)说:"'无为'并不是意指避免一切行动,而是避免采取一切充满敌意的侵犯性的行动。"(《道家》英文本第三十三页)

陈荣捷说:"无为是我们行为的特异方式,或更确切说是自然方式。……无为之道乃自发之道。"(《中国哲学史话》,收在莫尔编《中国人的心灵》)

史华慈(Benjamin Schwarz)说:"严复也将老子关于统治者'无为'的思想解释为:好的统治者应使人民自为。在人民的体力、智力和道德力充分发展的地方,富强必将实现。"(《严复与西方》)

福永光司说:"老子的无为,乃是不恣意行事,不孜孜营私,以舍弃一己的一切心思计虑,一依天地自然的理法而行的意思。在天地自然的世界,万物以各种形体而出生,而成长变化为各样的形态,各自有其一份充实的生命之开展;河边的柳树抽发绿色的芽,山中的茶花开放粉红的花蕊,鸟儿在高空上飞翔，鱼儿从深水中跃起。在这个世界，无任何作为性的意志，亦无任何价值意识，一切皆是自尔如是，自然而然，绝无任何造作。"（陈冠学译福永著《老子》）

⑨不言：不发号施令，不用政令。"言"，指政教号令。"不言之教"，意指非形式条规的督教，而为潜移默化的引导。

叶梦得说："号令教戒，无非'言'也。"（《老子解》）

⑩万物作而不为始：王弼本作"万物作焉而不辞"，傅奕本、敦煌本则作"万物作焉而不为始"。帛书乙本亦作"始"。简本作"𠃌"，主宰之意，故"不为𠃌"有不加干涉之意。陆希声、开元及《太平御览》七六引皆无"焉"字，简帛本同，据删。

易顺鼎说："考十七章王注云：'大人在上，居无为之事，行不言之教，万物作焉而不为始。'数语，全引此章经文，是王本作'不为始'之证。"

陶邵学说："今王本作'辞'者，后人妄改也。'不为始'义较优，且与下句协韵。"（《校老子》）

丁原植说："'𠃌'字，字形右边当为'司'字之省，……引申有主宰、主导的意含。"（《郭店竹简老子释析与研究》）

彭浩说："'𠃌'，读为'始'。帛乙本、傅奕本作'始'，……'辞'、'始'两字同音而致误。"（《郭店楚简〈老子〉校读》）

⑪生而不有，为而不恃：两"不"字帛本作"弗"。郭店简本无"生而不有"句，下句"功成而弗居"，简本作"成而弗居"。简文四字成句，上下文对称，优于各本。

【今译】

天下都知道美之所以为美，丑的观念也就产生了；都知道善之所以为善，不善的观念也就产生了。

有和无互相生成，难和易互相促就，长和短互为显示，高和下互为呈现，音和声彼此应和，前和后连接相随。

所以有道的人以无为的态度来处理世事，实行"不言"的教导；万物兴起而不加干涉；生养万物而不据为己有；作育万物而不自恃己能；功业成就而不自我夸耀。正因他不自我夸耀，所以他的功绩不会泯没。

【引述】

老子认为形而上的道是"独立不改"、永恒存在的，而现象界的一切事物都是相对的、变动的。

本章以美与丑、善与恶说明一切事物及其称谓、概念与价值判断，都是在对立的关系中产生的。而对待的关系是经常变动着的，因此一切事物及其称谓、概念与价值判断，亦不断地在变动中。"有无相生，难易相成，长短相形，高下相盈，音声相和，前后相随"，则说明一切事物在相反关系中，显现相成的作用：它们互相对立而又相互依赖、相互补充。

人间世上，一切概念与价值都是人为所设定的，其间充满了主观的执着与专断的判断，因此引起无休止的言辩纷争。有道的人却不恣意行事，不播弄造作，超越主观的执着与专断的判断，以"无为"处事，以"不言"行教。

这里所谓的"圣人"是理想人物的投射。圣人和众人并不是一种阶级性的划分，只是在自觉活动的过程中比众人先走一步而已。圣人的行事,依循着自然的规律而不强作妄为。天地间,万物欣然兴作,各呈己态,圣人仅仅从旁辅助,任凭各自的生命展开其丰富的内涵。

在一个社会生活上,老子要人发挥创造的动力,而不可伸展占有的冲动,"生而不有,为而不恃,功成而弗居。"正是这个意思。"生"、"为"、"功成",正是要人去工作,去创建,去发挥主观的能动性,去贡献自己的力量,去成就大众的事业。"生"和"为"即是顺着自然的状况去发挥人类的努力。然而人类的努力所得来的成果,却不必擅据为己有。"不有"、"不恃"、"弗居",即是要消解一己的占有冲动。人类社会争端的根源,就在于人人扩张一己的占有欲,因而老子极力阐扬"有而不居"的精神。

三　章

不尙賢①，使民不爭②；不貴難得之貨，使民不爲盜；不見可欲③，使民心不亂④。

是以聖人之治，虛其心⑤，實其腹，弱其志⑥，強其骨。常使民無知無欲⑦。使夫智者不敢爲也⑧。爲無爲⑨，則無不治。

【注释】

①尚贤:标榜贤明。另一解"不尚贤"，犹不尚多财(依蒋锡昌之说)。

　　河上公注:"'贤'，谓世俗之贤，去质尚文也。'不尚'者，不贵之以禄，不贵之以官。"(《老子章句》)

　　释德清注:"尚贤，好名也。名，争之端也。"(《道德经解》)

　　蒋锡昌按:"《说文》，'贤，多财也；从贝，臤声。'不尚贤，犹不尚多财；与下文'不贵难得之货'、'不见可欲'一律，皆指财物而言。《敦》本'贤'作'宝'，盖为后人旁注之字，不尚多财，则民不争，此老子正用本义。"(《老子校诂》)蒋说颇可参考。

　　冯达甫说:"今各家多宗王注，似宜斟酌。《六书故》:'贤，货贝多于人也。'"(《老子译注》)

②不争:指不争功名，返自然也。(河上公注)

③可欲:多欲之意。

按：徐仁甫《广释词》云："可犹多……《老子》四十六章：'罪莫大于可欲'，《韩诗外传》'可欲'引作'多欲'……《楚辞·九章·哀郢》：'曾不知夏之为丘兮，孰两东门之可芜'……可芜，谓多芜。""可欲"当释为"多欲"。疑"可"读为"夥"。可、夥，皆为歌部字。《说文》"齐谓多为夥"，《方言·一》"凡物盛多谓之寇，齐宋之郊、楚魏之际曰夥"，《史记·陈涉世家》索隐引服虔曰："楚人谓多为夥"。老子、屈原皆楚人，正合用"夥"（"可"）字。

④ 使民心不乱：王弼本"民"下有"心"字，帛书甲、乙本并无。

⑤ 虚其心：使人的心灵开阔。

释德清说："断妄想思虑之心，故曰虚其心。"

陈荣捷说："'虚'意指心灵宁静与清净之极致，没有忧虑与私欲。"（译自 A Source Book in Chinese Philosophy，p.141）

严复说："虚其心所以受道，实其腹所以为我；弱其志所以从理而无所撄，强其骨所以自立而干事。"

⑥ 弱其志：使人的意志柔韧。按此处"虚"、"弱"，为老学特有用词，都是正面的、肯定的意义（如：十六章"致虚极"、四十一章"弱者道之用"等，都是正面、肯定的意义）。本章的"虚"，意指心境的开阔；"弱"，意指心志的柔韧。

张舜徽说："四'其'字，皆指人君自己。'虚其心'，谓少欲也；'实其腹'，谓广纳也；'弱其志'，谓谦抑能下人也；'强其骨'，谓坚定有以自立也。"可备一说。

⑦ 无知无欲：没有伪诈的心智，没有争盗的欲念。

王弼注："守其真也。"即是说，保持心灵的纯真朴质。五十七章云："我无欲，而民自朴。"可证老子倡"无欲"以保持内心的真朴，且"无欲"为圣人修养的一种崇高的心境。

⑧智者不敢为也：自作聪明的人不敢多事。"不敢为"一词亦见于六十四章。此句及下句敦煌甲本作"使知者不敢，不为，则无不治"；帛书乙本作"使夫知者不敢，弗为而已，则无不治矣"。

⑨为无为：以无为的方式去为（做）；即以顺任自然的态度去处理事务。

童书业说："老子的'无为'思想，也是从春秋时代的自然主义思潮来的。在春秋时，已有'无为'思想的萌芽，老子发展了这种思想，把'无为'思想作为他的政治理论的核心，这是和他的处世哲学相联系着的。他的处世哲学以退为进，以后为先，应用到政治上，就是'清净无为'。这种'无为'思想反映的阶级性，自然是小所有者的利益。小所有者隐士反对统治者的作为，他们认为统治者的一切作为，都是扰乱天下，使百姓不安的。他们要求统治者无所作为，效法自然，让百姓自生自长，自由发展。"

【今译】

不标榜贤明，使民众不起争心；不珍惜难得的财货，使民众不起盗心；不显耀可贪的事物，使民众不被惑乱。

所以有道的人治理政事，要使人心灵开阔，生活安饱，意志柔韧，体魄强健。常使民众没有〔伪诈的〕心智、没有〔争盗的〕欲念。使一些自作聪明的人不敢妄为。依照无为的原则去处理世务，就没有不上轨道的。

【引述】

　　名位实足以引起人的争逐,财货实足以激起人的贪图。名位的争逐,财货的贪图,于是巧诈伪作的心智活动就层出不穷了,这是导致社会的混乱与冲突的主要原因。解决的方法,一方面要给人们生活安饱,另方面要开阔人们的心思。所谓"无知",并不是行愚民政策,乃是消解巧伪的心智。所谓"无欲",并不是要消除自然的本能,而是消解贪欲的扩张。

　　本章还蕴涵了老子对于物欲文明的批评。

四　章

道冲而用之或不盈①。渊兮,似萬物之宗;〔挫其銳,解其紛,和其光,同其塵②,〕湛兮③,似或存。吾不知誰之子,象帝之先④。

【注释】

① 道冲而用之或不盈:道体为虚而作用无穷,此处言及道的体用问题。"冲",古字为"盅",训虚。"冲"傅奕本作"盅"。《说文》:"盅,器虚也;《老子》曰:'道盅而用之。'"

　　严复说:"此章专形容道体,当玩'或'字与两'似'字方为得之。盖道之为物,本无从形容也。"(《老子道德经评点》)

　　陈荣捷:"此章显示道家思想里面,'用'的重要性不下于'体'。在《老子》第十四、二十一章,对体有更详细的叙述;此处以及第十一、四十五章,则可以看出对'用'同样的注重。佛教某些宗派有毁弃现象的观点,在此是看不见的。"(《中国哲学文献选编》英文本第七章:〈老子的自然之道〉)

② 挫其锐,解其纷,和其光,同其尘:这四句疑是五十六章错简重出,因上句"渊兮似万物之宗"与下句"湛兮似或存"正相对文。这四句〔今译〕从略。

　　谭献曰:"五十六章亦有'挫其锐'四句,疑羼误。"(《复堂日记》)

　　马叙伦:"'挫其锐'四句,乃五十六章错简;而校者有增无

删,遂复出也。"(《老子校诂》)

　　陈柱曰:"按马说是也。'渊兮似万物之宗'与'湛兮似或存'相接。若闲以'挫其锐'四句,文义颇为牵强。"按:以上各说甚是。惟帛书甲、乙本均有此四句,其错简重出早在战国时已形成。

③湛:沉、深,形容"道"的隐而未形。

　　吴澄说:"湛,澄寂之意。"

　　奚侗说:"道不可见,故云'湛'。《说文》:'湛,没也。'"(《老子集解》)

④象帝之先:道似在天帝之前,此言道乃先天地生(河上公注)。按:"象帝之先"的"象"可有两种解释,其一,可释为"命名"、称呼。其二,"象"释为比拟、比喻。"先"犹上句"万物之宗"的"宗"。

　　王安石说:"'象'者,有形之始也;'帝'者,生物之祖也。故《系辞》曰:'见乃谓之象。''帝出乎震。'其道乃在天地之先。"(王安石《老子注辑本》)

【今译】

　　道体是虚空的,然而作用却不穷竭。渊深啊！它好像是万物的宗主;幽隐啊！似亡而又实存。我不知道它是从哪里产生的,好像是天帝的宗祖。

【引述】

　　道体是虚状的。这虚体并不是一无所有的,它却含藏着无尽的创造因子。因而它的作用是不穷竭的。

这个虚状的道体,是万物的根源。在这里,老子击破了神造之说。

五　章

天地不仁①，以萬物爲芻狗②，聖人不仁③，以百姓爲芻狗。

天地之間，其猶橐籥④乎！虛而不屈⑤，動而愈出。

多言數窮⑥，不如守中⑦。

【注释】

①天地不仁：天地无所偏爱。即意指天地只是个物理的、自然的存在，并不具有人类般的感情；万物在天地间仅依循着自然的法则运行着，并不像有神论所想像的，以为天地自然法则对某物有所爱顾（或对某物有所嫌弃），其实这只是人类感情的投射作用！

王弼注："天地任自然，无为无造，万物自相治理，故不仁也。仁者，必造立施化，有恩有为。"

河上公注："天施地化，不以仁恩，任自然也。"

苏辙说："天地无私，而听万物之自然。故万物自生自死，死非吾虐之，生非吾仁之也。"（《老子解》）

吴澄说："仁谓有心于爱之也。天地无心于爱物而任其自生自成。"（《道德真经注》）

高亨说："不仁，只是无所亲爱而已。"（《老子正诂》）

胡适说："老子的'天地不仁'说，似乎含有天地不与人同性的意思。老子这一个观念，打破古代天人同类的谬说，立下后

来自然哲学的基础。"（《中国古代哲学史》）

陈荣捷先生说："'不仁'一辞大有争议，它或许可被视为老子反对儒家仁义思想的一种强烈展示。但事实上此处所描述的道家观念是肯定面的，而非否定面的，它意指天地不偏不党，公正无私，毫无人为蓄意的仁爱之意，几乎所有的注者都能理解，《庄子》发挥得尤为精妙，像 Blakney 等将之译为 unkind 的方式，可以说全然误解道家的哲学。"（《中国哲学资料选编》）

福永光司说："天地自然的理法（道）是没有人类所具的意志、感情，以及目的性的意图与价值意识的一个非情之存在。……天地自然的理法，毕竟只是一个物理的、自然的存在而已。"

② 刍狗：用草扎成的狗，作为祭祀时使用。

苏辙说："结刍为狗，设之于祭祀，尽饰以奉之，夫岂爱之，适时然也。既事而弃之，行者践之，夫岂恶之，亦适然也。"

吴澄说："刍狗，缚草为狗之形，祷雨所用也。既祷则弃之，无复有顾惜之意。天地无心于爱物，而任其自生自成；圣人无心于爱民，而任其自作自息，故以刍狗为喻。"

林希逸说："刍狗之为物，祭则用之，已祭则弃之。喻其不着意而相忘尔。……而说者以为视民如草芥，则误矣。"

钱钟书说："刍狗万物，乃天地无心而不相关，非天地忍心而不悯惜。"（引自《管锥编》第二册，四一九页）

③ 圣人不仁：圣人无所偏爱。即意指圣人取法于天地之纯任自然。

河上公注："圣人爱养万民，不以仁恩，法天地任自然。"

王弼说："圣人与天地合其德。"

吴澄说:"圣人之心虚,而无所倚着。"按:"心虚"含有心无成见的意思。

④橐籥:风箱。

范应元说:"囊几曰'橐',竹管曰'籥'。冶炼之处,用籥以接橐橐之风气,吹炉中之火。"

吴澄说:"橐籥,冶铸所用,嘘风炽火之器也。为函以周罩于外者,'橐'也;为辖以鼓扇于内者,'籥'也。天地间犹橐籥者,橐象太虚,包含周遍之体;籥象元气,絪缊流行之用。"

冯达甫说:"以橐籥的功能,比喻自然的功能,自然是生生不息的。"(《老子译注》)

⑤不屈:不竭。

严复说:"'屈'音掘,竭也。'虚而不屈',虚而不可竭也。"

⑥多言数穷:政令烦苛,加速败亡。"言",意指声教法令。"多言",意指政令烦多。"数",通"速"。

蒋锡昌说:"'多言'为'不言'之反,亦为'无为'之反,故'多言'即有为也。"(《老子校诂》)

吴澄说:"数,犹速也。"

马叙伦说:"'数',借为'速'。《礼记·曾子问》:'不知其已之迟数。'注:'"数"读为"速"。'《庄子·人间世篇》:'以为棺椁则速腐。'崔撰本'速'作'数',并其证。"

⑦守中:持守中虚。道家重视"中"的思想,如庄子讲"养中",马王堆帛书《黄帝四经》讲"平衡"。

严复说:"夫'中'者何?道要而已。"

蒋锡昌说:"此'中'乃老子自谓其中正之道,即'无为'之道也。……'多言数穷,不如守中',言人君'有为'则速穷,不如守清静之道之为愈也。"

张默生说:"'不如守中'的'中'字,和儒家的说法不同:儒家的'中'字,是不走极端,要合乎'中庸'的道理;老子则不然,他说的'中'字,是有'中空'的意思,好比橐籥没被人鼓动时的情状,正是象征着一个虚静无为的道体。"(《老子章句新释》)

许抗生说:"吴澄说:'中谓橐之内籥所奏之处也。'即指风箱中间。'守中',这里意即保持住天地中虚静的状态。"(《帛书老子注释与研究》)

按:郭店简本仅节抄本章中段("天地之间,其犹橐籥欤?虚而不屈,动而愈出。"),文义与通行本同。

【今译】

天地无所偏爱,任凭万物自然生长;圣人无所偏爱,任凭百姓自己发展。

天地之间,岂不像个风箱吗?空虚但不会穷竭,发动起来而生生不息。

政令烦苛反而加速败亡,不如持守虚静。

【引述】

本章分三段来说明:

一、"天地不仁"是说明天地顺任自然,不偏所爱。这句话是就天地的无私无为来说。"以万物为刍狗",便是天地无私的一种表现。

依老子看来,天地间的一切事物,只是依照自身的发展规律以及各物的内在原因而运动而成长。

先前的人，总以为日月星辰、山河大地都有一个主宰者驾临于其上，并且把周遭的一切自然现象都视为有生命的东西。儿童期的人类，常以自己的影像去认识自然，去附会自然。人类常将一己的愿望投射出去，把自然界予以人格化，因而以为自然界对人类有一种特别的关心、特别的爱意。老子却反对这种拟人论（Anthropomorphism）的说法。他认为天地间的一切事物都依照自然的规律（"道"）运行发展，其间并没有人类所具有的好恶感情或目的性的意图存在。在这里老子击破了主宰之说，更重要的，他强调了天地间万物自然生长的状况，并以这种状况来说明理想的治者效法自然的规律（"人道"法"天道"的基本精神就在这里），也是任凭百姓自我发展。这种自由论，企求消解外在的强制性与干预性，而使人的个别性、特殊性以及差异性获得充分的发展。

二、天地之间是一个虚空的（Vacuous）状态。虽然是"虚"状的，而它的作用却是不穷竭的，这和第四章的说法一样，这个"虚"含有无尽的创造的因子。所以说："动而愈出"——天地运行，万物便生生不息了。这个"动"（在虚空中的"动"）便成为产生万有的根源了。可见老子所说的"虚"，不是个消极的观念，反是个积极的观念。

三、"天地不仁"和天地虚空都是老子"无为"思想的引申。天地"无为"（顺任自然），万物反而能够生化不竭。"无为"的反面是强作妄为，政令烦苛（"多言"），将导致败亡的后果。这是老子对于扰民之政所提出的警告。

六　章

　　谷神不死①,是謂玄牝②。玄牝之門,是謂天地根。緜緜若存③,用之不勤④。

【注释】

① 谷神不死:"谷",形容虚空。"神",形容不测的变化。"不死",喻变化的不停竭。

　　朱熹说:"'谷'只是虚而能受,'神'谓无所不应。"(《朱子语类》第一百二十五卷)

　　严复说:"以其虚,故曰'谷';以其因应无穷,故称'神';以其不屈愈出,故曰'不死'。"(《老子道德经评点》)

　　侯外庐说:"《老子》书中的'道'比孔、墨的天道观的'道'是进步的;其所以是进步的,因为'道'在孔、墨那里是附有宗教性的,而'道'在《老子》书中是义理性的,有一定的自然规律性的。《老子》书中也出现'神'字,如'谷神不死'之类,后来朱子还把这一点肿胀起来,然而'神'在《老子》书中是泛神一类的概念,完全义理化了。"(《中国思想通史》第一卷二六六页)

② 玄牝:微妙的母性,指天地万物总生产的地方(张松如《老子校读》)。按这里用以形容"道"的不可思议的生殖力。"牝",即是生殖,"道"("谷神")生殖天地万物,整个创生的过程却没有一丝形迹可寻,所以用"玄"来形容。"玄",即幽深不测的意思。

　　朱熹说:"'玄',妙也;'牝',是有所受而能生物者也。至妙之理,有生生之意焉。"

苏辙说:"谓之'谷神',言其德也。谓之'玄牝',言其功也。牝生万物,而谓之玄焉,言见其生而不见其所以生也。"(《老子解》)

车载说:"'谷神',是'道'的写状;'不死',就道的永恒性说。'谷神不死',是指'常道'。牝,指能够生物的东西;玄,就总的方面说,共同的方面说,统一的方面说。玄牝,是指一切事物总的产生的地方。"(《论老子》第五〇页)

③绵绵若存:永续不绝。

苏辙说:"绵绵,微而不绝。若存,存而不可见也。"

④不勤:不劳倦,不穷竭。

【今译】

虚空的变化是永不停竭的,这就是微妙的母性。微妙的母性之门,是天地的根源。它连绵不绝地永存着,作用无穷无尽。

【引述】

本章用简洁的文字描写形而上的实存之道:一、用"谷"来象征道体的"虚"状。用"神"来比喻道生万物的绵延不绝。二、"玄牝之门"、"天地根",是说明道为产生天地万物的始源。三、"绵绵若存,用之不勤",是形容道的功能,孕育万物而生生不息。

七　章

天長地久。天地所以能長且久者，以其不自生①，故能長生②。

是以聖人後其身而身先③；外其身而身存。非以其無私邪？故能成其私④。

【注释】

①以其不自生：指天地的运作不为自己。

　　成玄英疏："不自营己之生也。"(《道德经开题序诀义疏》)

　　释德清说："以其不自私其生。"

②长生：长久。

　　景龙本、《次解》本、吴澄本、寇才质本、危大有本"长生"作"长久"。

③后其身而身先：把自己放在后面，反而能得到大家的爱戴。"后其身"，帛书乙本作"退其身"。

　　河上公说："先人而后己者也，天下敬之先以为长。"此即相反相成的道理。(高明《帛书老子校注》)

　　释德清说："不私其身以先人，故人乐推而不厌。"

　　王淮说："所谓'后其身'，即是一种谦让、退藏与收敛的精神。"

④成其私：成就他自己。

　　薛蕙说："夫圣人之无私，初非有欲成其私之心也。然而私以之成,此自然之道耳。程子有云:'老子之言窃弄阖辟者也。'予尝以其言为然,乃今观之,殆不然矣。如此章者,苟不深原其意,亦正如程子之所诃矣。然要其归,乃在于无私。夫无私者,岂窃弄阖辟之谓哉!"(《老子集解》)

【今译】

天地长久。天地所以能够长久,是因为它们的一切运作都不为自己,所以能够长久。

所以有道的人把自己退在后面,反而能赢得爱戴;把自己置于度外,反而能保全生命。不正是由于他不自私吗?反而能成就自己。

【引述】

老子用天地的运作不为自己来比喻圣人的行为没有贪私的心念。在其位的人,机会来得最方便,往往情不自禁的伸展一己的占有欲。老子理想中的治者却能"后其身""外其身",不把自己的意欲摆在前头,不以自己的利害作优先考虑。这是一种了不起的谦退精神。

不把自己的意欲摆在前头的人("后其身"),自然能赢得大家的爱戴("身先");不把自己的利害作优先考虑的人("外其身"),自然能完成他的精神生命("身存")。这种人,正是由于他处处为别人着想,反而能够成就他的理想生活。

八　章

上善若水①。水善利萬物而不爭,處衆人之所惡,故幾于道②。居善地,心善淵③,與善仁④,言善信,政善治⑤,事善能,動善時⑥。夫唯不爭,故無尤⑦。

【注释】

①上善若水:"上善之人,如水之性。"(河上公注)

陈荣捷说:"水、牝与婴儿,是老子用以象征道之最著名者,此种象征基本上是伦理的,而非形上学的。颇堪玩味的是,初期的印度人将水和创造联结在一起;希腊人则视之为自然的现象;古代中国的哲学家,不管老子或孔子,则宁可从中寻得道德的训示。笼统说来,这些不同的进路,分别形成了印度、西方与东亚不同的文化特色。"

②几于道:"几",近。

张松如说:"下面七句,都是水德的写状,又是实指上善之人,亦即通过水的形象来表现'圣人'乃是道的体现者。"

③渊:形容沉静。

④与善仁:"与",指和别人相交相接。

⑤政善治:为政善于完成良好的治绩。"政",王弼本作"正"。"正"、"政"同。景龙本、傅奕本、苏辙本、林希逸本、范应元本、吴澄本及众多古本作"政善治"。

张松如说:"古书'政'、'正'本多通用。《汉书·陆贾传》:

'夫秦失其正',此'正'即'政'之假字,此例甚多。五十八章'其政闷闷,其民淳淳;其政察察,其民缺缺。'帛书'政'均作'正',《老子》书中亦'政'、'正'相通。"

以上各句,薛蕙曾有简明的注释,薛注说:"行己不争,避高处下,'善地'也;藏心微妙,深不可测,'善渊'也;其施兼爱而无私,'善仁'也;其言有征而不爽,'善信'也;治国则清静自正,'善治'也。"

⑥动善时:行动善于把握时机。

蒋锡昌说:"《庄子·天下篇》述老聃之学曰:'其动若水,其静若镜,其应若响。'司马迁述道家之学曰:'与时迁徙,应物变化。'皆此所谓'动若时'也。其实老子之所谓'动若时'者,非圣人自己有何积极之动作而能随时应变;乃圣人无为无事,自己渊默不动,而一任人民之自作自息也。"

⑦尤:怨咎。

马叙伦说:"'尤'为'訧'省。《说文》曰:'"訧",罪也。'"

【今译】

上善的人好像水一样。水善于滋润万物而不和万物相争,停留在大家所厌恶的地方,所以最接近于道。居处善于选择地方,心胸善于保持沉静,待人善于真诚相爱,说话善于遵守信用,为政善于精简处理,处事善于发挥所长,行动善于掌握时机。

只因为有不争的美德,所以没有怨咎。

【引述】

　　本章用水性来比喻上德者的人格。水最显著的特性和作用是：一、柔。二、停留在卑下的地方。三、滋润万物而不与相争。老子认为最完善的人格也应具有这种心态与行为："处众人之所恶。"别人不愿去的地方，他愿意去；别人不愿意做的事，他愿意做。他具有骆驼般的精神，坚忍负重，居卑忍辱。他能尽其所能地贡献自己的力量去帮助别人，但不和别人争功争名争利，这就是老子"善利万物而不争"的思想。

九　章

持而盈之①,不如其已②;

揣而銳之③,不可長保。

金玉滿堂,莫之能守;

富貴而驕,自遺其咎。

功遂④身退⑤,天之道也⑥。

【注释】

①持而盈之:执持盈满,含有自满自骄的意思。

②已:止。

③揣而锐之:捶击使它尖锐,含有显露锋芒的意思。

"锐"王弼本作"梲"。河上公本和其他古本都作"锐"。王弼注文:"锐之令利。"可见王弼古本原作"锐"。

④功遂:功业成就。

河上公本、傅奕本及多种古本"功遂"作"功成名遂"。

易顺鼎说:"《文子·上德篇》、《淮南·道应训》、《牟子》引并作:'功成,名遂,身退。'"(《读老子札记》)

⑤身退:指敛藏锋芒。

王真说:"身退者,非谓必使其避位而去也,但欲其功成而不有之耳。"(《道德经论兵要义述》)

陈荣捷说:"人成功了就应该身退。虽然隐士时常藉用道家的名义,但道家的生活方式却不是隐士式的。退隐的观念即使在儒家思想中,也不全然匮乏,孟子即说孔子之道是'可以退则退'。"

⑥天之道也:指自然的规律。"也"字今本缺,据帛书本补。

　　成玄英疏:"天者,自然之谓也。"

【今译】

　　执持盈满,不如适时停止;
　　显露锋芒,锐势难保长久。
　　金玉满堂,无法守藏;
　　富贵而骄,自取祸患。
　　功业完成,含藏收敛,是合于自然的道理。

【引述】

　　一般人遇到名利当头的时候,没有不心醉,没有不趋之若鹜的。老子在这里说出了知进而不知退、善争而不善让的祸害,叫人要适可而止。

　　贪位慕禄的人,往往得寸进尺;恃才傲物的人,总是耀人眼目,这都应深自警惕的。富贵而骄,常常自取祸患,就像李斯,当他做秦朝宰相时,真是集富贵功名于一身,显赫不可一世,然而终不免做阶下囚。当他临刑时,对他的儿子说:"吾欲与若复牵黄犬,出上蔡东门,逐狡兔,岂可得乎?"庄子最能道出贪慕功名富贵的后果，当楚国的国王要聘请他去做宰相的时候，他笑笑回答使者说："千金重利，卿相尊位也。子独不见郊祀之牺牛乎？养食之数岁，衣以文绣，以入太庙，当是之时，虽欲为孤豚，岂可得乎？"从淮阴诛戮、萧何系狱的事件看来，我们可以了解老子警世之意是多么的深远！

本章在于写"盈"。"盈"即是满溢、过度的意思。自满自骄，都是"盈"的表现。持"盈"的结果，将不免于倾覆之患。所以老子谆谆告诫人不可"盈"，一个人在功成名就之后，如能"身退"不盈，才是长保之道。

"身退"并不是引身而去，更不是隐匿形迹。王真说得很对："身退者，非谓必使其避位而去也，但欲其功成而不有之耳"。"身退"即是敛藏，不发露。老子要人在完成功业之后，不把持，不据有，不露锋芒，不咄咄逼人。可见老子所说的"身退"，并不是要人做隐士，只是要人不膨胀自我。老子哲学，丝毫没有遁世思想。他仅仅告诫人们，在事情做好之后，不要贪慕成果，不要尸位其间，而要收敛意欲，含藏动力。

十　章

載①營魄②抱一③,能無離乎?

專氣④致柔,能如嬰兒乎⑤?

滌除玄覽⑥,能無疵乎?

愛民治國,能無爲乎⑦?

天門⑧開闔⑨,能爲雌乎⑩?

明白四達,能無知乎⑪?

〔生之畜之。生而不有,爲而不恃,長而不宰,是謂"玄德"⑫。〕

【注釋】

①載:助语词。

　　陆希声:"載,犹夫也。发语之端也。"(《道德真经传》)

　　张默生说:"如《诗经》中'载笑载言'的'载'字,和'夫'字的用法差不多。"

②营魄:魂魄。

　　河上公说:"营魄,魂魄也。"

　　范应元说:"营魄,魂魄也。《内观经》曰:'动以营身之谓魂,静以镇形之谓魄。'"

③抱一：合一。二十二章："是以圣人抱一为天下式"，"抱一"作"抱'道'"解。三十九章："古之得一者"，"一"指"道"。本章的"抱一"，指魂和魄合而为一。魂和魄合而为一，亦即合于"道"了（这个"道"含有融和统一的意思）。

　　林希逸说："抱者，合也。"

　　高亨说："一谓身也。"《老子正诂》按："身"包含魂和魄，即将精神和形躯合为一体。

④专气：集气（Concentrate the vital force）。

　　高亨说："《管子·内业篇》：'抟气如神，万物备存。'尹注：'抟谓结聚也。'《老子》之'专气'与《管子》之'抟气'同。"

　　冯友兰说："'专气'就是'抟气'。这个气包括后来所说的形气和精气。抟气就是把形气和精气结聚在一起。'致柔'就是保持住人始生时候柔弱的状态，像婴儿那个样子。这种思想在《庄子·庚桑楚》里面有比较更详细的解释，称为'卫生之经'。"（《中国哲学史新编》）

⑤能如婴儿乎：谓能如婴儿之精充气和吗。五十五章'精之至也'、'和之至也'是对婴儿之精充气和的描述，而此处是指通过'专气致柔'的修养工夫方能达到彼境界，故云'如'。

　　俞樾说："河上公及王弼本无'如'字，于文义未足。惟傅奕本有'如'字，与古本合。"（《老子平议》，在《诸子平议》内）

　　严灵峰说："王注云：'任自然之气，致至柔之和，若婴儿之无欲乎。'注以'若'释'如'，疑王本亦当有'如'字。二十章云：'我独泊兮其未兆，"如"婴儿之未孩。'四十九章'圣人皆孩之'句，王注云：'皆使和而无欲，"如"婴儿也。'以此例彼，亦当有'如'字。《淮南子·道应训》引《老子》曰：'专气致柔能如婴儿乎？'盖引古本，有'如'字文义始足。因据俞说及傅本补正。"
⑥玄览：帛书乙本作"玄览"，喻心灵深处明澈如镜。"玄"，形容人心的深邃灵妙。

　　高亨说："'览'读为'鉴'，'览''鉴'古通用。……玄鉴者，内心之光明，为形而上之镜，能照察事物，故谓之玄鉴。《淮南子·修务篇》：'执玄鉴于心，照物明白。'《太玄童》：'修其玄鉴。''玄鉴'之名，疑皆本于《老子》。《庄子·天道篇》：'圣人之心，静乎天地之鉴，万物之镜也。'亦以心譬镜。"

　　高亨、池曦朝说："'览'字当读为'鉴'，'鉴'与'鉴'同，即镜子。……乙本作'监'，'监'字即古'鉴'字。古人用盆装上水，当作镜子，以照面孔，称它为监，所以'监'字像人张目以临水盆之上。后人不懂'监'字本义，改作'览'字。"（《试论马王堆汉墓中的帛书老子》，《文物杂志》，一九七四年十一期）

　　张岱年说："老子讲'为道'，于是创立一种直觉法，而主直冥会宇宙本根。'玄览'即一种直觉。"（《中国哲学大纲》）

　　冯友兰说："《老子》认为，要认识'道'也要用'观'。'常有欲以观其眇，常无欲以观其徼。'（一章）这是对于'道'的'观'。它认为，这种观需要另一种方法，它说：'涤除玄览，能无疵乎？'（十章）'玄览'即'览玄'，'览玄'即观道。要观道，就要先'涤除'。'涤除'就是把心中的一切欲望都去掉，这就是'日损'。'损之又损'以至于无为，这就可以见道了。见道就是对于道的体验，对于道的体验就是一种最高的精神境界。"（《中国哲学史新编》）

⑦爱民治国，能无为乎："为"王弼本作"知"。景龙碑、林希逸本、吴澄本、焦竑本均作"为"。

　　俞樾说："唐景龙碑作'爱民治国能无为'，其义胜，当从之。

'爱民治国能无为',即老子'无为而治'之旨。"

王安石说:"'爱民'者,以不爱爱之乃长。'治国'者,以不治治之乃长,惟其不爱而爱;不治而治,故曰'无为'。"(容肇祖辑《王安石老子注辑本》)俞说与王注正合。

⑧天门:喻感官。"天门"一词各家的注解不一,举数例,如:一、河上公注:"天门谓鼻孔。"二、苏辙说:"天门者,治乱废兴所从出也。"三、林希逸说:"天门,即天地间自然之理也。"四、范应元说:"天门者,以吾之心神出入而言也。"今译从一,作感官解。

高亨说:"耳为声之门,目为色之门,口为饮食言语之门,鼻为臭之门,而皆天所赋予,故谓之天门也。《庄子·天运篇》:'其心以为不然者,天门弗开矣。'天门亦同此义,言心以为不然,则耳目口鼻不为用(《庄子·庚桑楚》:'入出而无见其形,是谓天门。天门者,"无""有"也,万物出乎"无""有"。'与此异义)。"

⑨开阖:即动静。
⑩能为雌乎:"为雌"即守静的意思。

"为雌"今本误植为"无雌"。景龙本、傅奕本及其他古本都作"为雌"。"无雌"是误写,义不可通,帛书乙本正作"为雌",当据帛书及傅本改正。

俞樾:"'天门开阖能无雌',义不可通。盖涉上下文诸句而误。王弼注云:'言天门开阖,能为雌乎,则物自宾而处自安矣。'是王弼本正作'能为雌'也。河上公注云:'治身当如雌牝,安静柔弱。'是亦不作'无雌'。故知'无'字乃传写之误,当据景龙本订正。"

⑪明白四达,能无知乎:"知"王弼本作"为"。河上公本及多种古

本作"知",据河上本改。

俞樾说:"唐景龙碑作'明白四达能无知。'其义胜,当从之。"

⑫生之畜之。生而不有,为而不恃,长而不宰,是谓"玄德":帛书乙本作:"生之畜之,生而弗有,长而弗宰,是胃(谓)玄德"。这几句重见于五十一章,疑为五十一章错简重出。

马叙伦说:"'自生之畜之'以下,与上文义不相应。……皆五十一章之文。"(《老子校诂》)

严复说:"夫黄老之道,民主之国之所用也。故能'长而不宰','无为而无不为'。君主之国,未有能用黄老者也。汉之黄老,貌袭而取之耳。君主之利器,其惟儒术乎,而申韩有救败之用。"(《老子道德经评点》)

【今译】

精神和形体合一,能不分离吗?

结聚精气以致柔顺,能像婴儿的状态吗?

洗清杂念而深入观照,能没有瑕疵吗?

爱民治国,能自然无为吗?

感官和外界接触,能守静吗?

通晓四方,能不用心机吗?

〔生长万物,养育万物。生长而不占有,畜养而不依恃,导引而不主宰,这就是最深的"德"。〕

【引述】

这一章着重在讲修身的工夫。

"载营魄抱一,能无离乎?"这是说一个健全的生活必须是形体和精神合一而不偏离。"抱一"即是抱"道",能抱"道",即是使肉体生活与精神生活可臻至于和谐的状况。

"专气致柔"是集气到最柔和的境地。"气柔"是心境极其静定的一种状态。

"涤除玄鉴"即是洗清杂念,摒除妄见,而返自观照内心的本明。

老子所讲的这些修身工夫,和瑜珈术不同。瑜珈的目的在超脱自我和外在的环境。老子重在修身,修身之后乃推其余绪而爱民治国。

此外,本章的排序或有错乱。按照老子"修之于身"、"修之于天下"的文例推测,可试将其文序调整如下:

载营魄抱一,能无离乎?

涤除玄览,能无疵乎?

专气致柔,能如婴儿乎?

天门开阖,能如雌乎?

明白四达,能无知乎?

爱民治国,能无为乎?

"无离"、"无疵"文法辞例一致;"营"、"魄"分别说形、神,"涤除"、"玄览"亦分别说形、神的高境界修炼。

"如婴儿"与"如雌"同一辞例,也是相近的比喻。"儿"说其"和","雌"说其"守",这是老子修身学两种形式而同一指向的最高境界。二十八章"知雄守雌为天下溪,为天下溪常德不离复归于婴儿",也是"婴儿"与"雌"共举。

"无知"、"无为"也是一样的辞例。"明白四达"却若"无知"是"营魄抱一"、"涤除玄览"、"专气致柔"、"天门开阖"等修养的终极结果;而"修之于身"的"余德"之自然流衍,便是以"无为"去"爱民治国"的"修之于天下"。

十 一 章

三十輻①,共一轂②,當其無,有車之用③。

埏埴④以爲器,當其無,有器之用。

鑿戶牖⑤以爲室,當其無,有室之用。

故有之以爲利,無之以爲用⑥。

【注释】

①辐:车轮中连接轴心和轮圈的木条。古时候的车轮由三十根辐条所构成,这个数目是取法于月数(每月三十日)。

②毂:车轮中心的圆孔,即插轴的地方。

③当其无,有车之用:有了车毂中空的地方,才有车的作用。"无"指毂的中空之处。

④埏埴:埏,和。埴,土(河上公注);即和陶土做成饮食的器皿。

马叙伦说:"《说文》无'埏'字,当依王本作'挻',而借为'抟',……《说文》曰:'抟以手圜之也。'于义较当。《风俗通》曰:'俗说,天地初开辟,未有人民,女娲抟土为人。''抟土'与'抟埴'同。"

⑤户牖:门窗。

⑥有之以为利,无之以为用:"有"给人便利,"无"发挥了它的作用。依王弼的注是:"有"所带给人的便利,只当它和"无"相配

合时才显示出它的用处来("有之所以为利,皆赖无以为用也")。

王安石说:"'无'之所以为天下用者,以有礼、乐、刑、政也。如其废毂辐于车,废礼、乐、刑、政于天下,而求其'无'之为用也,则亦近于愚也。"按这里王安石是对"无之为用"而忽略"有之为利"的情况之批判。

张松如说:"老子借器物的'有'和'无'来说明其'利'和'用'。有与无相互发生,利和用相互显著。"

冯友兰说:"《老子》所说的'道',是'有'与'无'的统一。因此它虽然是以'无'为主,但是也不轻视'有'。它实在也很重视'有',不过不把它放在第一位就是了。《老子》第二章说:'有无相生。'第十一章说:'三十辐共一毂,当其无,有车之用。埏埴以为器,当其无,有器之用。凿户牖以为室,当其无,有室之用。故有之以为利,无之以为用。'这一段话很巧妙地说明'有'和'无'的辩证关系。一个碗或茶杯中间是空的,可正是那个空的部分起了碗或茶杯的作用。房子里面是空的,可正是因为是空的,所以才起了房子的作用,如果是实的,人怎么住进去呢?《老子》作出结论说:'有之以为利,无之以为用。'它把'无'作为主要的对立面。"(引自《老子哲学讨论集》第一一七页)

【今译】

三十根辐条汇集到一个毂当中,有了车毂中空的地方,才有车的作用。

揉合陶土做成器具,有了器皿中空的地方,才有器皿的作用。

开凿门窗建造房屋,有了门窗四壁中空的地方,才有房屋的作用。

所以"有"给人便利,"无"发挥了它的作用。

【引述】

一般人只注意实有的作用,而忽略空虚的作用。老子举例说明:一、"有"和"无"是相互依存,相互为用的。二、无形的东西能产生很大的作用,只是不容易为一般人所觉察。老子特别把这"无"的作用彰显出来。

老子举了三个例子:车的作用在于运货载人,器皿的作用在于盛物,室的作用在于居住。这是车、器、室给人的便利,所以说:"有之以为利。"然而,如果车子没有毂辐中空的地方可以转轴,就无法行驶;器皿如果没有中间空虚的地方可以容量,就无法盛物;室屋如果没有四壁门窗中空的地方可以出入通明,就无法居住。可见得中空的地方所发挥的作用了,所以说:"无之以为用。"

本章所说的"有""无"是就现象界而言的,第一章上所说的"有""无"是就超现象界、本体界而言,这是两个不同的层次。它们符号型式虽然相同,而意义内容却不一。"有""无"是老子专设的名词,用来指称形而上的"道"向下落实而产生天地万物时的一个活动过程。这里所说的"有"就是指实物,老子说明实物只有当它和"无"(中空的地方)配合时才能产生用处。老子的目的,不仅在于引导人的注意力不再拘着于现实中所见的具体形象,更在于说明事物在对待关系中相互补充、相互发挥。

十 二 章

五色①令人目盲②；五音③令人耳聾④；五味⑤令人口爽⑥；馳騁⑦畋⑧獵，令人心發狂⑨；難得之貨，令人行妨⑩。

是以聖人為腹不為目⑪，故去彼取此⑫。

【注释】

①五色：指青、赤、黄、白、黑。

②目盲：喻眼花缭乱。

③五音：指角、征、宫、商、羽。

④耳聋：喻听觉不灵。

⑤五味：指酸、苦、甘、辛、咸。

⑥口爽：口病。"爽"，引申为伤、亡，喻味觉差失。

　　王弼注："爽，差失也。"

　　奚侗说："《广雅·释诂》三：'爽，败也。'《楚辞·招魂》：'厉而不爽些'，王注：'楚人名羹败曰爽。'古尝以'爽'为口病专名。如《淮南子·精神训》：'五味乱口，使口爽伤。'"

⑦驰骋：纵横奔走，喻纵情。

⑧畋：猎取禽兽。

⑨心发狂：心放荡而不可制止。

　　高亨说："'发'字疑衍。'心狂'二字，其意已足。此文'令人目盲，令人耳聋，令人口爽，令人心狂，令人行妨。'句法一律，增一'发'字，则失其句矣。盲为目疾，聋为耳疾，狂为心疾，故古书往往并言。"高说供参考。
⑩ 行妨:伤害操行。"妨",害,伤。
⑪ 为腹不为目:只求安饱,不求纵情于声色之娱。按:"腹",内;"目",外。"腹"谓身,"目"谓物。"为腹",即"实其腹"、"强其骨";"不为目",即"虚其心"、"弱其志"。杨朱的"重生"即此"为腹";杨朱的"外物",即此"不为目"。

蒋锡昌说:"老子以'腹'代表一种简单清静之生活;以'目'代表一种巧伪多欲,其结果竟至'目盲,……耳聋……,口爽,……发狂,……行妨'之生活。明乎此,则'为腹'即为无欲之生活,'不为目'即不为多欲之生活。"

严灵峰说:"腹易厌足,目好无穷。此举'目'为例,以概其余:耳、口、心、身四者。言只求果腹,无令目盲、耳聋、口爽、行妨。"

林语堂英译注说:"腹"指内在自我(the inner self),"目"指外在自我或感觉世界。(见 *The Wisdom of Laotse*, p.90)
⑫ 去彼取此:摒弃物欲的诱惑,而持守安足的生活。"彼",指"为目"的生活;"此",指"为腹"的生活。

【今译】

缤纷的色彩使人眼花缭乱;纷杂的音调使人听觉不敏;饮食餍饫会使人舌不知味;纵情狩猎使人心放荡;稀有货品使人行为不轨。因此圣人但求安饱而不逐声色之娱,所以摒弃物欲的诱惑而保持安足的生活。

【引述】

在这里老子指出物欲文明生活的弊害。他目击上层阶级的生活形态：寻求官能的刺激，流逸奔竞，淫佚放荡，使心灵激扰不安。因而他认为正常的生活是为"腹"不为"目"，务内而不逐外。俗语说："罗绮千箱，不过一暖；食前方丈，不过一饱。"物欲的生活，但求安饱，不求纵情于声色之娱。

为"腹"，即求建立内在宁静恬淡的生活；为"目"，即追逐外在贪欲的生活。一个人越是投入外在化的漩涡里，则越是流连忘返，使自己产生自我疏离，而心灵日愈空虚。因而老子唤醒人要摒弃外界物欲生活的诱惑，而持守内心的安足，确保固有的天真。

今日都市文明的生活，芸芸众生，只求动物性的满足与发泄，灵性的斫伤到了骇人的地步。我们可以普遍地看到人心狂荡的情景，读了老子的描述，令人感慨系之！

十 三 章

寵辱若驚①,貴大患若身②。

何謂寵辱若驚？寵爲下③,得之若驚,失之若驚,是謂寵辱若驚。

何謂貴大患若身？吾所以有大患者,爲吾有身,及吾無身,吾有何患④？

故貴以身爲天下,若可寄天下；愛以身爲天下,若可託天下⑤。

【注释】

①宠辱若惊：得宠和受辱都使人惊慌。

　　河上公说："身宠亦惊,身辱亦惊。"

　　王弼说："宠必有辱,荣必有患,宠辱等,荣患同也。"

②贵大患若身：重视身体一如重视大患。按此句本是"贵身若大患",因"身"与上句"惊",真耕协韵,故倒其文。

　　王纯甫说："贵大患若身,当云：贵身若大患。倒而言之,文之奇也,古语多类如此者。"(《老子亿》)

③宠为下：得宠是不光荣的。"下"即卑下的意思。

　　释德清说："世人皆以宠为荣,却不知宠乃是辱。"又说："宠为下,谓宠乃下贱之事也。譬如嬖幸之人,君爱之以为宠,虽卮酒胾肉必赐之。非此,不见其为宠,彼无宠者,则傲然而立。以此较之,虽宠实乃辱之甚也,岂非下耶!故曰宠为下。"

河上公本作"辱为下"。景福碑、陈景元本、李道纯本作"宠为上,辱为下"。

④吾所以有大患者,为吾有身,及吾无身,吾有何患:这是说大患是来自身体,所以防大患,应先贵身。按老子说这话是含有警惕的意思,并不是要人弃身或忘身。老子从来没有轻身、弃身或忘身的思想,相反的,他却要人贵身。

司马温公说:"有身斯有患也,然则,既有此身,则当贵之、爱之,循自然之理,以应事物,不纵情欲,俾之无患可也。"

范应元说:"轻身而不修身,则自取危亡也。是以君子安而不忘危,存而不忘亡,故终身无患也。"

张舜徽说:"'吾',人君自谓也。此言人君所以惟大祸患为忧者,由于自私其身,贪权位而恐失之耳。假若人君能不自私其身,复何祸患之足忧乎?'及'犹若也,见《经传释词》。"

⑤贵以身为天下,若可寄天下;爱以身为天下,若可托天下:以贵身的态度去为天下,才可以把天下寄付给他;以爱身的态度去为天下,才可以把天下托交给他。

范应元说:"贵以身为天下者,不轻身以徇物也;爱以身为天下者,不危身以掇患也。先不轻身以徇物,则可以付天下于自然,而各安其安;能不危身以掇患,然后可以寓天下,而无患矣。"

福永光司说:"本章谓真正能够珍重一己之身,爱惜一己生命的人,才能珍重他人的生命,爱重别人的人生。并且,也只有这样的人,才可以放心地将天下的政治委任他。"

【今译】

得宠和受辱都感到惊慌失措,重视身体好像重视大患一样。

什么叫做得宠和受辱都感到惊慌失措?得宠仍是下等的,得到恩惠感到心惊不安,失去恩惠也觉惊恐慌乱,这就叫做得宠和受辱都感到惊慌失措。

什么叫做重视身体像重视大患一样?我所以有大患,乃是因为我有这个身体,如果没有这个身体,我会有什么大患呢?

所以能够以贵身的态度去为天下,才可以把天下寄托给他;以爱身的态度去为天下,才可以把天下委托给他。

【引述】

这一章老子强调"贵身"思想。老子认为一个理想的治者,首要在于"贵身",不胡作妄为,这样,大家才放心把天下的重责委任给他。

上一章说到"圣人"为"腹"不为"目",但求建立恬静安足的生活,而不求声色货利的纵欲生活。这一章说到"为腹不为目"的"圣人",能够"不以宠辱荣患损易其身"(王弼语),才可以担负天下的重任。

老子开头说："宠辱若惊。"在他看来，"宠"和"辱"对于人的尊严之挫伤，并没有两样。受辱固然损伤了自尊，得宠何尝不是被剥落了人格的独立完整。得宠者的心理，总是感觉到这是一份意外的殊荣，既经赐与，就战战兢兢地惟恐失去，于是在赐与者的面前诚惶诚恐，曲意逢迎，因而自我的人格尊严无形地萎缩下去。若是一个未经受宠的人，那么他在任何人的面前都可傲然而立，保持自己的人格之独立完整。所以说：得宠也是卑下的，并不光荣的（"宠为下"）。

一般人对于身外的宠辱毁誉，莫不过分的重视，就像如临大患一样。甚至于许多人重视身外的宠辱毁誉远超过了自己的生命。因此老子唤醒人家要贵身，他要人贵身像关注大患一样。

"贵身"的观念，可见于四十四章。一般人亟亟于身外的名利，而不顾惜自身，所以老子感慨地发问："名与身孰亲？身与货孰多？"贵身的反面是轻身，二十六章中，老子责问轻身（作践自己性命）的君主："奈何万乘之主而以身轻天下？"

这一章颇遭曲解。前人多解释为"身"是一切烦恼大患的根源，所以要忘身。一个"贵身"的思想却被误解为"忘身"。造成这种曲解多半是受了佛学的影响，他们用佛学的观点去附会老子。肉体和精神这两个部分是构成人之所以为人的充分而且必要的条件，也即是构成人的生命的充分而且必要的条件。有些人把"身"视为"肉体"的同义字，再加上道学观念和宗教思想的影响，认为肉体是可卑的，遂有"忘身"的说法。

其次，老子所说的："'何谓贵大患若身？'吾所以有大患者，为吾有身，及吾无身，吾有何患！"这一问一答，老子的答词是陈述的语句,并不是价值判断的语句,而答词的重点应是落在"身"字。老子只在于说"身"是一切的根源,大患的渊源也来自于"身"。从上下文看来,老子很明白的表示:如果"贵身",自然可减除许多外患(外患的由来都在于"为目"——纵情纵欲的贪求);如果"贵身",自然会漠视外在的宠辱毁誉。这样的人,才能担当大任。

十 四 章

視之不見,名曰"夷";聽之不聞,名曰"希";搏之不得,名曰"微"①。此三者不可致詰②,故混而爲一。其上不皦③,其下不昧④,繩繩兮⑤不可名,復歸于無物⑥。是謂無狀之狀,無物之象,是謂惚恍⑦。迎之不見其首;隨之不見其後。

執古之道,以御今之有⑧。能知古始⑨,是謂道紀⑩。

【注释】

①"夷"、"希"、"微":这三个名词都是用来形容感官所不能把捉的"道"。

　　河上公注:"无色曰夷,无声曰希,无形曰微。"

　　陈荣捷说:"'微'是道的重要角色,其重要性超过'显'。相反地,儒若却强调显,他们认为:莫显乎微,能认识自微之显的人,'可与人德'。佛教徒和新儒家最后将它们综合起来,说道'显微无间'(程颐《易传序》)。"

②致诘:究诘,追究。

　　释德清说:"致诘,犹言思议。"

③皦:光明。

敦煌本、强思齐本"皦"作"皎"。"皦""皎"二字可通用。《说文》："皦,玉石之白。皎,月之白。"
④昧:阴暗。
⑤绳绳兮:形容纷芸不绝。王弼本无"兮"字,据景龙碑、傅奕本及多种古本补。
⑥复归于无物:这和十六章"复归其根"的意思相同。"复归",即还原。"无物"不是一无所有,它是指不具任何形象的实存体。"无"是相对于我们的感官来说的,任何感官都不能知觉它("道"),所以用个"无"字加以形容它的不可见。
⑦惚恍:若有若无,闪烁不定。
⑧有:指具体的事物。这里的"有"字,不是老子的专有名词,所以和一章的"有"不同。
⑨古始:宇宙的原始或"道"的端始。
⑩道纪:"道"的纲纪,即"道"的规律。

【今译】

　　看它看不见,名叫"夷";听它听不到,名叫"希";摸它摸不着,名叫"微"。这三者的形象无从究诘,它是浑沦一体的。它上面不显得光亮,它下面也不显得阴暗,它绵绵不绝而不可名状,一切的运动都会还回到不见物体的状态。这是没有形状的形状,不见物体的形象,叫它做"惚恍"。迎着它,看不见它的前头;随着它却看不见它的后面。

　　把握着早已存在的道,来驾驭现在的具体事物。能够了解宇宙的原始,叫做道的规律。

【引述】

本章是描述道体的。

形而上的实存之道,和现实界的任何经验事物不同,它不是一个有具体形象的东西。它既没有形体,当然也没有颜色,没有声音。因此老子说:"视之不见"、"听之不闻"、"搏之不得"。又说:"迎之不见其首"、"随之不见其后"。这些都是形容道为我们感官所无从认识的,它超越了人类一切感觉知觉的作用。难怪老子会说它不可思议("不可致诘")。

这个道,由于没有明确的形体,所以无法加以名状。这个超乎声色名相的道,并非空无所有。老子所说的"无物",并不是指空无所有,而是指道不是普通意义的物。普通意义的物,是有形体可见的东西,道是"没有形体"可见的东西。

道是个超验的存在体,老子用了一种特殊的方法去描述它。他将经验世界的许多概念用上,然后一一否定它们的适当性,并将经验世界的种种界限都加以突破,由此反显出道的深微诡秘之存在。

十　五　章

古之善爲士者①,微妙玄通②,深不可識。夫唯不可識,故強爲之容:

豫兮若冬涉川③;

猶兮若畏四鄰④;

儼兮其若客⑤;

渙兮其若釋⑥;

敦兮其若樸;

曠兮其若谷;

混兮其若濁;

孰能濁以靜之徐清;孰能安以動之徐生⑦。

保此道者,不欲盈⑧。夫唯不盈,故能蔽而新成⑨。

【注释】

①善为士者:王弼本"士",帛书乙本作"道",同傅奕本,验之郭店简本(甲组),正作"士",此证"士"字更近古义。

②玄通:郭店简本及帛书乙本作"玄达"。

③豫兮若冬涉川:"豫兮",迟疑慎重之意。"若冬涉川",形容小心

翼翼,如履薄冰。

　　高亨说:"涉大川为古人习用语,……涉大川者心必戒惧,行必徐迟,故曰'豫兮'。《诗·小旻》:'战战兢兢,如临深渊,如履薄冰。'若涉大川与如临深渊同意。"

④犹兮若畏四邻:"犹",简本及帛书乙本作"猷"。"犹兮",形容警觉、戒惕的样子。"若畏四邻",形容不敢妄动。

　　范应元说:"犹,玃属,后事而疑,此形容善为士者,谨于终而常不放肆。"

⑤俨兮其若客:"俨兮",形容端谨庄严。"客",王本作"容"。"容"字与"客"字形近而误。河上本、景龙本、傅奕本作"客",简本及帛书本正同,据改正。

⑥涣兮其若释:王弼本"涣兮若冰之将释",帛书本作"涣呵其若凌泽"。"凌"、"冰"同义。简本此句释文作"涣兮其若释",无"冰"字,上下句句式一律,以简本为优,据改。

　　刘信芳说:"'如客'言其矜莊,'如释'言其洒脱,'如朴'言其质素,'如浊'言其随和(不清高)"(《荆门郭店竹简老子解诂》)。

⑦孰能浊以静之徐清,孰能安以动之徐生:谁能在动荡中安静下来而慢慢地澄清,谁能在安定中变动起来而慢慢地趋进。

　　按:帛书甲、乙本并无"孰能"两字。王弼本与简本近同,简本楚文字释成今文为"孰能浊以静者,将舍清;孰能安以动者,将舍生。""舍"、"徐"音近通假(《郭店楚墓竹简》整理者彭浩注释)。王弼本"安以"下衍一"久"字。

⑧不欲盈:郭店简本作"不欲尚呈"。"呈",呈现、显露之意。

⑨蔽而新成:去故更新的意思。

　　"而"王弼本原作"不","而""不"篆文形近,误衍。若作

"不"讲,则相反而失义。今据易顺鼎之说改正。

易顺鼎说:"疑当作'故能蔽而新成'。'蔽'者,'敝'之借字;'不'者,'而'之误字也。'敝'与'新'对。'能敝而新成'者,即二十章所云'敝则新'。"

高亨说:"易说是也。篆文'不'作 π ,'而'作 $\bar{\pi}$,形近故讹。《墨子·兼爱下》:'不鼓而退也。''而'乃'不'字之讹,可以互证。"

【今译】

古时善于行道之士,精妙通达,深刻而难以认识。正因为难以认识,所以勉强来形容他:

小心审慎啊,像冬天涉足江河;

警觉戒惕啊,像提防四周的围攻;

拘谨严肃啊,像做宾客;

融和可亲啊,像冰柱消融;

淳厚朴质啊,像未经雕琢的素材;

空豁开广啊,像深山的幽谷;

浑朴纯厚啊,像浊水一样;

谁能在动荡中安静下来而慢慢的澄清?谁能在安定中变动起来而慢慢的趋进?

保持这些道理的人,不肯自满。只因他不自满,所以能去故更新。

【引述】

本章是对体道之士的描写。

道是精妙深玄,恍惚不可捉摸。体道之士,也静密幽沉,难以测识。世俗的人,形气秽浊,利欲熏心。庄子说:"嗜欲深者天机浅。"这班人,一眼就可以看到底。体道之士,则微妙深奥,所以说:"深不可识。"

老子对于体道之士的风貌和人格形态试图作一番描述("强为容"):从"豫兮,若冬涉川";到"混兮其若浊"这七句,写出了体道者的容态和心境:慎重、戒惕、威仪、融和、敦厚、空豁、浑朴、恬静、飘逸等人格修养的精神面貌。

"孰能浊以静之徐清,孰能安以动之徐生",这是说体道之士的静定工夫和精神活动的状况。"浊"和"清"对立,"安"(静)和"生"(动)对立,一是说明动极而静的生命活动过程,一是说明静极而动的生命活动过程。"浊"是动荡的状态,体道之士在动荡的状态中,透过"静"的工夫,恬退自养,静定持心,转入清明的境界,这是说明动极而静的生命活动过程。在长久沉静安定("安")之中,体道之士,又能生动起来,趋于创造的活动("生"),这是说明静极而动的生命活动过程。

老子在这里对于体道之士的描写,很自然的使我们联想起庄子在《大宗师》对于"真人"的描写。把他们心中的理想人物作一个比较,老子所描绘的人格形态,较侧重于凝静敦朴、谨严审慎的一面,庄子所描绘的人格形态,较侧重于高迈凌越、舒畅自适的一面。庄子那种超俗不羁,"独与天地精神往来"的人格形态是独创一格的。在他笔下所构画的那胸次悠然、气象恢宏的真人,和老子所描绘的体道之士比较起来,显得很大的不同。老子的描写,素朴简直,他的素材,都是日常生活和自然风物的直接表现;庄子则运用浪漫主义的笔法,甚至于发挥文学式的幻想,将一种特出而又突出的人格精神提升出来。

十六章

致虛極,守靜篤①。

萬物並作②,吾以觀復③。

夫物芸芸④,各復歸其根。歸根⑤曰靜,靜曰⑥復命⑦。復命曰常⑧,知常曰明⑨。不知常,妄作凶。

知常容⑩,容乃公,公乃全⑪,全乃天⑫,天乃道,道乃久,沒身不殆。

【注释】

①致虚极,守静笃:形容心境原本是空明宁静的状态,只因私欲的活动与外界的扰动,而使得心灵蔽塞不安,所以必须时时做"致虚""守静"的工夫,以恢复心灵的清明。"虚",形容心灵空明的境况,喻不带成见。"致",推致。"极"和"笃"意思相同,指极度、顶点。

范应元说:"致虚、守静,非谓绝物离人也。万物无足以挠吾本心者,此真所谓虚极、静笃也。"

冯友兰说:"《老子》所讲的'为学'的方法,主要的是'观'。它说:'致虚极,守静笃。万物并作,吾以观复。''观'要照事物的本来面貌,不要受情感欲望的影响,所以说:'致虚极,守静笃'。这就是说,必需保持内心的安静,才能认识事物的真相。"

按:今本"致虚极,守静笃",郭店简本作"至虚,恒也;守中,笃也"。简文"守中"与"致虚"对举,"中"、"虚"皆指和谐心境而言(请参见拙文〈从郭店简本看《老子》尚仁及守中思想〉,刊在《道家文化研究》)。
②作:生成活动。

吴澄说:"作,动也。植物之生长,动物之知觉,皆动也。"
③复:返,往复循环。

吴澄说:"复,反还也。物生,由静而动,故反还其初之静为复;植物之生气下藏,动物之定心内寂也。"

张岱年说:"宇宙是动的,一切都在变化之中,但变化的规律为何?既承认变中有常,此变中之常为何?中国哲人所讲,变化的规律(即'常'),便是反复。认为一切都是依循反复的规律而变化。何谓反复?就是:事物在一方向上演变,达到极度,无可再进,则必一变而为其反面,如是不已。事物由无有而发生,既发生乃渐充盈,进展以至于极盛,乃衰萎堕退而终于消亡;而终则有始,又有新事物发生。凡事物由成长而剥落,谓之反;而剥落之极,终而又始,则谓之复。反即是否定。复亦即反之反,或否定之否定。(但西洋哲学中所谓否定之否定,有正反之综合之意;中国哲学所谓复,则主要是更新再始之义,无综合意思,故与西洋哲学中所谓否定之否定不尽同。)一反一复,是事物变化之规律。"
④夫物芸芸,各复归其根:"芸芸",常用来形容草木的繁盛。

按:此句郭店简本作:"天道员员,各复其堇(根)"。简文"天道员员",言天道环周。兹举数说以供参考。

赵建伟说:"'天道',帛本作'天物',今本作'夫物',《庄子》(〈在宥〉篇)、《文子》(〈上礼〉篇)作'万物'。疑作'天道'。'员'同'运'(《墨子·非命上》'譬犹运钧之上而立朝夕者也',〈非命中〉'运'作'员'),'员员'盖即运而不已之义。此言天道环周。"（〈郭店竹简《老子》校释〉,刊在《道家文化研究》第十七辑,下引同）

刘信芳说:"'天道员员'即'天道圆圆',是《老子》已经认识到事物发展的周期性循环规律。"（《荆门郭店竹简老子解诂》）

魏启鹏说:"'员',古'圆'字。《淮南子·天文训》:'天道曰员,地道曰方。'同书《原道训》:'员者常转,……自然之势也。''员员':言其圆转不已,周而复始,此即天道环周之旨。"（《楚简〈老子〉柬释》）

丁原植说:"'员'字,疑与'运'字相通。《墨子·非命中》:'若言而无义,譬犹立朝夕于员钧之上也。'孙诒让《墨子闲诂》:'员,上篇作"运",声义相近。'因此,'员员'或可解为'循环的周转',即'环周'。'天道'二字不误,意指'天道的环周运作'。"（《郭店竹简老子释析与研究》,第154页）

⑤归根:回归本原。

范应元说:"归根者,反本心之虚静也。"

⑥静曰:王弼本及河上公本作"是谓",据景龙碑、敦煌本、傅奕本及诸古本改,以与上下文例合。

奚侗说:"'静曰'各本作'是谓',与上下文例不合。"（《老子集解》）

蒋锡昌说:"诸本作'静曰',是也。二十五章,'强为之曰大,大曰逝,逝曰远,远曰反';与此文'归根曰静,静曰复命,复命曰常,知常曰明'之词例一律;亦可证'是谓'系'静曰'之误也。"

⑦复命:复归本原。

释德清说:"命,人之自性。"

严灵峰说:"复其性命之本真,故曰:复命。"

苏辙说:"命者,性之妙也。性犹可言,至于命,则不可言矣。"按:范应元曾对苏辙的观点加以质疑,他批评说:"读老氏此经,惟言心,未尝言性,而子由注此经,屡言性,何也?"老子"复命"的观念对宋儒"复性"的思想颇有影响。然而这里说"复命"即复归本性,仅意指回复虚静的本性。

卢育三说:"'命',《左传·成公十三年》:'民受天地之中(中和之气)以生,所谓命也。'《礼记·中庸篇》:'天命之谓性。'命是万物得以生的东西,在中国哲学中,命与性内容上基本一致,所不同的是在天曰命,在物曰性。在这里,'命'指作为生生之源的道。'复命',又回到万物的生生本原。"(《老子释义》)

福永光司说:"老子的复归思想与后来宋学之复性说有密切关系。但就一般言之,老子此一思想,其特色所在,实是在认现象个物之根源有个本体之道的永恒不灭;即是说,一切个物就其自身而言,虽是有限不完全,但其存在之根源,却是稳踏着无限而完全的'道',因与'道'有着连续的本末关系,故由自末归本的复归,而得脱出其自身之有限性与不完全性。——这便是复归思想之本质。

此一复归思想,在中国哲学史上,便形成了两种特征性思想。其一,就人的内在的主体性实践性这一方向作复归。人心原本清净圆满,因后天种种欲望与知识而被骚乱,故应舍弃人欲以复归其原本的清净圆满;此唐李翱及其承继者宋学之复性说可为其代表,而中国佛教与道教之修养论,亦可谓在基本上亦立于此一立场。

其二,就古今此一时间之推移,作历史方向之复归。以'过去'为'道'之完全实现之至德之世,'现在'为堕落下降之不完全时代,自不完全的'今'复归于完全的'古';此即所谓复古或尚古思想,儒家之信尧舜禹汤之世为圣人实在之世,而冀复归于彼古圣之道,可为最好代表。

老子之复归思想,实兼此二方向。而尤其不可忽视的,是他所展示的二方向是属原型的。"(《老子》陈冠学译)

张松如说:"老子是以'归根'一辞作为'静'的定义,又以'复命'一辞作为'静'的写状。如果说'并作'包含着'动'的意思,那么'归'、'复'便属于'静'的境界。正是在这'静'的境界中再孕育着新的生命,此即所谓'静曰复命'。"

⑧常:指万物运动变化中的永恒规律。

张岱年说:"中国哲人都认为变化是一根本的事实,然不止如此,更都认为变化是有条理的。变化不是紊乱的,而有其不易之则。变化的不易之则,即所谓常。常即变中之不变之义,而变自身也是一常。常的观念,初发自老子。"

⑨明:万物的运动和变化都依循着循环往复的律则,对于这种律则的认识和了解,叫做"明"。

晨阳说:"老子认识观察与思维的关系,应把感性认识上升到理性认识,上升到理性认识;叫'知'或'明'。"

⑩容:宽容,包容。

王弼注:"无所不包。"

⑪全:周遍。"全",王弼本作"王"。王注:"无所不周普。"可见原文并不是"王"字,如作"王",文义不通。今本"王"字是"全"字的缺坏所误,根据劳健的说法改正。

劳健说:"'知常容,容乃公',以容、公二字为韵。'天乃道,道乃久',以道、久二字为韵。独'公乃王,王乃天'二句韵相远。

'王'字义本可疑,……此二句'王'字盖即'全'字之讹。'公乃全,全乃天',全、天二字为韵。王弼注云'周普'是也。今本'王'字,碑本'生'字,当并是'全'之坏字,'生'字尤形近于'全',可为蜕变之验也。"(《老子古本考》)劳说确切。通行本误传已久,应据改正。

⑫天:指自然的天,或为自然的代称。

【今译】

致虚和守静的工夫,做到极笃的境地。

万物蓬勃生长,我看出往复循环的道理。

万物纷纷芸芸,各自返回到它的本根。返回本根叫做静,静叫做回归本原。回归本原是永恒的规律,认识永恒的规律叫做明。不认识永恒的规律,轻举妄动就会出乱子。

认识常道的人是能包容一切的,无所不包容就能坦然大公,坦然大公才能无不周遍,无不周遍才能符合自然,符合自然才能符合于道,体道而行才能长久,终身可免于危殆。

【引述】

本章强调致虚守静的工夫。致虚即是心智作用的消解，消解到没有一点心机和成见的地步。一个人运用心机会蔽塞明澈的心灵，固执成见会妨碍明晰的认识，所以致虚是要消解心灵的蔽障和厘清混乱的心智活动。

致虚必守静。透过静的工夫，乃能深蓄厚养，储藏能量。

本章还说到"归根""复命"。"归根"就是要回归到一切存在的根源。根源之处，便是呈虚静的状态。而一切存在的本性，即是虚静的状况，还回到虚静的本性，就是"复命"的思想。

"复命"的思想，可视为宋学"复性"说之所本。《庄子·缮性篇》所提出的"复初"的主张，乃是与"复命""复性"同类的概念，和本章关系也很密切。老子复归的思想，乃就人的内在之主体性、实践性这一方向作回省工作。他们以为人心原本清明透澈的，只因智巧嗜欲的活动而受骚乱与蒙蔽。故应舍弃智巧嗜欲的活动而复归于原本的清净透明的境地。

十 七 章

太上①,下知有之②;其次,親而譽之;其次,畏之;其次,侮之。信不足焉,有不信焉。

悠兮③其貴言④。功成事遂,百姓皆謂:"我自然⑤。"

【注释】

①太上:最好,至上;指最好的世代。本章所说的"太上"、"其次",是价值等级的排列,并不是一般旧注所谓的以时代先后为序的排列。

吴澄说:"太上,犹言最上,最上谓大道之世,相忘于无为。"

蒋锡昌说:"'太上'者,古有此语,乃最上或最好之谊。《魏策》:'故为王计:太上,伐秦;其次,宾秦;其次,坚约而详讲与国,无相离也。'谓最好,伐秦也。襄二十四年〈传〉:'太上,有立德;其次,有立功;其次,有立言。'谓最上,有立德者也。《吕览·孟秋纪禁塞》:'凡救守者,太上,以说;其次,以兵。'谓救守者,最好,以说也。〈有始览谨听〉:'太上,知之;其次,知其不知。'谓最好,知之也。……皆其证也。此文'太上'亦谓最好,系就世道升降之程度而言,犹谓最好之世也。王注:'太上谓大人也,大人在上,故曰太上。'河上公注:'太上,谓太古无名之君也。'自此二注出,后世解《老》者,即皆以'太上'为主,沿误至今。"(《老子校诂》)

福永光司说:"太上,即至高,最善的意思。次句'其次',即次善的意思。乃是价值的等级。"
②下知有之：人民只知道君主的存在而已。

"下"字吴澄本、明太祖本、焦竑本、邓锜本、潘静观本、周如砥本都作"不"。本章最后一句："百姓皆谓我自然。"就是"不知有之"（人民不知道有帝力）的一个说明。作"不知"意义较为深长。唯验之郭店简本作"下知有之"，故仍从简本与王本。

③悠兮：悠闲的样子。河上公本、傅奕本、林希逸本、范应元本、吴澄本"悠"作"犹"。景龙及寇质才本"犹"字作"由"。按：犹、由、悠，古通假。

④贵言：形容不轻于发号施令。

吴澄说："'贵'，宝重也。宝重其言，不肯轻易出口。盖'圣人'不言无为，俾民阴受其赐，得以各安其生。"

蒋锡昌说："'贵言'即二十三章'希言'之谊。彼此二'言'，均指声教法令而言。"

⑤自然：自己如此。

吴澄说："'然'，如此也。百姓皆谓我自如此。"

蒋锡昌说："《广雅·释诂》：'然，成也。''自然'指'自成'而言。"

车载说："《老子》全书谈及'自然'一辞的文字，计有五处，……《老子》书提出'自然'一辞，在各方面加以运用，从来没有把它看着是客观存在的自然界，而是运用自然一语，说明莫知其然而然的不加人为任其自然的状态，仅为《老子》全书中心思想'无为'一语的写状而已。"（《论老子》）

【今译】

最好的世代,人民只是感觉到统治者的存在;其次,人民亲近他而赞美他;再其次的,人民畏惧他;更其次的,人民轻侮他。统治者的诚信不足,人民自然不相信他。

〔最好的统治者〕悠然而不轻于发号施令。事情办成功了,百姓都说:"我们本来是这样的。"

【引述】

处身于权势的暴虐中,脚踏于酷烈的现实上,老子向往着"帝力于我何有哉"的时代,向往着在那时代里,没有横暴权力的干扰而人民自由自在的生活情境。

老子理想中的政治情境是:一、统治者具有诚朴信实的素养。二、政府只是服务人民的工具。三、政治权力丝毫不得逼临于人民的身上。

老子将这种理想的政治情境,和德治主义与法治主义作了一个对比:用严刑峻法来镇压人民,这就是统治者诚信不足的一个表现。统治者诚信不足,人民自然产生"不信"的行为。如此,统治者弹用高压政策,而走向了末途。老子强烈的反对这种刑治主义。德治主义固然好,在老子看来,这已经是多事的征兆了。统治者今天慰问,明天安抚(固然可博得称誉),这已经是人民有伤残欠缺的事端了。最美好的政治,莫过于"贵言"。在"贵言"的理想政治情况中,人民和政府相安无事,甚至于人民根本不知道统治者是谁("不知有之");政权压力完全消解,大家呼吸在安闲自适的空气中。这是老子所理想的乌托邦政治情况。

十 八 章

大道廢,有仁義①;六親②不和,有孝慈;國家昏亂,有忠臣③。

【注释】

①大道废,有仁义:简本及帛书乙本作"大道废,安有仁义"。"安",即"乃",皆作"于是"解。

冯友兰说:"'大道废,有仁义',这并不是说,人可以不仁不义,只是说,在'大道'之中,人自然仁义,那是真仁义。至于由学习、训练得来的仁义,那就有模拟的成分,同自然而有的真仁义比较起来它就差一点次一级了。《老子》说:'上德不德,是以有德',就是这个意思。"

按:"大道废,有仁义"句下,帛书及通行本均衍"智慧出,有大伪"句,郭店简本无此句,当据删。"智慧出,有大伪"之衍出,当在战国中后期受到庄子后学中激烈派思想影响所致,妄增此句。则易使人将"仁义"与"大伪"并举,从而导致对仁义行为的否定。审察简本原义,却非贬抑"仁义"、"孝慈"、"忠臣"。反之,认为在最美好的原始情境发生变化,在人际关系中出现问题,这时仁义孝慈的美德及正臣的节操,显得难能可贵。郭店简本本章为三个对等句,下章亦同是三个对等句,从句型与句义看,郭店简本较合祖本原貌。

②六亲:父、子、兄、弟、夫、妇。

③忠臣:简本作"正臣",帛书及傅奕本作"贞臣"。

【今译】

　　大道废弛,仁义才显现;家庭不和,孝慈才彰显;国政昏乱,忠臣才见出。

【引述】

　　鱼在水中,不觉得水的重要;人在空气中,不觉得空气的重要;大道兴隆,仁义行于其中,自然不觉得有倡导仁义的必要。等到崇尚仁义的时代,社会已经是不纯厚了。

　　某种德行的表彰,正由于它们特别欠缺的缘故;在动荡不安的社会情景下,仁义、孝慈、忠臣等美德,就显得如雪中送炭。

十 九 章

絕智棄辯①,民利百倍;絕僞棄詐②,民復孝慈;絕巧棄利,盜賊無有。此三者③以爲文④,不足。故令有所屬⑤:見素抱樸⑥,少私寡欲。

【注释】

①绝智弃辩:通行本"绝圣弃智",郭店简本作"绝智弃辩",为祖本之旧,当据改正。通观《老子》全书,"圣人"一词共三十二见,老子以"圣"喻最高人格修养境界,而通行本"绝圣"之词,则与全书积极肯定"圣"之通例不合。"绝圣弃智"一词,见于庄子后学〈胠箧〉、〈在宥〉篇,传抄者据以妄改所致。

②绝伪弃诈:通行本"绝仁弃义",郭店简本作"绝伪弃诈",为祖本之旧,当据改正。《老子》八章主张人与人交往要尚仁("与善仁"可见老子并无弃绝义之说,郭店简本出土,始知为人妄改。")《庄子·胠箧》有"攘弃仁义"之说,由此可窥见原本"绝伪弃诈"被臆改为"绝仁弃义",可能受到庄子后学激烈派思想影响所致。

　　裘锡圭先生说:"简文此句似当释为'绝怎(伪)弃慮(诈)'。'慮'从'且'声,与'诈'音近。"(《郭店楚墓竹简》注释)

　　彭浩说:"'慮',从且声,读作'亵'。……犹恶也。"(《郭店楚简老子校读》)

　　丁原植说:"帛书甲、乙与王弼本均作'绝仁弃义,民复孝慈'。简文并无'绝仁弃义'这种激烈反对人文价值的思想,就《老子》哲学的发展来说竹简《老子》似属较古文本。"(《郭店竹简老子释析与研究》)

　　按:简本"慮",从"且"声,与"诈"音近。然学界多人以为"慮"字宜释为"虑",谋算之意,亦通。惟上海博物馆所藏同时代(战国中期)竹简,亦出现"忎"(伪)、"慮"(诈)字样,其楚文字字形与郭店《老子》简文相同,故此处仍释为"绝伪弃诈"。

③ 此三者:指智辩、伪诈、巧利。
④ 文:文饰,浮文。
⑤ 属:归属,适从。
⑥ 见素抱朴:简本作"视素保朴"。"素"是没有染色的丝;"朴"是没有雕琢的木。"素""朴"在这里是异字同义。

【今译】

　　抛弃巧辩,人民可以得到百倍的好处;弃绝伪诈,人民可以恢复孝慈的天性;抛弃巧诈和货利,盗贼就自然会消失。〔智辩、伪诈、巧利〕这三者全是巧饰的,不足以治理天下。所以要使人有所归属:保持朴质,减少私欲。

【引述】

　　老子提出"见素抱素"的主张,他认为上层治者若能在素朴、少私寡欲的政风下,进一步弃绝智辩、伪诈、巧利,则可使人民得以享受安定、孝慈,并生活在安宁的社会环境中。

　　本章和上章老子一再地肯定孝慈的德行,这和六十七章谓:

"我有三宝:一曰慈,……"是相应的。

郭店简本和通行本最大的差别便是"绝伪弃诈"被改成"绝仁弃义"。若依通行本"绝仁弃义",则意为仁义本来是用以劝导人的善行,如今却流于矫揉造作。有人更剽窃仁义之名,以要利于世。那些人夺取职位之后,摇身一变,俨然成为一代道德大师,把仁义一类的美名放在口袋里随意运用。庄子沉痛地说:"为之仁义以矫之,则并与仁义而窃之。窃国者为诸侯,诸侯之门而仁义存焉。"这种情形,或许老子那时代还没有这般严重,但已经足以欺诈人民了。所以认为不如抛弃这些被人利用的外壳,而恢复人们天性自然的孝慈。

流俗重"文",老子重"质"。老子视"文"为巧饰,违反了人性的自然。巧饰流行,更形成种种有形无形的制约,拘束着人性的自然。老子在本章中所流露的愤世之言,乃是针对虚饰的文明所造成的严重灾害而发的。

二 十 章

絕學無憂①。唯之與阿②,相去幾何?美之與惡③,相去若何?人之所畏,不可不畏④。

荒兮,其未央哉⑤!

眾人熙熙⑥,如享太牢,如春登臺⑦。

我⑧獨泊⑨兮,其未兆⑩,如嬰兒之未孩⑪;

儽儽兮⑫,若無所歸。

眾人皆有餘⑬,而我獨若遺⑭。我愚人⑮之心也哉!沌沌兮!

俗人昭昭⑯,我獨昏昏⑰。

俗人察察⑱,我獨悶悶⑲。

澹兮其若海,飂兮若無止⑳。

眾人皆有以㉑,而我獨頑且鄙㉒。

我獨異于人,而貴食母㉓。

【注释】

①绝学无忧:谓弃绝异化之学可无搅扰。"无忧",即无扰。

　　按:"绝学无忧",郭店简本接"为学日益"章,但与通行本

注释、今译与引述

同,置于"唯之与阿"句前。

② 唯之与阿:"唯",恭敬的答应,这是晚辈回应长辈的声音。"阿",怠慢的答应,这是长辈回应晚辈的声音。"唯"、"阿"都是回应的声音,"阿"的声音高,"唯"的声音低,在这里用以表示上下或贵贱的区别。

成玄英疏:"'唯',敬诺也。'阿',慢应也。"

③ 美之与恶:"美",王弼本作"善",傅奕本作"美",简本及帛书甲本正同,今据改。

易顺鼎说:"王本作'美之与恶,相去何若',正与傅奕本同。注云:'唯阿美恶,相去何若。'是其证也。今本非王本之旧。"(《读老子札记》)

高亨说:"易说是也。二章曰:'天下皆知美之为美,斯恶已。'亦'美'、'恶'对言,此'善'当作'美'之证。"(《老子正诂》)

张舜徽说:"此言唯与阿,美与恶,皆对立事物,究竟相去不甚远,以明世俗之所谓顺逆、美恶,未必皆可为准式也。"

④ 人之所畏,不可不畏:帛书本作"人之所畏,亦不可以不畏人。"

刘殿爵说:"今本作:'人之所畏,不可不畏。'帛书本作:'人之所畏,(甲本以上二字残缺)亦不可以不畏人。'(甲本'可'字以下残缺)下句句首多'亦'字,'可'下又多'以'字,而'畏'下多'人'字。今本的意思是,别人所畏惧的,自己也不可不畏惧。而帛书本的意思却是,为人所畏惧的——就是人君——亦应该畏惧怕他的人。两者意义很不同,前者是一般的道理,后者则是对人君者所说有关治术的道理。"(《马王堆汉墓帛书老子初探》,一九八二年九月号《明报月刊》)

张舜徽说:"各本作'人之所畏,不可不畏。'语意不明,显有缺夺,今据帛书乙本补正。此言人君为众人之所畏,人君亦不可不畏众人也。"

⑤荒兮,其未央哉:精神包含广远而没有边际。"荒兮",广漠的样子。"未央",即无尽的意思。

　　吴澄说:"'荒',犹广也。'央',犹尽也。"

　　高亨说:"荒兮其未央,犹云茫茫其无极耳。"

　　王弼注:"叹与俗相反之远也。"

⑥熙熙:纵情奔欲,兴高采烈的样子。

　　河上公注:"熙熙,淫放多情欲也。"

　　王弼注:"众人迷于美进,惑于荣利,欲进心竞。"

⑦如春登台:好像春天登台眺望。

　　王弼本"如春登台",河上公本作"如登春台"。

　　高亨说:"'如登春台'是也,与'如享太牢'句法相同。"高说有理,然当从毕沅与俞樾之说。

　　毕沅说:"'如春登台',王弼、顾欢并同。明皇、易州石刻亦同。明正统十年道藏所刊明皇本始误作'登春台',陆希声、王真诸本并误,今流俗本皆然矣。"

　　俞樾说:"按'如春登台'与十五章'若冬涉川'一律,河上公本作'如登春台',非是。然其注曰:'春阴阳交通,万物感动,登台观之,意志淫淫然。'是亦未尝以'登春台'连文,其所据,亦必作'春登台',今传写误倒耳。"按俞樾根据河上注文,说明河上本原作"如春登台",证之帛书甲、乙两本正作"春登台"。

⑧我:这里老子以第一人称的方式,表达他的心境和精神意境。

　　福永光司说:"老子的'我'是跟'道'对话的'我',不是跟世俗对话的'我'。老子便以这个'我'做主词,盘坐在中国历史的山谷间,以自语着人的忧愁与欢喜。他的自语,正像山谷间的松涛,格调高越,也像夜海的荡音,清澈如诗。"
⑨泊:淡泊,恬静。
⑩未兆:没有迹象,形容不炫耀自己。"兆",朕兆,迹象。
⑪孩:与"咳"同。《说文》:"咳,小儿笑也;从口,亥声;孩,古文咳,从子。""孩""咳"古字相同,即婴儿的笑。

傅奕本,范应元本"孩"作"咳"。
⑫儽儽兮:儽儽即磥磥、磊磊、硌硌、落落,皆双声近义词。"磊磊兮",谓落落不群,无所依傍。

范应元说:"儽儽兮,外无文饰。"
⑬有余:河上公说:"众人余财以为奢,余智以为诈。"
⑭遗:不足的意思。

奚侗说:"'遗'借作'匮',不足之意。"
⑮愚人:"愚"是一种淳朴、真质的状态。老子自己以"愚人"为最高修养的生活境界。
⑯昭昭:光耀自炫的样子。

释德清注:"昭昭,谓智巧现于外也。"
⑰昏昏:暗昧的样子。
⑱察察:严苛的样子。

释德清注:"察察,即俗谓分星擘两,丝毫不饶人之意。"
⑲闷闷:淳朴的样子。
⑳澹兮其若海,飂兮若无止:"澹",澹泊,沉静。"飂",高风,形容形迹飘逸(王弼说:"无所系縶")。
㉑众人皆有以:"以",用。皆欲有所施用(王弼注)。
㉒顽且鄙:形容愚陋,笨拙。

"且",王弼本原作"似"。王注文:"顽且鄙也。"蒋锡昌说:

"'且'与'㠯'古'以'字,形近而误。'以''似'古通,遂由'且'误'㠯',由'㠯'误'似'。"傅奕本、宋徽宗本、邓锜本、邵若愚本、林希逸本、潘静观本"似"均作"且"。因据傅奕本与王弼注改正。

㉓贵食母:以守道为贵。"母",喻道。"食母",资养万物的"道"。"食母"两字,历来各家解说纷纭,兹引数家以供参考:

王弼注:"食母,生之本也。"

河上公注:"食,用也。母,道也。"

范应元说:"食者,养人之物,人之所不可无者也。母者,指道而言也。"

吴澄说:"我之所贵者,则大道之玄德也。玄德者,万物资之以养,所谓万物之母也。故曰:'食母'。'食母'二字,见《礼记·内则篇》,即是乳母也。"

劳健说:"'食'音嗣,养也。'母'谓本也。……'贵食母'与'复守其母',同是崇本之旨,'食母''守母',乃所以为道。"

蒋锡昌说:"依河上训'食'为'用',尚不如据《庄子》训'食'为'养'之尤合古谊。《老子》'食母'与《庄子》'食于天'谊同,皆谓养于道也。"

【今译】

弃绝异化之学可无搅扰。应诺和呵声,相差好多?美好和丑恶相差好多?众人所畏惧的,我也不能不有所畏惧。

精神领域开阔啊,好像没有尽头的样子!

众人都兴高采烈,好像参加丰盛的筵席,又像春天登台眺望景色。

我却独个儿淡泊宁静啊,没有形迹,好像不知嬉笑的婴儿;

落落不群啊,好像无家可归。

众人都有多余,唯独我好像不足的样子。我真是"愚人"的心肠啊!浑浑沌沌啊!

世人都光耀自炫,唯独我暗暗昧昧的样子。

世人都精明灵巧,唯独我无所识别的样子。

沉静的样子,好像湛深的大海;飘逸的样子,好像无有止境。

众人都有所施展,唯独我愚顽而拙讷。

我和世人不同,而重视进道的生活。

【引述】

在老子看来,贵贱善恶、是非美丑种种价值判断都是相对形成的。人们对于价值判断,经常随着时代的不同而变换,随着环境的差异而更改。世俗价值的判断,如风飘荡。所以老子感慨地说:"相去几何!"世俗的价值判断固然如此混淆,但岂可任意而行?不然。众人所戒忌的,也不可不警惕,不必特意去触犯!

接着,老子说明他在生活态度上,和世俗价值取向的不同:世俗的人,熙熙攘攘,纵情于声色货利;老子则甘守淡泊,澹然无系,但求精神的提升。在这里,老子还显示出和人群的疏离感。

二十一章

孔①德②之容③,惟道是從。

道之爲物,惟恍惟惚④。惚兮恍兮,其中有象⑤;恍兮惚兮,其中有物。窈兮冥兮⑥,其中有精⑦;其精甚眞⑧,其中有信⑨。

自今及古⑩,其名不去,以閱衆甫⑪。吾何以知衆甫之狀哉!以此⑫。

【注释】

①孔:甚,大。

②德:"道"的显现与作用为"德"。

《庄子·天地》说:"物得以生,谓之德。"按德乃指事物从道所得的特性。

《管子·心术上》说:"德者道之舍,物得以生生。"

韩非说:"'德'者,'道'之功也。"(《韩非子·解老》)

杨兴顺说:"'德'者是'道'的体现。'道'因'德'而得以显现于物的世界。"

③容:运作;样态。

王弼说:"动作从道。"

高亨说:"'容'疑借为'搈',动也。《说文》:'搈,动搈也。'动搈,叠韵连语,古以动容为之。《孟子·尽心篇》:'动容周旋中礼者,盛德之至也。'是其例。单言'搈'亦为'动'义,《广雅·释诂》:'搈,动也。'古亦以容为之。《礼记·月令》:'不戒其容止者。'郑注:'容止,谓动静也。'是其例。……王弼注:'动作从道。'似以'动'释'容'。"

高明说:"'孔德之容,惟道是从',言大德者之动惟从乎道也。王注曰'动作从道'正以'动'释'容'。……'容'本有'动'义,古'容'、'动'二字音义皆通。"(《帛书老子校注》)

④道之为物,惟恍惟惚:"道之为物",帛书甲、乙本作"道之物"。"恍惚",犹"仿佛"。

释德清说:"恍惚,谓似有若无,不可指之意。"

⑤象:迹象。

吴澄说:"形之可见者,成物;气之可见者,成象。"

⑥窈兮冥兮:深远暗昧。

严灵峰说:"'窈',微不可见。'冥',深不可测。"(《老子章句新编》,下引同)

吴澄说:"窈冥则昏昏昧全不见矣,此'道'之'无'也。"

⑦精:最微小的原质。

《庄子·秋水篇》:"夫精,小之微也。""小之微",即是微小中最微小的。

朱谦之说:"《管子·内业篇》:'精,气之极也;精也者,气之精也。凡人之生也,天出其精。'与此章'精'之意义相合。'精'为古代之素朴唯物思想。"(《老子校释》)

严灵峰说:"'精'就是 Essence;精力。它绝不是一个空洞的东西。"

一般的英译本,都将"精"译为 essence,陈荣捷的英译注说:"The word Ching (essence) also means intelligence, spirit, life-force." 林语堂也英译为"life-force"(生命力)。

⑧其精甚真:这最微小的原质是很真实的。

陈荣捷说:就哲学而言,本章是全书里面最重要的一章,"其精甚真"一语形成周敦颐(周濂溪,公元1017—1073年)《太极图说》的骨干—以"无极之真,二五之精"为中心—而周敦颐的著作奠定了全部新儒家形上学的根基。当然,新儒家形上学的源头,可说更直接来自《周易》,然而《周易》中"真"的概念与此篇所述,却极为相似。

按:"其精甚真",严灵峰说:"次解本无此四字;疑系古文羼入正文;并脱去'冥兮窈兮'四字。盖上文'惚兮恍兮,其中有象;恍兮惚兮,其中有物。'则下当应之:'窈兮冥兮,其中有精;冥兮窈兮,其中有信。'则文例一律矣。"严说颇可供参考。

⑨信:信验,信实。

⑩自今及古:通行本作"自古及今",据帛书甲、乙本及傅奕本、范应元本改正。

范应元说:"'自今及古',严遵、王弼同古本。"(《老子道德经古本集注》)

马叙伦说:"各本作'自古及今',非是。'古'、'去'、'甫'韵。"

高亨说:"按当作'自今及古',因'其名'是指道的名。'道'这个物,是古时就有。'道'这个名,是老子今天给的。用'道'的名以称古时的物,乃'自今及古',不是'自古及今',可见今本错了。又此三句,古、去、甫三字押韵,若作'自古及今',则失其韵。"(《谈马王堆汉墓中的帛书老子》,《文物杂志》,一九七四年第十一期)

⑪以阅众甫:以观察万物的起始。"众甫",帛书甲、乙本作"众父"。

王弼注:"众甫,物之始也。"

俞樾说:"按'甫'与父通。'众甫',众父也。四十二章:'我将以为教父。'河上公注曰:'父,始也。'而此注亦曰:'甫,始也。'然则'众甫'即'众父'矣。"

张舜徽说:"《老子》所云'众父',以喻道也。言其为万事万物之本,故曰众父。以父喻道,犹以母喻道耳。"

⑫以此:"此",指道。

张松如说:"我怎么知道万事万物的终极原因是什么样子呢?就是根据其显现为道的运动变化的规律性。"

【今译】

大德的样态,随着道为转移。

道这个东西,是恍恍惚惚的。那样的惚惚恍恍,其中却有迹象;那样的恍恍惚惚,其中却有实物;那样的深远暗昧,其中却有精质;那样的暗昧深远,其中却是可信验的。

从当今上溯到古代,它的名字永远不能消去,依据它才能认识万物的本始。我怎么知道万物本始的情形呢!从"道"认识的。

【引述】

"孔德之容,惟道是从。"这是说明道和德的关系。道和德的关系是:

一、道是无形的,它必须作用于物,透过物的媒介,而得以显现它的功能。道所显现于物的功能,称为德。

二、一切物都由道所形成,内在于万物的道,在一切事物中表现它的属性,亦即表现它的德。

三、形而上的道落实到人生层面时,称之为德。即道本是幽隐而未形的,它的显现,就是"德"。

本章和第十四章一样,都是描述形上之道的。形上之道,恍惚无形,但在深远暗昧之中,确是"有物""有象""有精"。"其中有象"、"其中有物"、"其中有精",这都说明了道的真实存在性。

二十二章

曲則全,枉①則直,窪則盈,敝則新,少則得,多則惑。

是以聖人執一②爲天下式③。不自見④,故明⑤;不自是,故彰;不自伐,故有功;不自矜,故能長⑥。

夫唯不爭,故天下莫能與之爭。古之所謂"曲則全"者,豈虛言哉! 誠全而歸之。

【注释】

①枉:屈。

②执一:通行本为"抱一",帛书甲、乙本并作"执一",帛本为是。

　　按:"执一",即"执道"(见《老子》十四章、《庄子·天地篇》及《文子·道原篇》)。"执一"为道家常用语词,屡见于《管子》(〈心术篇〉、〈内业篇〉)等稷下道家之作,其后为荀子(《荀子·尧问篇》)与韩非子(《韩非子·杨权篇》)引用。

③式:法式,范式。

④自见:自现,自显于众。

　　范应元说:"见,音现。"

　　吴澄说:"自见犹云自炫。"

⑤明:彰明。

　　按十六章:"知常曰明"和五十二章:"见小曰明"的"明"字,乃是老子的特殊用语。这里的"明"字只是当作普通的用法。

⑥能长:通行本"长"上缺"能"字,据帛书本补。

【今译】

委曲反能保全,屈就反能伸展,低洼反能充盈,破旧反能生新,少取反能多得,贪多反而迷惑。

所以有道的人坚守这一原则作为天下事理的范式。不自我表扬,反能显明;不自以为是,反能彰显;不自己夸耀,反能见功;不自我矜恃,反能长久。

正因为不跟人争,所以天下没有人和他争。古人所说的"委曲可以保全"等话,怎么会是空话呢!它实实在在能够达到的。

【引述】

常人所见只是事物的表相,看不到事物的里层。老子以其丰富的生活经验所透出的智慧,来观照现实世界中种种事物的活动。他认为:一、事物常在对待关系中产生,我们必须对于事物的两端都能加以彻察。二、我们必须从正面去透视负面的意义,对于负面意义的把握,更能显现出正面的内涵。三、所谓正面与负面,并不是两种截然不同的东西,它们经常是一种依存的关系,甚至于经常是浮面与根底的关系。常人对于事物的追求,往往急功近利,只贪图眼前的喜好,老子则晓喻人们,要伸展视野,既观赏枝叶的繁盛,同时应注意根底的牢固。有结实的根,才能长出茂盛的叶来。由于事物的这种依存关系,所以老子认为:在"曲"里面存在着"全"的道理;在"枉"里面存在着"直"的道理;在"洼"里面存在着"盈"的道理;在"敝"里面存在着"新"的道理。因而,在"曲"和"全"、"枉"和"直"、"洼"和"盈"的两端中,把握了其中之底层的一面,自然可以得着显相的另一面。

常人总喜欢追逐事物的显相,芸芸众生莫不汲汲于求"全"求"盈",或急急于彰扬显溢,因而引起无数纷争。求全之道,莫过于"不争"。"不争"之道,在于"不自见(现)"、"不自是"、"不自伐"、"不自矜"。而本章开头所说的"曲"、"枉"、"洼"、"敝",也都具有"不争"的内涵。

二十三章

希言①自然。

故飄風②不終朝,驟雨③不終日。孰爲此者?天地。天地尚不能久,而況于人乎?故從事于道者,同于道④;德者,同于德;失⑤者,同于失。

同于德者,道亦德之;同于失者,道亦失之⑥。

信不足焉,有不信焉⑦。

【注释】

①希言:按字面解释是:少说话。深一层的意思是:不施加政令。"言",指"声教法令"。

　"希言"是合于自然的,和五章"多言数穷"成一个对比。"多言"(政令烦苛)是不合于自然的。"希言"和二章"行不言之教"的"不言",意义相同。

　蒋锡昌说:"'多言'者,多声教法令之治;'希言'者,少声教法令之治;故一即有为,一即无为也。"(《老子校诂》)

②飄风:强风,大风。

　吴澄说:"飘,狂疾也。"

　王淮说:"'飘风'以喻暴政之号令天下,宪令法禁是也。"

③骤雨:急雨,暴雨。

　吴澄说:"骤,急暴也。"

王淮说:"'骤雨'以喻暴政之鞭策百姓,赋税劳役是也。"
④故从事于道者,同于道:"同于道"三个字上面,原叠"道者"两字,句作:"从事于道者,道者同于道。"今据帛书本及俞樾之说删。

俞樾说:"按下'道者'二字衍文也。本作'从事于道者同于道。'其下'德者'、'失者'蒙上'从事'之文而省,犹云'从事于道者同于道,从事于德者同于德,从事于失者同于失'也。《淮南子·道应篇》引《老子》曰:'从事于道者同于道。'可证古本不叠'道者'二字。"俞说是,帛书甲、乙本可证。

严复说:"道者同道,德者同德,失者同失,皆主客观之同物相感者。"
⑤失:指失道,失德。

蒋锡昌说:"失则指'飘风'、'骤雨'之治而言。"
⑥同于德者,道亦德之;同于失者,道亦失之:此数句各本纷异,以帛书乙本为优,据改。
⑦信不足焉,有不信焉:这二句已见于十七章。疑是错简重出,帛书甲、乙本并无此二句。

卢育三说:"马叙伦、奚侗说:此句已见十七章,这里重出,盖错简所致,且与上文不相应,当删。陈柱、高亨、朱谦之从其说。帛书《老子》:甲乙本均无此句,然它本均有,细究此章旨义,有此一句亦可说通。谓'信不足',指失于道,违背'希言自然',实行'多言'、'有为'的政治,这与人事之飘风骤雨不能长久,正相应。"

【今译】

少发教令是合于自然的。

所以狂风刮不到一早晨,暴雨下不了一整天。谁使它这样的?是天地。天地的狂暴都不能持久,何况人呢?

所以从事于道的人,就合于道;从事于德的人,就合于德;表现失道失德的人,就会丧失所有。同于德的行为,道会得到他;行为失德的,道也会抛弃他。

统治者的诚信不足,人民自然不相信他。

【引述】

本章和十七章是相对应的。十七章揭示出严刑峻法的高压政策。徒然使百姓"畏之侮之",因而呼吁统治者莫若"贵言",抽离政权压力去辅助人民。在本章中,老子再标示出"希言"的政治理想,"希言"就是"少声教法令之治",即是行"清静无为"之政;以不扰民为原则,百姓安然畅适,这才合乎自然。若以法戒禁令捆缚人民,苛捐杂税榨取百姓,这就如同狂风急雨般的暴政了。老子警戒着:暴政是不会持久的。

施政的后果,有如俗语所说的:"同声相应,同气相求。"统治者如果清静无为,则社会当有安宁平和的风气以相应;统治者如果恣肆横行,则人民当有背戾抗拒的行为以相应;统治者如果诚信不足,则百姓当有不诚信的态度以相应。

二十四章

企①者不立;跨②者不行;自見者不明;自是者不彰;自伐者無功;自矜者不長。

其在道也,曰:餘食贅形③。物或惡之,故有道者不處。

【注释】

①企:同"跂",踮起脚跟;翘起脚尖。
②跨:跃,越,阔步而行。
③余食赘形:剩饭赘瘤。

"赘形",王弼本及其他通行古本都作"赘行"。"形"与"行"古字相通。但作"赘行"易生误解,仍应改为"赘形"。

吴澄说:"或曰'行'读如'形',古字通用。司马氏曰:'弃余之食,适使人恶,附赘之形,适使人丑。'苏氏曰:'饮食有余则病,四体有赘则累。'"

易顺鼎说:"'行'疑通作'形'。'赘形'即王注所云'疣赘'。'疣赘'可言形,不可言行也。"(《读老札记》)易说有理:"赘"可言于形,不可言于"行"。《庄子·骈拇篇》说过:"附赘县疣,出乎形哉。"赘疣出乎形,则当以"赘形"连用。

潘静观本"赘行"正作"赘形"。

【今译】

踮起脚跟，是站不牢的；跨步前进，是走不远的；自逞己见的，反而不得自明；自以为是的，反而不得彰显；自己夸耀的，反而不得见功；自我矜恃的，反而不得长久。

从道的观点来看，这些急躁炫耀的行为，可说都是剩饭赘瘤，惹人厌恶。所以有道的人不这样做。

【引述】

"企者不立，跨者不行"。就是自见、自伐、自矜的譬喻。这些轻躁的举动都是反自然的行径，短暂而不能持久。本章不仅说明躁进自炫的行为不可恃，亦喻示着雷厉风行的政举为人所共弃。

二十五章

有物混成,先天地生①。寂兮寥兮②,獨立不改③,周行而不殆④,可以爲天下母⑤。吾不知其名,強字之曰"道"⑥,強爲之名曰"大"⑦。大曰逝⑧,逝曰遠,遠曰反⑨。

故道大,天大,地大,人亦大⑩。域中⑪有四大,而人居其一焉。

人法地,地法天,天法道,道法自然⑫。

【注释】

①有物混成:郭店简本作"有牆混成"。王弼本及各传世本皆作"有物混成",帛书甲、乙本同。"牆",楚简整理小组以为"疑读作道"。裘锡圭先生认为"依文义当读为'状'"(见《道家文化研究》,第十七辑郭店楚简专号。下引同)。按当读为"状"、"象"(详见赵建伟《郭店老子简考释》)。简本"有状(象)混成"比今本"有物混成"更近老子哲学的始原意义(可参看丁原植《郭店竹简老子释析与研究》)。

张岱年说:"认天为一切之最高主宰的观念,为老子所打破。老子年代本先于孟子,但孟子仍承受传统观念而修正发挥之,老子却作了一次彻底的思想革命。老子以为天并不是最根本的,尚有为天之根本者。老子说:'有物混成,先天地生。'最根本的乃是道,道才是最先的。"

②寂兮寥兮:"寂兮",静而无声。"寥兮",动而无形。(严灵峰说)

河上公说:"'寂'者,无声音。'寥'者,空无形。"
③独立不改:形容道的绝对性和永存性。"独立不改",简本作"独立不亥"。
④周行而不殆:简帛本均无此句。"周行",有两种解释:一、全面运行。"周"作周遍、普遍讲。王弼注:"周行,无所不至。"二、循环运行。"周"作环绕讲。今译从后者。"不殆",不息。"殆"通"怠"。
⑤天下母:帛书本及范应元本作"天地母"。

范应元说:"'天地'字,古本如此;一作'天下母',宜从古本。"然证之简本作"天下母",王弼本正同。
⑥强字之曰"道":"字"上通行本缺"强"字。傅奕本、李约本、范应元本有"强"字。应据傅本补上。

范应元说:"王弼同古本,河上公本上句无'强'字,今从古本。"

刘师培说:"按《韩非子·解老篇》:'圣人观其玄虚,用其周行,强字之曰道。'则'字'上当有'强'字,与下'强为之名曰大'一律,今本脱。"(《老子斠补》)

易顺鼎说:"按《周易集解》卷十七引干宝曰:《老子》曰:'吾不知其名,强字之曰道。''字'上有'强'字。"依上所说,王弼本原有"强"字,因抄写缺漏,根据傅奕本"字"上补"强"字。
⑦大:形容"道"的没有边际,无所不包。
⑧曰逝:以下三个"曰"字,可作"而"或"则"字解。"逝",指"道"的进行,周流不息。

王弼注:"逝,行也。"

吴澄说:"逝谓流行不息。"

张岱年说:"'大'即道,是所以逝之理,由大而有逝,由逝而愈远,宇宙乃是逝逝不已的无穷的历程。"(《中国哲学大纲》)

⑨反:老子书上的"反"字有两种用法:"一作'返';另一作'相反',如七十八章:正言若'反'。"本章属前者。

车载说:"'反'的有两个涵义,对立相反是'反'的一个涵义,复命归根是'反'的另一个涵义,《老子》书对于'反'的这两个涵义,都是加以重视的。"

钱钟书说:"'反'有两义。一者,正反之反,违反也;二、往反(返)之反,回反(返)也('回'亦有逆与还两义,常作还义。……《老子》之'反'融贯两义,即正、反而合。"(《管锥篇》第二册,四四五页)

冯达甫说:"'大'、'逝'、'远'、'反'是描述道的全部运行过程,就是'周行'。"(《老子译注》)

陈荣捷说:"返本的思想在《老子》里相当浓厚,它对普见于中国人的循环观念,影响不可谓不大。依据此种观念,道与历史的运行,都是依照循环的方式。"

⑩人亦大:哲学家中最初明白地说人有卓越位置的,是老子(张岱年《中国哲学大纲》)。按王弼本"人亦大"原作"王亦大"。傅奕本、范应元本"王"均作"人"。

范应元说:"'人'字傅奕同古本。河上公本作'王',观河上公之意,以为王者,人中之尊,固有尊君之义。然按后文:'人法地',则古本文义相贯。况人为万物之灵,与天地并立而为三才,身任斯道,则人实亦大矣。"(《老子道德经古本集注》)

吴承志说:"据大部,'大,天大,地大,人亦大,故大象人形。'许所据古本,'王'作'人'。证以下文'人法地,地法天,天法道',作'人'是矣。'人'古文作'三',是以读者或误为'王'。"

奚侗说:"两'人'字各皆作'王'。《淮南·道应训》引亦作'王',盖古之尊君者妄改之,非《老子》本文也。……《老子》以道为天地万物之母,故先之以道大,若改'人'为'王',其谊太狭。幸下文'人法地''人'字未改,益可资以证明。"(《老子集解》)

严灵峰说:"下文:'而王其居一焉',《庄子·秋水篇》:'号物之数谓之万,"人"处一焉。'则此'王'字,疑亦当作'人'。《尚书·泰誓篇》:'惟人万物之灵。'《孝经》云:'天地之性人为贵。'《抱朴子》云:'有生最灵,莫过乎人。'人为万物之灵,当以'人'为万物之代表,不当以'王'为代表也。范应元本、傅奕本'王'并作'人',当据改。"(《老子达解》)

按:本章两个"王"字应据傅奕本改正为"人"。通行本误为"王",原因不外如奚侗所说的:"古之尊君者妄改之";或如吴承志所说的"人"古文作"三",使读者误为"王"。况且,"域中有四大,而人居其一焉。"后文接下去就是"人法地,地法天,天法道",从上下文的脉络看来,"王"字均当改正为"人",以与下文"人法地"相贯。

⑪域中:空间之中,犹今人所称宇宙之中。

汤一介说:"老子讲的道是先于天地存在,只是说在时间上先于天地存在,而不是在逻辑上先于天地存在。老子讲的'道'虽是无形无象,但不是超空间的,而是没有固定的具体的形象,这样的'道'才可以变化成为有固定具体形象的天地万物。

老子认为'道'、'天'、'地'、'人'是宇宙间的'四大',如果'道'和'天'、'地'、'人'是不同的实体,就不应当这样放在一起称之为'四大'。而且,老子说:'人法地,地法天,天法道,道法自然'也说明'人以地为法则'和'天以道为法则'没有什么原则

不同。虽然道是天地万物产生的根源,但并不是说因此道就一定是超时空了。"(引自《老子哲学讨论集》第一四九页)

⑫道法自然:道纯任自然,自己如此。

河上公注:"'道'性自然,无所法也。"

董思靖说:"'道'贯三才,其体自然而已。"(《道德真经集解》)

吴澄说:"'道'之所以大,以其自然,故曰'法自然'。非'道'之外别有自然也。"(《道德真经注》)

车载说:"'道法自然'一语,是说'道'应以'无为'为法则的意思。"(《论老子》)

童书业说:"老子书里的所谓'自然',就是自然而然的意思,所谓'道法自然'就是说道的本质是自然的。"(《先秦七子思想研究》第一一三页)

冯友兰说:"'人法地,地法天,天法道,道法自然'(《老子》二十五章)。这并不是说,于道之上,还有一个'自然',为'道'所取法。上文说:'域中有四大',即'人'、'地'、'天'、'道','自然'只是形容'道'生万物的无目的、无意识的程序。'自然'是一个形容词,并不是另外一种东西,所以上文只说'四大',没有说'五大'。老子的'道法自然'的思想跟目的论的说法鲜明地对立起来。"

【今译】

有一个混然一体的东西,在天地形成以前就存在。听不见它的声音也看不着它的形体,它独立长存而永不休止,循环运行而生生不息,可以为天地万物的根源。我不知道它的名字,勉强叫它作"道",再勉强给它起个名字叫做"大"。它广大无边而周流不息,周流不息而伸展遥远,伸展遥远而返回本原。

所以说:道大,天大,地大,人也大。宇宙间有四大,而人是四大之一。

人取法地,地取法天,天取法道,道纯任自然。

【引述】

本章对于道的体用有几个重要的叙说:

一、"有物混成",这说明道是浑朴状态的。道并不是不同分子或各个部位组合而成的,它是个圆满自足的和谐体,对于现象界的杂、多而言,它是无限的完满,无限的整全。

二、道是个绝对体,它绝于对待;现象界的一切事物都是相对待的,而道则是独一无二的,所以说:"独立不改"。道是一个动体,周流不息("逝")地运转着,但它本身不会随着运转变动而消失。

三、道是无声无形的(寂兮寥兮)。王弼说得好:"名以定形,混成无形,不可得而定。"事实上是无法立名的,如今勉强给它立个名。

四、道不仅在时序上先于天地而存在,而且天下万物也是道所产生的("先天地生""为天下母")。

五、道是循环运行的。它的运动终则有始,更新再始。

六、用"大"来勉强形容道("强为之名曰'大'")。这个"大",指幅度或广度之无限延展。宇宙有四大:道之外,加上了天、地、人。这四大的可贵处,就在于体自然而行。所谓"道法自然",就是说:道以自然为归;道的本性就是自然。"自然"这一观念是老子哲学的基本精神。

二十六章

重爲輕根,靜爲躁君。

是以君子①終日行不離輜重②。雖有榮觀③,燕處④超然。奈何萬乘之主⑤,而以身輕天下⑥?

輕則失根⑦,躁則失君。

【注释】

①君子:王弼本原作"圣人"。景龙本、傅奕本、苏辙本、林希逸本、范应元本及多种唐宋古本均作"君子"。《韩非子·喻老篇》亦作"君子",与帛书甲本正同。

奚侗说:"'君子'谓卿大夫士也,说见《礼记·乡饮酒义》注,对下'万乘之主'言。"

蒋锡昌说:"'圣人'乃理想之主,应深居简出,以'无为'化民,不当终日行道,常在军中管理辎重之事,谊作'君子'为是,当据诸本改正。"蒋说有理,因据韩非子及帛书本改为"君子"。

②辎重:军中载器械粮食的车。

严灵峰改"辎重"为"静重",严先生说:"河上公注曰:'"辎",静也。圣人终日行道,不离其"静"与"重"也。'甚得其义。河上公以'静'、'重'对文是也。……按本章上下文,具以'重'、'静'、'轻'、'躁'对文,可证。疑古原作'静'、'重',因'静'、'轻'音近;又上文'重为轻根'句,遂误为'轻'。日本有木元吉本正作'轻'。源东庵本亦作'轻'。又以'轻'、'辎'形近，遂又改为'辎重'。"严说可供参考。

③荣观：指华丽的生活。"荣"，豪华、高大。"观"，台观、楼观。

④燕处：安居。

　　林希逸注："'燕'，安也。'处'，居也。"

⑤万乘之主：指大国的君主。"乘"是车数。"万乘"指拥有兵车万辆的大国。

⑥以身轻天下：任天下而轻用自己的生命。

　　河上公说："王者至尊，而以身行轻躁乎？疾时王者奢恣轻淫也。"

　　苏辙说："人主以身任天下，而轻其身，则不足以任天下矣。"

　　吴澄注："以身轻天下，谓以其身轻动于天下之上也。"

⑦根：王弼本原作"本"。河上公本及多种古本作"臣"。作"本"，可通。作"臣"，则误。根据《永乐大典》和俞樾的说法改为"根"。

　　俞樾说："《永乐大典》作'轻则失根'，当从之。盖此章首云：'重为轻根，静为躁君。'故终之曰：'轻则失根，躁则失君。'言不重则无根，不静则无君也。"俞说可从，当改"本"为"根"，以便和首句相应。吴澄本、释德清本正作"根"。

　　蒋锡昌说："'轻则失根，躁则失君。'言人君纵欲自轻，则失治身之根；急功好事，则失为君之道也。"

【今译】

　　厚重是轻浮的根本，沉静是躁动的主宰。

因此君子整天行走不离开载重的车辆。虽然有华丽的生活，却安居泰然。为什么身为大国的君主，还轻率躁动以治天下呢？

轻率就失去了根本，躁动就失去了主体。

【引述】

本章说"静重"，评"轻躁"。轻躁的作风，就像断了线的风筝一般，立身行事，草率盲动，一无效准。

老子有感于当时的统治者奢恣轻淫，纵欲自残，所以感叹地说："奈何万乘之主，而以身轻天下？"这是很沉痛的话。一国的统治者，当能静重，而不轻浮躁动。

二十七章

善行無轍迹①；善言②無瑕讁③；善數④不用籌策⑤；善閉無關楗⑥而不可開；善結無繩約⑦而不可解。

是以聖人常善救人，故無棄人；常善救物，故無棄物。是謂襲明⑧。

故善人者，不善人之師；不善人者，善人之資⑨。不貴其師，不愛其資，雖智大迷，是謂要妙⑩。

【注释】

①辙迹："辙"，轨迹，"迹"，足迹，马迹。

　　释德清说："辙迹，犹言痕迹。"
②善言：指善于行"不言之教"。
③瑕谪：过失，疵病。

　　范应元说："'瑕'，玉病也。'谪'罚也，责也。"

　　《释文》、傅奕本、林希逸本及范应元本等古本"讁"作"谪"。
④数：计算。

　　河上公本、苏辙本、林希逸本及吴澄本"数"作"计"。范应元说："数，王弼同古本。"
⑤筹策：古时候计数的器具。
⑥关楗：栓梢。帛书本作"关籥"。

　　董思靖说："楗，拒门木也。横曰'关'，竖曰'楗'。"

"楗",多种古本作"键",范应元和毕沅认为仍应从"楗"。

范应元说:"'楗',拒门木也;或从金傍,非也。横曰'关',竖曰'楗'。"

毕沅说:"《说文解字》:'楗,限门也。'是应用'楗',不得以车辖之'键'当之。"

⑦绳约:绳索;"约"也作绳、索讲。

吴澄说:"绳约,索也。合之成体曰'绳',用之而束物曰'约'。"

高亨说:"《仪礼·既夕记》:'约绥约辔',郑注:'约,绳也'。"

⑧袭明:含藏着"明"。"袭",承袭,有保持或含藏的意思。"明"是指了解道的智慧。"袭明"上句"常善救物,故无弃物",帛书甲、乙本均作"物无弃财(材)"。

释德清说:"承其本明,因之以通其蔽,故曰袭明。'袭',承也,犹因也。"

奚侗说:"'袭',因也。'明'即十六章及五十五章'知常曰明'之'明'。'袭明'谓因顺常道也。"

⑨资:取资,借资的意思。

⑩要妙:精要玄妙。

河上公注:"能通此意是谓知微妙要道也。"

吴澄说:"'要'犹云至极也。'妙'者玄不可测。妙不可测之至极,曰'要妙'。"

高亨说:"'要'疑读为'幽','幽妙'犹言深妙也。'要''幽'古通用。"

刘台拱说:"要妙即幽妙。《淮南·本经》'以穷要妙之望',

集注:'要妙,深远貌。'"(引自朱谦之《老子校释》)

福永光司说:"要妙,与窈眇同义,即深奥的真理。"

【今译】

善于行走的,不留痕迹;善于言谈的,没有过失;善于计算的,不用筹码;善于关闭的,不用栓梢却使人不能开;善于捆缚的,不用绳索却使人不能解。

因此,有道的人总是善于做到人尽其才,所以没有被遗弃的人;总是善于做到物尽其用,所以没有被废弃的物。这就叫做保持明境。

所以善人可以作为不善人的老师,不善人可以做为善人的借镜。不尊重他的老师,不珍惜他的借镜,虽然自以为聪明,其实是大迷糊。它真是个精要深奥的道理。

【引述】

本章是对于自然无为思想的引申。

"善言"、"善行",就是指善于行不言之教,善于处无为之政。"善数"、"善闭"、"善结"各句,都是意义相同的譬喻,意谓"以自然为道,则无所容力,亦无所着迹"。(引林希逸语)且譬喻有道者治国,不用有形的作为,而贵无形的沿袭。有道者能够以本明的智慧,去观照人与物,了解人各有才,物各有用。而做到人尽其才,各因其性以造就,所以说:"常善救人""无弃人";且做到物尽其用,顺物之性以展现其功能,所以说:"常善救物""无弃物"。这是说明有道者的待人接物。

　　本章不仅写出有道者顺任自然以待人接物，更表达了有道者无弃人无弃物的心怀。具有这种心怀的人，对于善人和不善的人，都能一律加以善待。特别是对于不善的人，并不因其不善而鄙弃他，一方面要劝勉他，诱导他，另方面也可给善人作一个借鉴。

二十八章

知其雄,守其雌①,爲天下谿②。爲天下谿,常德不離,復歸於嬰兒。

知其白,〔守其黑,爲天下式。爲天下式,常德不忒,復歸于無極。知其榮③,〕守其辱,爲天下谷。爲天下谷,常德乃足,復歸于樸。

樸散則爲器④,聖人用之⑤,則爲官長⑥,故大制不割⑦。

【注释】

①知其雄,守其雌:"雄"譬喻剛动、躁進。"雌"譬喻柔静、谦下。
②谿:同"溪",谿径(亦作"蹊径")。言默守雌静,当为天下所遵循之蹊径。

"谿"若如字训"溪谷",则与下之"谷"字义复。
③〔守其黑,为天下式。为天下式,常德不忒,复归于无极。知其荣〕:这六句疑为后人所窜入。

易顺鼎说:"按此章有后人窜入之语,非尽《老子》原文。《庄子·天下篇》引老聃曰:'知其雄,守其雌,为天下溪。知其白,守其辱,为天下谷。'此《老子》原文也。盖本以'雌'对'雄',以'辱'对'白'。'辱'有黑义,《仪礼》注:'以白造缁曰辱。'此古义之可证者。后人不知'辱'与'白'对，以为必'黑'始可对'白'，必'荣'始可对'辱'；如是，加'守其黑'一句于'知其白'之下，加'知其荣'一句于'守其辱'之上，又加'为天下式，为天下式，常德不忒，复归于无极'四句，以叶'黑'韵，而窜改之迹显然矣。以'辱'对'白'，此自周至汉古义，而彼竟不知，其显然者，一也。'为天下溪'，'为天下谷'，'溪'、'谷'同义，皆水所归。'为天下式'，则与'溪'、'谷'不伦，凑合成韵；其显然者，二也。王弼已为'式'字等句作注，则窜改即在魏晋之初，幸赖《庄子》所引，可以考见原文，函当订正，以存真面。"（《读老札记》）

马叙伦说："易说是也。……古书'荣''辱'字皆'宠''辱'之借。本书上文'宠辱若惊'，不作'荣辱'；此作'荣''辱'，亦妄增之证。然《淮南·道应训》已引'知其荣，守其辱，为天下谷'，则自汉初已然矣。"（《老子校诂》）

高亨说："按此文本作'知其雄，守其雌，为天下溪。为天下溪，常德不离，复归于婴儿。知其白，守其辱，为天下谷。为天下谷，常德乃足，复归于朴。'其'守其黑，为天下式，为天下式，常德不忒，复归于无极。知其荣'二十三字，后人所加也。请列六证以明之。《老子》本以雌对雄，以辱对白，辱即后起黥字，《玉篇》：'黥，垢黑也。'四十一章曰：'大白若辱'，亦白辱相对，即其明证，则此以白对黑，决非《老子》旧文，其证一也。荣辱，《老子》作宠辱，十三章曰：'宠辱若惊，'即其明证。则此以荣对辱，亦决非《老子》旧文，其证二也。'为天下谿，为天下谷'，谿谷同义，皆水所归，间以'为天下式'句，则与谿谷不类，其证三也。'复归于婴儿，复归于朴'，意旨相同。人性未漓为婴儿。木质未散为朴。间以'复归于无极'句，则与婴儿及朴不类，其证四也。《淮南子·道应篇》引《老子》曰:'知其雄,守其雌,为天下谿。'又引《老子》曰:'知其荣,守其辱,为天下谷。'而未引'知其白,守其黑,为天下式'句,盖《淮南子》所见本无此句也。且其所引'知其荣,守其辱,'原作'知其白,守其辱。'今作荣者,妄人依误本《老子》改之耳。其文曰:'文王砥德修政三年,而天下二垂归之。纣闻而患之,拘文王于羑里,文王归,乃为玉门,筑灵台,相女童,鼓钟鼓,以待纣之失也。纣闻之曰:"周伯昌改道易行,吾无忧矣。"乃为炮烙,剔孕妇,杀谏者。文王乃遂其谋。故《老子》曰:"知其荣,守其辱,为天下谷。"'按'砥德修政'非荣字之意,乃白字之意,白者其行洁白也。'为玉门,筑灵台,相女童,鼓钟鼓。'非辱字之意,乃嬲字之意,嬲者其行污嬲也。文王之改道易行,正《老子》所谓'知其白,守其辱'也。若然,荣本作白,明矣。是《淮南子》所见本无'守其黑'二十三字,其证五也。《庄子·天下篇》引老聃曰:'知其雄,守其雌,为天下谿。知其白,守其辱,为天下谷。'其文虽有裁省,而庄子所见本无'守其黑'二十三字,尤为确的,其证六也。此采易顺鼎马叙伦说而补成之。"(《老子正诂》)

张松如说:"按:易、马、高所说极是。今帛书出,可见后人窜改之迹,非但不待魏晋,且复早于汉初,盖自帛书已经有人染指了。不过帛书中尚未见'知其荣'句,而重见'知其白'句,其为战国末以至秦汉间人所增补,甚显。此乃窜改之第一步,增加了二十七字。在辗转传抄中,方增一'黑'字与'白'对,增一'荣'字与'辱'对,两段变成为三段;在知白守黑一段,臆造出'守其黑,为天下式。为天下式,恒德不忒。恒德不忒,复归于无极'等语句,此为窜改之第二步。到两汉,尤其是东汉时,更将新增补之二十七字提前,如此,则'复归于朴'句,与'朴散则为器'句相衔接,更顺当些,此为窜改之第三步。于是遂为魏晋以来之今本奠定了基础。惟每段二十七字裁省为二十三字,这是与帛书不同的。"(《老子校读》)当从以上各说订正。

④器:物,指万物。二十九章河上公注:"器,物也。"

⑤之:指朴。

⑥官长:百官的首长,指君主。

⑦大制不割:帛书本作"大制无割",完善的政治是不割裂的。

　　释德清说:"不割者,不分彼此界限之意。"

　　高亨说:"大制因物之自然,故不割,各抱其朴而已。"

　　蒋锡昌说:"'大制'犹云大治,'无割'犹云无治。盖无治,可以使朴散以后之天下复归于朴,正乃圣人之大治也。"

【今译】

深知雄强,却安于雌柔,作为天下所遵循的蹊径。作为天下所遵循的蹊径,常德就不会离失,而回复到婴儿的状态。

深知明亮,却安于暗昧,作为天下的川谷。作为天下的川谷,常德才可以充足,而回复到真朴的状态。

真朴的道分散成万物,有道的人沿用真朴,则为百官的首长。所以完善的政治是不割裂的。

【引述】

"知雄守雌":在雄雌的对立中,对于"雄"的一面有透彻的了解,而后处于"雌"的一方。"守雌"的"守",自然不是退缩或回避,而是含有主宰性在里面,它不仅执持"雌"的一面,也可以运用"雄"的一方。因而,"知雄守雌"实为居于最恰切妥当的地方而对于全面境况的掌握。严复说:"今之用老者,只知有后一句,不知其命脉在前一句也。"这话说得很对,老子不仅"守雌",而且"知雄"。"守雌"含有持静,处后,守柔的意思,同时也含有内收、凝敛、含藏的意义。

"谿""谷"即是处下不争的象征。老子鉴于政风社情抢先贪夺,纷纭扰攘,所以主张"谦下涵容",同时呼吁人们要返归真朴。

二十九章

　　將欲取①天下而爲②之，吾見其不得已③。天下神器④，不可爲也，〔不可執也⑤。〕爲者敗之，執者失之。

　　故物或行或隨；或噓或吹⑥；或強或羸；或培或墮⑦。

　　是以聖人去甚，去奢，去泰⑧。

【注释】

①取：为，治，犹摄化。

　　蒋锡昌说："《广雅·释诂》三：'取，为也。'《国语》：'疾不可为也。'韦解：'为，治也。'是'取'与'为'通，'为'与'治'通。"

②为：指"有为"；强力去做。

③不得已：不可得(苏辙注)。"已"，语助(范应元注)。

　　高明说："'不得已'，河上公谓为'不得天道人心'，甚得其旨，犹今言无所得或无所获。有人释作'迫不得已'，失之远矣。"

④天下神器：天下是神圣的东西。"天下"指天下人。

　　河上公注："器，物也，人乃天下之神物也；神物好安静，不可以有为治。"

　　严灵峰说："神器，犹神物也。言其至贵重者也。"

⑤〔不可执也〕：王弼本原缺这一句，根据刘师培的说法增补。

　　刘师培说："王注：'万物以自然为性，故可因而不可为，可通而不可执也。物有常性而造为之,故必败也。物有往来而执之,故必失矣。'案据王注观之,则本文'不可为也'下当有'不可执也'一语。《文子》引《老子》曰:'天下大器也,不可执也,不可为也;为者败之,执者失之。'"（《老子斠补》）

易顺鼎说:"按'不可为也'下当有'不可执也'一句,请举三证以明之。《文选》干令升《晋记总论》注引《文子》称《老子》曰:'天下大器也;不可执也,不可为也;为者败之,执者失之。'其证一。王注云:'故可因而不可为,可通而不可执也。'王注有,则本文可知。其证二。下篇六十四章云:'为者败之,执者失之。是以圣人无为,故无败;无执,故无失。''无为'即'不可为','无执'即'不可执'。彼文有,则此文亦有。其证三。盖有'执者失之'一句,必先有'不可执也'一句,明矣。"（《读老札记》）

马叙伦说:"刘说是也。彭耜引黄茂材曰:'天下神器,不可为也,不可执也;至于人身,独非神器乎?'是黄见本有此一句。"

刘师培和易顺鼎之说可信,因据《文子》和王弼注文,在"不可为也"句下,增"不可执也"。

⑥或嘘或吹:"嘘",王弼本作"歔",河上公本作"呴",景龙、敦煌丁本均作"嘘"。

易顺鼎说:"按'歔'本字当作'嘘'。下文'或强或羸','强'与'羸'反,则'嘘'与'吹'反。《玉篇》引《声类》云:'出气急曰吹,缓曰嘘'此'吹'、'嘘'之别,即《老子》古义也。

⑦或培或堕:王弼本作"或挫或隳",河上公本作"或载或隳"（河上公注:'载',安也。'隳',危也）。傅奕本、范应元本作"或培或堕",帛书本同,据帛本改。按:"故物或行或随"这一段文意,从高明《帛书老子校注》。

高明说:"王本误'培'字为'挫'。……甲、乙(帛书)本末句作'或培或堕',与傅、范本同,《老子》原本当如是。兹据前举古今各本勘校,此文当作:'故物或行或随,或嘘或吹,或强或羸,或培或堕。'"王弼注:"凡此诸'或',言物事逆顺反复,不施为执割也。圣人达自然之性,畅万物之情,故因而不为,顺而不施。此之谓人事繁多,情性各异:有的行前,有的随后;有的性缓,有的性急;有的刚强,有的柔弱;有的自爱,有的自毁。凡此皆明人事参差,圣人顺而不施,因而不为,任其自然。"

⑧去甚,去奢,去泰:"泰",即太过。

河上公注:"甚谓贪淫声音,奢谓服饰饮食,泰谓宫室台榭。"

薛蕙说:"物各有自然之性,岂可作为,以反害之邪!是以圣人去甚去奢去泰,惟因其自然而已。……《汉书·黄霸传》曰:'凡治道,去其泰甚者耳。'其言盖本于此,而意实不同;事有太过者去之,若夫小而无害者,则因循不必改作,此汉儒之意也。物有固然,不可强为,事有适当,不可复过,此老子之本意也。"

【今译】

想要治理天下却用强力去做,我看他是不能达到目的了。"天下"是神圣的东西,不能出于强力,不能加以把持。出于强力的,一定会失败;加以把持的,一定会失去。

世人情性不一,有的行前,有的随后;有的性缓,有的性急;有的强健,有的羸弱;有的自爱,有的自毁。

所以圣人要去除极端的、奢侈的、过度的措施。

【引述】

本章为老子对于"有为"之政所提出的警告：治理国家，若以强力作为或暴力把持，都将自取败亡。世间的物性不同，人性各别，为政者要能允许差异性与特殊性的发展，不可强行，否则就变成削足适履了！所以理想的政治应顺任自然，因势利导，要舍弃一切过度的措施，去除一切酷烈的政举；凡是奢费的行径，都不宜施张。

三十章

以道佐人主者，不以兵強天下。其事好還①。師之所處，荆棘生焉。〔大軍之後，必有凶年。〕②

善有果③而已，不敢④以取強。果而勿矜，果而勿伐，果而勿驕，果而不得已，果而勿強。

物壯⑤則老，是謂不道⑥，不道早已⑦。

【注释】

①其事好还：用兵这件事一定会得到还报。简本此句作"其事好"，且置于章末"果而不强"句后。

　　李息斋说："杀人之父，人亦杀其父；杀人之兄，人亦杀其兄，是谓好还。"（《道德真经义解》）

　　林希逸说："我以害人，人亦将以害我，故曰其事好还。"

　　朱谦之说："'还'，《释文》：'音旋。''其事好还'谓兵凶战危，反自为祸也。"

②大军之后，必有凶年：简帛本及景龙本、《次解》本、唐人《残卷》丁本均缺此二句。简本并缺"师之所处，荆棘生焉"二句。

　　马叙伦曰："证弼注曰：'言师凶害之物也，无有所济，必有所伤，贼害人民，残荒田亩，故荆棘生焉。'是王亦无此两句。成于此两句无疏，则成亦无。盖古注文所以释上两句者也。"

　　劳健说："《汉书·严助传》淮南王安上书云：'臣闻军旅之

后,必有凶年。'又云:'此《老子》所谓师之所处,荆棘生之者也。'按其词意,军旅凶年当别属古语,非同出《老子》。又王弼注止云:'贼害人民,残荒田亩,故曰荆棘生焉。'亦似本无其语。"上说甚是,当据简帛本删。

③果:效果。有几种解释:一、救济危难。如王弼注:"'果'犹'济'也。言善用师者,趣以济难而已矣。"二、完成。如司马光说:"果,犹成也。大抵禁暴除乱,不过事济功成则止。"三、胜;如王安石说:"'果'者,胜之辞。"高亨说:《尔雅·释诂》:'果,胜也。''果而已'犹胜而止。"

④敢:景龙碑缺"敢"字,俞樾认为"敢"字是衍文。

  俞樾说:"按'敢'字衍文。河上公注曰:'不以果敢取强大之名。'注中'不以'二字,即本经文。其'果敢'字乃释上文'果'字之义,非此文又有'果'字也。今作'不敢以取强',即涉河上注而衍。王注曰:'不以兵力取强于天下也。'亦'不以'二字连文,可证经文'敢'字之衍。唐景龙碑正作'不以取强',当据以订正。"按帛书本正是,甲、乙本同作"毋以取强"。

⑤壮:武力兴暴。(王弼注)

⑥不道:不合于道。

  景龙本、傅奕本及多种古本"不道"作"非道"。

⑦不道早已:"早已",早死。

【今译】

  用道辅助君主的人,不靠兵力逞强于天下。用兵这件事一定会得到还报。军队所到的地方,荆棘就长满了。〔大战过后,一定会变成荒年。〕

善用兵的只求达到救济危难的目的就是了,不借用兵力来逞强。达到目的却不矜持,达到目的却不夸耀,达到目的却不骄傲,达到目的却出于不得已,达到目的却不逞强。

　　凡是气势壮盛的就会趋于衰败,这是不合于道的,不合于道很快就会消逝。

【引述】

　　人类最愚昧最残酷的行为,莫过于表现在战争的事件上。战争的惨烈,令人触目心惊:"师之所处,荆棘生焉。"这两句话道尽了战争为害的后果。

　　战争总是没有好下场的,败阵者伤残累累,弄得国破家亡;胜利者所付的代价也是极其惨重的,而所得的结果仅仅是"口中含灰"而已。所以老子警惕着:"其事好还"——武力横行,终将自食其果;武力暴兴,必定自取灭亡。

三十一章

夫兵者①,不祥之器,物或惡之,故有道者不處②。

君子居則貴左,用兵則貴右③。兵者不祥之器,非君子之器,不得已而用之,恬淡④爲上。勝而不美,而美之者,是樂殺人。夫樂殺人者,則不可得志於天下矣。

吉事尚左,凶事尚右。偏將軍居左,上將軍居右。言以喪禮處之。殺人之衆,以悲哀⑤泣⑥之,戰勝以喪禮處之。

【注释】

①夫兵者:今本作"夫佳兵者",帛书甲、乙本同作"夫兵者",据帛书本订正。

刘殿爵说:"'佳兵',不成文义,所以王念孙据《老子》文例订正'佳'字为'唯'字。但'夫唯'是承上文词,不应出现于章首,所以令人怀疑章中文句失次,现在帛书本作:'夫兵者不祥之器也(甲本'也'字残缺),物或恶之(乙本'恶'作'亚','之'字残缺)。''兵'上只有'夫'字,可见今本之所以出现问题,是因为'夫'下衍一字所致的。"(引自〈马王堆汉墓帛书老子初探〉,一九八二年九月号《明报月刊》)

严灵峰说:"日本中井积德曰:'"佳"字疑衍。'说与帛书本

②物或恶之，故有道者不处：帛书甲本作"或恶之，故有欲者弗居"（与二十四章经文相同）。帛书"欲"字在此假借为"裕"，"有欲者"当作"有裕者"。"裕"字与"道"不仅义同，古音亦通（高明《帛书老子校注》）。
③君子居则贵左，用兵则贵右：古时候的人认为左阳右阴，阳生而阴杀。后文所谓"贵左"、"贵右"、"尚左"、"尚右"、"居左"、"居右"都是古时候的礼仪。
④恬淡：简本作"銛䥫"，读作"恬淡"（彭浩《郭店楚简老子校读》）。

　　吴澄说："'恬'者不欢愉，'淡'者不浓厚。谓非其心之所喜好也。"
⑤悲哀：王弼今本作"哀悲"。傅奕本、河上公本及众古本都作"悲哀"。

　　蒋锡昌说："'哀悲'当据《道藏》王弼本改作'悲哀'。"
⑥泣：有两种讲法：一、哭泣。这是通常按字面的解释。二、"泣"是"莅"字的误写。"莅"、"蒞"、"涖"同字，莅临，对待的意思。张运贤说："'泣'当为'莅'之讹。《说文》无'莅'字，盖即隶也。"（《老子余义》，引自朱谦之《老子校释》）按：帛书本作"立"，当是"莅"的省字。〔今译〕从后者。

【今译】

　　兵革是不祥的东西，大家都憎恶它，所以有道的人不使用它。

　　君子平时以左方为贵，用兵时以右方为贵。兵革是不祥的东西，不是君子所使用的东西。万不得已而使用它,最好要淡然处之。胜利了也不要得意洋洋,如果得意洋洋,就是喜欢杀人。喜欢杀人的,就不能在天下得到成功。

吉庆的事情以左方为上,凶丧的事情以右方为上。偏将军在左边,上将军在右边,这是说出兵打仗用丧礼的仪式来处理。杀人众多,带着哀痛的心情去对待,打了胜战要用丧礼的仪式去处理。

【引述】

"武力是带来凶灾的东西。"老子指出了战争的祸害,而表达了他的反战思想。

用兵是出于"不得已"的——若是为了除暴救民而用兵,也应该"恬淡为上","战胜了不要得意洋洋,得意洋洋就是喜欢杀人。"这话对于尚武者的心理状态与行为样态,真是一语道破。他还说:如果不得已而应战,要"以丧礼处之,杀人之众,以悲哀泣之。"这是人道主义的呼声。

本章亦为对于当时武力侵略的一种沉痛抨击。

三十二章

　　道常無名、樸①。雖小②，天下莫能臣③。侯王若能守之，萬物將自賓④。天地相合，以降甘露，民莫之令而自均⑤。

　　始制有名⑥，名亦既有，夫亦將知止⑦，知止可以不殆。

　　譬道之在天下，猶川谷之于江海⑧。

【注释】

①道常无名、朴：老子以"无名"喻"道"，如四十一章"道隐无名"。"朴"，乃无名之譬。木之未制成器者，谓之"朴"。（释德清说）

　　"道常无名朴"，历来有两种断句法：一为"'道'常无名朴"；一为"'道'常无名，朴〔虽小〕"。第二种断句法，是将"朴"字属下读，但三十七章有"无名之朴'句，所以在这里仍以"无名朴"断句。

②小："道"是隐而不可见的（"道隐无名"）所以用"小"来形容。

　　范应元说："'道'常无名，固不可以小、大言之，圣人因见其大无不包，故强为之名曰'大'，复以其细无不入，故曰'小'也。"

　　张默生说："'小'字，指'无名朴'说，亦即指道体而言。道体是至精无形的，故可说是'小'。但此'小'字，不是普通大小之'小'，因有时从另一方面看，此'小'字又可说是'大'了。下章有云：'常无欲，可名于小，万物归焉而不为主，可名为大。'这都是形容道体的。《庄子》上说的'其大无外'，是就'大'一方面来说；'其小无内'，是就'小'一方面来说。"

按：通行本"虽小"，简本作"唯妻。""妻"，微、细之意。

③莫能臣："臣"下王弼本有"也"字，傅奕本及唐宋诸本皆无，与简帛本同，当据删。

高亨说："'也'字衍文，以'臣''宾'均为韵知之。"高说可从。

④自宾：自将宾服于"道"。

⑤民莫之令而自均：五十一章说"道"之生育畜养万物时云"夫莫之命而常自然"，言无人指令而"道"能自然化育万物。这是说人们无需指令而"道"之养物犹甘露之自然均普。

⑥始制有名：万物兴作，于是产生了各种名称。"始"是指万物的开始。"制"，作（林希逸注）。"始制有名"即二十八章所说的朴散为器。

王弼注："始制，官长不可不立名分以定尊卑，故始制有名也。"

傅山说："'始制有名'，'制'即'制度'之'制'，谓治天下者初立法制，……后世之据崇高者，只知其名之既立，尊而可以常有。天下者，非一人之天下，天下之天下也。"（《读老子》，《霜红龛集》卷三十二）

⑦知止：知道行事的限度。"止"，适可而止；即行事有个限度。或"止"谓行止，指处身行事。

⑧譬道之在天下，犹川谷之于江海：蒋锡昌说："此句倒文，正文当作'道之在天下，譬犹江海之与川谷。'盖正文以江海譬道，以川谷譬天下万物。"

【今译】

道永远是无名而处于朴质状态的。虽然幽微不可见,天下却没有人能臣服它。侯王如果能守住它,万物将会自然地归从。

天地间〔阴阳之气〕相合,就降下甘露,人们不须指使它而自然润泽均匀。

万物兴作就产生了各种名称,各种名称已经制定了,就知道有个限度,知道有所限度,就可以避免危险。

道存在于天下,有如江海为河川所流注一样。

【引述】

老子用"朴"来形容道的原始无名的状态,侯王若能持守无名之朴的道(亦即是持守它那自然无为的特性),人民当能安然自适,各遂其生。

道的功用,均调普及,"民莫之令而自均"。这具有一往平等的精神。

这原始朴质的道,向下落实使万物兴作,于是各种名称就产生了:定名分,设官职,处身行事就有着适度规范了。

三十三章

知人者智,自知者明。

勝人者有力,自勝者強①。

知足者富。

強行②者有志。

不失其所者久。

死而不亡者③壽。

【注釋】

①強:含有果决的意思。这和五十二章"守柔曰强"的"强"字,都是老子的特殊用字,和七十二章"坚强者死之徒"的"强"字,用法不一样。

②强行:勤勉力行。

　　严灵峰说:"……'强',疑有误。王注云:'勤能行之,其志必获。'四十一章:'上士闻道,勤而行之。'王注云:'有志也。'《庄子·大宗师篇》云:'而真人以为"勤行"也。'是当作'勤',盖'勤'、'强'音近,并涉上文'自胜者强'句而误也。又疑'强'、'勤'二字,古相通假。陈景元曰:'"强行"者,谓"勤而行之"也。'"严说可供参考。

③死而不亡:身没而道犹存(王弼注)。

【今译】

　　认识别人的是"智",了解自己的才算"明"。
　　战胜别人的是有力,克服自己的才算坚强。
　　知道满足的就是富有。
　　努力不懈的就是有志。
　　不离失根基的就能长久。
　　身死而不朽的才是长寿。

【引述】

　　本章讲个人修养与自我建立。一个能"自知"、"自胜"、"自足"、"强行"的人,要在省视自己,坚定自己,克制自己,并且矢志力行,这样才能进一步的开展他的精神生命与思想生命。在老子看来,知人、胜人固然重要,但自知、自胜尤为重要。

三十四章

大道氾兮,其可左右。萬物恃之以①生而不辭②,功成而不有③。衣養④萬物而不爲主,〔常無欲⑤,〕可名於小⑥;萬物歸焉而不爲主,可名爲大。以其終不自爲大,故能成其大。

【注释】

①以:王弼本作"而"字。傅奕本、景龙本、苏辙本、林希逸本、范应元本及众多古本"而"作"以"字,因据改。

②辞:有几种解释:一、言辞;称说。二、推辞。

③功成而不有:王弼本原作"功成不名有"。"名"字衍出。

　　易顺鼎说:"《辨命论》注引作'功成而不有,爱养万物而不为主。'按下又连引王注,则所引为王本无疑矣。今王本'功成不名有'当作'功成不有','名'字衍。"(《读老札记》)

　　蒋锡昌说:"按'不有'二字见二章、十章、五十一章,可知二字为老子习用之词。'功成不名有'当作'功成而不有',易说是也。"今据易顺鼎之说删去"名"字,作"功成而不有"。

④衣养:傅奕本作"衣被"。范应元说:"'衣被',犹覆盖也。""衣养"犹五十一章的"养之覆之"。"衣"与"覆",皆是护持之义。"衣养万物"即"护养万物"。

⑤〔常无欲〕:这三字顾欢本、李荣本、敦煌丁本缺,略此,其上下文

为:"衣养万物而不为主,可名于小;万物归焉而不为主,可名为大。"两句恰成对文。如然帛书甲、乙本均有"恒无欲也"句。

⑥可名于小:王弼注:"万物皆由'道'而生,既生而不知其所由。万物各得其所,若'道'无施于物,故名于小矣。"

【今译】

大道广泛流行,无所不到。万物依赖它生长而不推辞,有所成就而不自以为有功。养育万物而不自以为主,可以称它为"小";万物归附而不自以为主宰,可以称它为"大"。由于它始终不自以为伟大,所以才能成就它的伟大。

【引述】

本章说明道的作用。道生长万物,养育万物,使万物各得所需,各适其性,而丝毫不加以主宰。这里,借道来阐扬顺任自然而"不为主"的精神。反观基督教耶和华的作风则大不相同,耶和华创造万物之后,长而宰之,视若囊中之物。老子所发挥的"不辞"、"不有"、"不为主"的精神,消解领导者的占有欲与支配欲,从"衣养万物"中,我们还可以呼吸到爱与温暖的空气。

三十五章

執大象①,天下往。往而不害,安平太②。

樂與餌③,過客止。道之出口,淡乎其無味,視之不足見,聽之不足聞,用之不足既④。

【注释】

①大象:大道。

　　河上公注:"'象',道也。"

　　成玄英疏:"大象,犹大道之法象也。"

　　林希逸注:"大象者,无象之象也。"

②安平太:"安",乃;王引之《经传释词》:"安,犹于是也,乃也,则也。""太",同泰,安、宁的意思。古本多作"泰",如傅奕本、《释文》、《次解》本、苏辙本、林希逸本及众多古本"太"均作"泰"。

　　蒋锡昌说:"奚侗云:'安宁,平和,通泰皆申言不害谊。'训'安'为安宁,非是。严复云:'安,自繇;平,平等;太,合群也。'以今人所习用之新名词,强合之老子,更非。"

③乐与饵:音乐和美食。

④用之不足既:帛书甲、乙本及河上本作"用之不可既"。

　　裘锡圭说:"简文本句与他本(包括帛书本)有一个重要的不同之处,即开头无'用之'二字(今本有的无'之'字),而有'而'字。这也许合乎《老子》原貌。'不可既'指道之内蕴不可穷尽。"(《郭店〈老子〉初探》)

【今译】

　　执守大"道",天下人都来归往。归往而不互相伤害,于是大家都平和安泰。

　　音乐和美食,能使过路的人停步。而"道"的表述,却淡得没有味道,看它却看不见,听它却听不着,用它却用不完。

【引述】

　　仁义礼法之治有如"乐与饵",不如行守自然无为的大"道"——虽然无形无迹,但能使人民平居安泰。

三十六章

將欲歙①之②,必固③張之;將欲弱之,必固強之;將欲廢之,必固舉之④;將欲取之,必固與之⑤,是謂微明⑥。

柔弱勝剛強。魚不可脫于淵,國之利器不可以示人⑦。

【注釋】

①歙:斂,合。帛书甲本作"拾"。

《韩非·喻老》引作"翕"。"翕"和"歙"古字通用。

②之:作"者"(陈懿典《老子道德经精解》)。

③固:有"必然"、"一定"之义(徐志钧《老子帛书校注》)。

④將欲废之,必固举之:"废",帛书甲、乙本作"去"。"举",通行本作"兴",帛书甲、乙本均作"与"。古"与"、"举"字通,据劳健、高亨等说改。

劳健说:"'必固兴(興)之'之'兴'当作'举'(舉),叶下句'必固与(與)之',古与、举字通,如《礼运》'选贤与能',《大戴礼记·主言篇》作'选贤举能'是也。疑此字本亦作'与',后人不识与、举互通,又忽于《老子》之变文叶韵之例,乃循'废'字臆改,故众本相传皆作'兴'也。"

高亨说:"'与'当作'举',形近而伪。古书常'废''举'对言。"

冯达甫说："'兴'为'与'之伪,形近而误。与、举通用,劳氏、高氏之说甚是;帛书幸存其真。"按:劳健等说为当,今用作"举"。

⑤将欲取之,必固与之："取"通行本作"夺"。惟《韩非·喻老篇》引作"取",范应元本及彭耜本亦作"取"。因据改正。

范应元说："'取',一作'夺',非古也。"

蒋锡昌说："《史记·管晏列传》云:'故曰知与之为取,政之宝也。'《索隐》:'《老子》曰:将欲取之,必固与之。'看《史记》用'故曰'云云,疑'与之为取'即本之《老子》'将欲取之,必固与之'而来。是《史记》与《索隐》并作'取'也。证义,亦以作'取'为是。当据《韩非》改正。"

张舜徽说："要之此数句,乃阐明促使事物转化之理。"

卢育三说:"这段话表明老子看到了歙张、弱强、废举、夺与之间的对立转化。但在对待转化的态度上却因人因事而异,对待自己,则防止事物发展到极端向对立方面转化,守虚、守柔、守辱、守雌等则是防止事物向对立方面转化的办法;对待敌人,则促使事物发展到极端向对立方面转化。这里讲的则是促使事物发展到极端向对立方面转化的事例。"(《老子释义》)

⑥微明:几先的征兆。

范应元说:"张之、强之、兴之、与之之时,已有翕之、弱之、废之、取之之几,伏在其中矣。几虽幽微,而事已显明也。故曰:'是谓微明。'或者以此数句为权谋之术,非也。圣人见造化消息盈虚之运如此,乃知常胜之道,是柔弱也。盖物至于壮则老矣。"(《老子道德经古本集注》)

高延第说:"首八句即福祸盛衰倚伏之几,天地自然之运,

似幽实明。'微明'谓微而显也。"(《老子证义》)

高亨说:"此诸句言天道也。或据此斥老子为阴谋家,非也。老子戒人勿以张为可久,勿以强为可恃,勿以举为可喜,勿以与为可贪耳。故下文曰:'柔弱胜刚强'也。"

⑦国之利器不可以示人:"利器",有几种说法:一说利器指权道(如河上公);一说利器指赏罚(如韩非);一说利器指圣智仁义巧利(如范应元)。按本章"利器"指权柄军力。"示",炫耀。

薛蕙说:"利器者,喻国之威武权势之属。示,观也,犹《春秋传》所云观兵黩武也。刚强者,危亡之道也;柔弱者,安存之道也。有国家者岂可以强大而自恃乎?今夫鱼能深潜则常活,不可躁动而脱于渊,不尔则为人所制,而灾害及之矣。譬国能守柔则常安,不可矜其威力以观示于天下,不尔则势穷力屈,而国家不可保矣。"(《老子集解》)

【今译】

将要收合的,必先张开;将要削弱的,必先强盛;将要废弃的,必先兴举;将要取去的,必先给与。这就是几先的征兆。

柔弱胜过刚强。鱼不能离开深渊,国家的利器不可以随便耀示于人。

【引述】

一、"将要合起来,必先张开来。"("将欲歙之,必固张之"),即是说在事物发展的过程中,张开来是闭合的一种征兆。老子认为事物在不断对立转化的状态,当事物发展到某一个极限的时候,它必然会向相反的方向运转,好比花朵盛开的时候,它就要萎谢了(花朵盛开是即将萎谢的征兆);月亮圆满的时候,它就要亏缺了(月亮圆满是即将亏缺的征兆)。本章第一段乃是老子对于事态发展的一个分析,亦即是道家"物极必反"、"势强必弱"观念的一种说明。不幸这段文字普遍被误解为含有阴谋的思想,而韩非是造成曲解的第一个大罪人,后来的注释家也很少能把这段话解释得清楚。然前人如董思靖、范应元、释德清等对于这段文义都曾有精确的解说,下面引录董思靖与释德清的解说以供参看:

董思靖说:"夫张极必歙,与甚必夺,理之必然。所谓'必固'云者,犹言物之将歙,必是本来已张,然后歙者随之。此消息盈虚相因之理也。其机虽甚微隐而理实明者。"(《道德真经集解》)

释德清说:"此言物势之自然,而人不能察,天下之物,势极则反。譬夫日之将昃,必盛赫;月之将缺,必极盈;灯之将灭,必炽明。斯皆物势之自然也。故固张者,翕之象也;固强者,弱之萌也;固兴者,废之机也;固与者,夺之兆也。天时人事,物理自然。第人所遇而不测识,故曰微明。"(《老子道德经解》)

二、"势强必弱"。在刚强和柔弱的对峙中,老子宁愿居于柔弱的一端。老子对于人事与物性作深入而普遍的观察之后,他了解到:看来柔弱的东西,由于它的含藏内敛,往往较富韧性;看来刚强的东西,由于它的彰显外溢,往往暴露而不能持久。所以老子断言"柔弱"的呈现胜于"刚强"的表现。("柔弱胜刚强"的说法,见于四十三章与七十八章。)

三、"国之利器不可以示人。"这是说权势禁令都是凶利之器,不可用来耀示威吓人民。王弼说:"示人者,任刑也。"如果统治者只知用严刑峻法来制裁人民,就是用利器示人了。这就是"刚强"的表现,而逞强恃暴是不会持久的。

三十七章

道常無爲而無不爲①。侯王若能守之,萬物將自化②。化而欲作,吾將鎮之以無名之樸③。無名之樸,夫亦將不欲④。不欲以靜,天下將自正⑤。

【注释】

①无为而无不为:"无为"是顺其自然,不妄为(同二章注⑧)。王弼注:"顺自然也。""无不为"是说没有一件事不是它所为的,这是由于"无为"(不妄为)所产生的效果。"无为而无不为"即是不妄为,就没有什么事情做不成的。"道常无为而无不为",郭店简本作"道恒无为",帛书甲、乙本作"道恒无名"。

范应元说:"虚静恬淡,'无为'也。天、地、人、物得之以运行生育者,无不为也。"

冯友兰说:"老子认为,从道分出万物,并不是由于'道'的有目的、有意识的作为;道是无目的、无意识的。他称这样的程序为'无为',他说:'道常无为而无不为'(《老子·三十七章》);就其生万物说,'道'是'无不为',就其无目的、无意识说,'道'是'无为'。"(《中国哲学史新编》)

张岱年说:"道是自然的,故常无为。道生成一切,故又无不为。"(《中国哲学大纲》)

胡适说:"'道常无为而无不为',这是自然主义宇宙观的中

心观念。这个观念又是一种无为放任的政治哲学的基石。"(《中国哲学中的科学精神与方法》)
②自化:自我化育;自生自长。
③吾将镇之以无名之朴:"镇",简本作"贞"。"贞",正、安之意。

丁原植说:"'镇'字的意含恐非指约束性的'压制'。《广雅·释诂一》:'镇',安也。"(《郭店竹简老子释析与研究》)
④无名之朴,夫亦将不欲:简本不叠"无名之朴"句,"夫亦将不欲",简文作"夫亦将知足"。
⑤不欲以静,天下将自正:简本作"智〔足〕以静,万物将自定"。

【今译】

道永远是顺任自然的,然而没有一件事不是它所为。侯王如果能持守它,万物就会自生自长。自生自长而至贪欲萌作时,我就用道的真朴来安定它。用道的真朴来安定它,就会不起贪欲。不起贪欲而趋于宁静,天下便自然复归于安定。

【引述】

本章提示出理想的政治在于无为而自化(Self-transform)——让人民自我化育,自我体现。

"静"、"朴"、"不欲"都是"无为"的内涵。统治者自身如能做到清静、真朴、不贪欲,对人民如能做到不骚扰、不奢靡、不扩张私人意欲,百姓的生活自然可以获得安宁。

老子一再强调统治者的态度应出于"无为"——顺任自然而

不加以干预——让人民自我发展,自我完成,同时要养成真朴的民风,这样的社会才能趋于安定。

三十八章

上德不德①,是以有德;下德不失德②,是以無德。

上德無爲而無以爲③;〔下德無爲而有以爲④〕。

上仁爲之而無以爲;上義爲之而有以爲。

上禮爲之而莫之應,則攘臂而扔之⑤。

故失道而後德,失德而後仁,失仁而後義,失義而後禮⑥。

夫禮者,忠信之薄,而亂之首⑦。

前識者⑧,道之華⑨,而愚之始。是以大丈夫處其厚⑩不居其薄⑪;處其實,不居其華。故去彼取此⑫。

【注釋】

①上德不德:上德的人不自恃有德。
②下德不失德:下德的人,恪守着形式上的德。
　　林希逸注:"'不失德'者,执而未化也。"
③上德无为而无以为:上德的人順任自然而无心作为。"以",有心,故意。
　　林希逸注:"'以'者,有心也。'无以为'是无心而为之也。"
　　傅奕本、严遵本、范应元本"无以"作"无不"。
　　朱谦之说:"碑本作'无以为',是也。……'上德无为而无以为',较之'上德无为而无不为',于义为优。"(《老子校释》)朱说是。帛书乙本正作"上德无为而无以为"。

④〔下德无为而有以为〕:"有以为"和"无以为"说的是有没有模拟造作。有模拟造作就是"有以为",没有模拟造作就是"无以为"。(冯友兰《中国哲学史新编》)"下德无为而有以为"疑是衍文,帛书甲、乙本无此句。当从刘殿爵、高明之说,据帛本删。

刘殿爵说:"帛书本作:上德无为而(甲本以上二字残缺)无以为也。上仁为之而无(甲本以上二字残缺)以为也。上义(此字乙本经涂改)为之而有以为也。

王弼本作:上德无为而无以为;下德为之而有以为;上仁为之而无以为;上义为之而有以为。

傅奕本作:上德无为而无(此字原脱,据马校补)不为,下德为之而无以为。上仁为之而无以为,下义为之而有以为。

帛书本是三分,上德、上仁、上义,文中'无为'与'为之'相对,'无以为'与'有以为'相对。上德居上,既'无为'又'无以为';上仁次之,虽不能'无为'尚能'无以为';上义居下,既不能'无为'又不能'无以为'。上、中、下层次分明。王弼本加上'下德'作四分,结果'下德为之而有以为'与'上义为之而有以为'相重复。傅本'上德'句作'无为而无不为','下德'句作'为之而无以为'又与'上仁'句相重复,这样显见《老子》文句原来是如帛书本作'三分'的,后人改作'四分'时,改得不得其法,便陷于重复。原来都是句与句之间相对,但傅本改'无以为'作'无不为'便与上文'无为'相对,成为句中相对而与全文体例不合。要之,作'无为而无不为'不论是在傅本抑在《韩非》都显然是后人所改。"

高明说:"帛书甲、乙本无'下德'一句,世传本皆有之。此是帛书与今本重要分歧之一。《老子》原本当如何? 从经文分析,此章主要讲论老子以道观察德、仁、义、礼四者之不同层次,而以德为上,其次为仁,再次为义,最次为礼。德仁义礼不仅递相差次,每况愈下,而且相继而生。如下文云:'失德而后仁,失仁而后义,失义而后礼。夫礼者,忠信之薄而乱之首也。'德仁义礼之间各自差距如何? 老子用'无为'作为衡量四者的标准,以'无为而无以为'最上,'为之而无以为'其次,'为之而有以为'再次,'为之而莫之应,则攘臂而扔之'最次。据帛书甲、乙本分析,德仁义礼四者的差别非常整齐,逻辑意义也很清楚。今本衍'下德'一句,不仅词义重叠,造成内容混乱,而且各本衍文不一,众议纷纭。如王弼诸本衍作'下德为之而有以为',则同'上义为之而有以为'相重;傅奕诸本衍作'下德为之而无以为',则同'上仁为之而无以为'相重。由此可见,'下德'一句在此纯属多余,绝非《老子》原文所有,当为后人妄增。验之《韩非子·解老篇》,亦只言'上德'、'上仁'、'上义'、'上礼',而无'下德',与帛书甲、乙本相同,足证《老子》原本即应如此,今本多有衍误。"(《帛书老子校注》)

鼓应按:刘、高之说甚是。当从《韩非》及帛本作四分法,即"上德……上仁……上义……上礼……","下德无为而有以为"为汉时(帛本之后)所衍入。

道家对世风的序次皆为四层,即"太上"、"其次"、"其次"(或"其下")、"其下"(或"太下"),秦汉前无此"五分法"。

与十七章参读:"上德无为而无以为"即"太上不知有之"。"上仁为之而无以为"即"其次亲而誉之"。"上义为之而有以为"即"其次畏之"。"上礼为之而莫之应"即"其下侮之"。
⑤攘臂而扔之:伸出手臂来使人们强就。

　　林希逸说:"'扔',引也。民不从强以手引之,强掣拽之也。只是形容强民之意,故曰'攘臂而扔之'。"
⑥失道而后德,失德而后仁,失仁而后义,失义而后礼:《韩非子·解老》作:"失道而后失德,失德而后失仁,失仁而后失义,失义而后失礼",文义较完。今译从。
⑦礼者,忠信之薄,而乱之首:"薄",衰薄,不足。"乱之首",祸乱的开端。

　　张舜徽说:"在阶级社会中,统治者多为之方以困折人。凡所立制度仪节,皆所以屈抑群下使伏事己也。礼文繁缛,众所不堪。……礼文大备,则统治者控驭被统治者之具愈密。民不堪命,则群起而攻杀之。"
⑧前识者:"前识",指预设种种礼仪规范。"者",提顿,无义。

　　范应元说:"前识犹言先见也。谓制礼之人,自谓有先见,故为节文,以为人事之仪则也,然使人离质尚文。"
⑨华:虚华,非实质的。礼仪规范乃道之"其次"者,故曰"华"。
⑩处其厚:立身敦厚。

　　河上公注:"'处其厚'者,处身于敦朴。"
⑪薄:浇薄,指"礼"。
⑫去彼取此:舍弃薄华的礼,采取厚实的道与德。

【今译】

　　上德的人不自恃有德,所以实是有德;下德的人刻意求德,所以没有达到德的境界。

上德的人顺任自然而无心作为；上仁的人有所作为却出于无意；上义的人有所作为且出于有意。上礼的人有所作为而得不到回应，于是就扬着胳臂使人强从。

所以丧失道就会失去德，失了德就会失去仁，丧失了仁就会失去义，失了义就会失去礼。

礼，标志着忠信的不足，而祸乱的开端。

预设的种种规范，不过是道的虚华，是愚昧的开始。因此大丈夫立身敦厚，而不居于浇薄；存心笃实，而不居于虚华。所以舍弃薄华而采取厚实。

【引述】

本章立论的动机，实有感于人际关系愈来愈外在化，而自发自主的精神已逐渐消失，仅靠一些规范把人的思想行为定着在固定的形式中。老子的感言是十分沉痛的。

老子从居心上来分"道"、"德"、"仁"、"义"、"礼"这几个层次。无形无迹的道显现于物或作用于物是为德（道是体，德是用，这两者的关系其实是不能分离的）。老子将德分为上下：上德是无心的流露，下德则有了居心。"仁义"是从下德产生的，属于有心的作为，已经不是自然的流露了。到了礼，就注入勉强的成分，礼失而后法（古时候"法"实内涵于"礼"），人的内在精神全然被斫伤。

在老子那时代，礼已演为繁文缛节，拘锁人心，同时为争权者所盗用，成为剽窃名位的工具，所以老子抨击礼是"忠信之薄而乱之首"。老子一方面批评礼对于人性的拘束,另方面向往于道的境地——自然流露而不受外在制约的境地。

三十九章

昔之得一①者：天得一以清；地得一以寧；神得一以靈；谷得一以盈；萬物得一以生②；侯王得一以爲天下正③。

其致之也④，謂⑤天無以清，將恐裂；地無以寧，將恐廢⑥；神無以靈，將恐歇；谷無以盈，將恐竭；萬物無以生，將恐滅；侯王無以正⑦，將恐蹶。

故貴以賤爲本，高以下爲基。是以侯王自稱⑧孤、寡、不穀⑨。此非以賤爲本邪？非乎？故至譽無譽⑩。是故不欲琭琭如玉，珞珞如石⑪。

【注释】

①得一：即得道（四十一章："道生一"）。

　　林希逸注："'一'者，道也。"

　　严灵峰说："一者，'道'之数。'得一'，犹言得道也。"（《老子达解》）

②万物得一以生：按：帛书甲、乙本无此句。高明以为此句与下文"万物无以生将恐灭"对文，是在河上公注释之后增入的。高说可存。

③正：王弼本作"贞"。河上公、景龙、景福、严遵及顾欢等多种古

本皆作"正"。帛书甲、乙本俱作"正"。

　　范应元说:"'贞',正也,王弼、郭云同古书。一本'贞'作'正',亦后人避讳也。"

　　劳健说:"按《道藏》御注、御疏本原作'正',疏云:'本或作贞字,贞即正也。'开元石刻乃改从'贞',范云'后人避讳'非也。"

　　高亨说:"四十五章曰:'清静为天下正',义同。《吕氏春秋·执一篇》:'执一为天下正。'句法并与《老子》同。"劳健及高亨为是。

④其致之也:推而言之。'也'字,今本缺,依帛书本补。

　　高亨说:"'致'犹推也,推而言之如下文也。"(《老子正诂》)

　　张松如说:"'其致之也',似是启下,非总上,高说是。"

⑤谓:今本无"谓"字,据帛书本补。帛书甲、乙本"谓"省作"胃"。

⑥废:王弼本原作"发"。据严灵峰之说改正。

　　刘师培说:"'发'读为'废'。……'恐发'者,犹言将崩坏也,即地倾之义。'发'为'废'字之省形。"(《老子斠补》)

　　严灵峰说:"刘说是也。惟《老子》文经'废'不作'发'。如十八章:'大道"废"'。三十六章'将欲"废"之。'作'发'者,因'废'字阙坏,失去'广'旁致误也。《吕氏春秋·恃君览篇》云:'天固有衰嗛废伏。'是天固有'废'矣。因改'发'为'废',以复其旧。"

⑦正:王弼本原作"贵高"。范应元及赵至坚本作"贞"。

　　易顺鼎说:"当作'侯王无以贞,将恐蹶。''贞'误为'贵'。后人见下文'贵以贱为本,高以下为基'二句,以为承上文而言,妄为'贵'下又加'高'字。遂致踵讹袭谬,而义不可通矣。"(《读

老子札记》)

　　严灵峰说:"易说是也。程大昌本作'侯王无以为天下贞将恐蹶。'范应元本作'为贞'。赵至坚本正作'贞'。作'贞'是矣,正应上文'侯王得一以为天下贞。'因据赵至坚本改正。"按:范应元作"贞",范说:"古本如此。""贞"、"正"古字通用,上文"侯王得一以为天下正",为求文例一律,改"贞"为"正"(参看注③)。

⑧自称:王弼本原作"自谓"。范应元本、林希逸本、焦竑本"谓"作"称"。

　　易顺鼎说:"按'自谓'当作'自称'。四十二章云:'人之所恶,唯孤寡不谷,而王公以为称。'则此亦必作'称'也。《淮南》高注正作'称'。《文选·丘希范与陈伯之书》注引作'王侯自称孤寡不谷',皆可证。"按:《战国策·齐策》引正作"称"。

⑨孤、寡、不谷:都是王侯的谦称。"孤"、"寡"是谦虚的说自己孤德、寡德。"不谷"有不善的意思。

　　范应元说:"谷,善也。又百谷之总名也。春秋王者多称不谷。"

⑩至誉无誉:最高的称誉是无须夸誉的。

　　"至誉无誉",王弼今本原作"致数舆无舆"。"舆"可解作"誉"之借字(张松如《校读》)。

按:傅奕本、《次解》本、王雱本、范应元本、吕惠卿本及吴澄本,"舆"均作"誉"。《庄子·至乐篇》:"故曰:'至誉无誉。'""故曰"乃引《老子》的话,"至誉无誉"或是《老子》原文。

　　范应元说:"誉,称美也,王弼同古本。陈碧虚云:'依古本作誉。'"(《老子道德经古本集注》)

　　陶邵学说:"吴澄本作'至誉无誉',义似可通。"(《校老子》)

　　高延第说:"'至誉无誉',河上本作'致数车无车',王弼本、

《淮南子·道应篇》作'致数舆无舆',各为曲说,与本文谊不相附。陆氏《释文》出'誉'字,注'毁誉'也,是原本作'誉'。由'誉'讹为'舆'。由'舆'讹为'车'。后人反谓《释文》为误,非也。《庄子·至乐篇》:'至誉无誉';下又云:'天无为以之清,地无为以之宁'云云,正引此章语,尤可证。"（《老子证义》）高说可信,因据《庄子》改为"至誉无誉"。

⑪ 是故不欲琭琭如玉,珞珞如石:"是故"两字据帛书本补。"琭琭",形容玉的华丽。"珞珞",形容石块的坚实。

　　高亨说:"琭琭,玉美貌。珞珞,石恶貌。……《后汉书·冯衍传》:'不碌碌如玉,落落如石。'李注:'玉貌碌碌,为人所贵。石形落落,为人所贱。'其训近之矣。"

　　张松如说:"'不欲琭琭若玉,（而宁）珞珞若石。'这些都是老子心目中有道人君的性格形象。这里所描绘的这种性格形象,自然折光反映着老子'无为而治'与'致虚'、'守静'的思想。"

【今译】

　　从来凡是得到"一"（道）的:天得到"一"而清明;地得到"一"而宁静;神得到"一"而灵妙;河谷得到"一"而充盈;万物得到"一"而生长;侯王得到"一"而使得天下安定。

　　推而言之,天不能保持清明,难免要崩裂;地不能保持宁静,难免要震溃;神不能保持灵妙,难免要消失;河谷不能保持充盈,难免要涸竭;万物不能保持生长,难免要绝灭;侯王不能保持清静,难免要颠覆。

所以贵以贱为根本,高以下为基础。因此侯王自称为"孤"、"寡"、"不谷"。这不是把低贱当作根本吗?岂不是吗?所以最高的称誉是无须夸誉的。因此不愿像玉的华丽,宁可如石块般的坚实。

【引述】

本章前半段讲道的作用,说明道是构成一切天地万物所不可或缺的要素。本章重点在讲侯王的得道,所以后半段提示侯王应体道的低贱之特性。即是说为政者要能处下、居后、谦卑。有道的人君应如大厦的基石,要有骆驼般的精神,要能"珞珞如石",朴质坚忍。

四 十 章

反者道之動①;弱②者道之用。

天下萬物生於有③,有生於無④。

【注释】

① 反者道之动:反,通常有两种讲法:一、相反;对立面。二、返;如林希逸说:"反者,复也,静也。"如高亨说:"反,旋也,循环之义。"王弼三十章注:"还反无为。"和六十五章注:"反其真也。"都训"反"为"返"。在老子哲学中,讲到事物的对立面及其相反相成的作用,亦讲到循环往复的规律性。按此处之"反",即"返"。郭店简本正是,谓"返也者,道僮(动)也"。

② 弱:柔弱、柔韧。

③ 有:和一章"有名万物之母"的"有"相同。但和二章"有无相生"及十一章"有之以为利"的"有"不同。二章与十一章上的"有",是指现象界的具体存在物;而本章的"有"是意指形上之"道"的实存性。

④ 有生于无:郭店简本此句及上句为:"天下之物生于有、生于无"。通行本"有生于无"的命题,疑为后出。

冯友兰说:"一物生,是一有;万物生,是万有。万有生,涵蕴着首先是'有'。'首先'二字在这里不是指时间上的'先',而是指逻辑上的'先'。

万物的存在涵蕴'有'的存在。老子说'天下万物生于有,

注释、今译与引述

有生于无'（第四十章），就是这个意思。

老子这句话，不是说，曾经有个时候只有'无'，后来有个时候'有'生于'无'。它只是说，我们若分析物的存在，就会看出，在能够是任何物之前，必须先是'有'。'道'是'无名'，是'无'，是万物之所从生者。所以在是'有'之前必须是'无'，由'无'生'有'。这里所说的属于本体论，不属于宇宙发生论。"（《中国哲学简史》）

丁原植说："若是以'德'为本质的'有'，以'道'为始源的'无'，万物就应当说是'生于有，生于无'。所谓的'无'就不在'有'之先，而是与'有'共同作为万物存在的始源。"（《郭店竹简老子释析与研究》，第二一六页）

赵建伟说："简本'天下之物生于有，生于无'；帛本、今本均作'天下之（万）物生于有，有生于无'，较简本多一'有'字。表面上看，或者是帛本、今本抄衍了一个'有'字，或者是简本于'有'字下抄夺了一个重文号。"

但是仔细考察会发现帛本、今本重出的"有"字可能是有意识增出的，原本"有"字不重。理由如下：首先，"天下之物"是两个"生"字句的形式主语（即"受事主语句"，也叫被动句，即天下之物既被有生、又被无生），多一"有"字，则两个"生"字句已被割裂。其次，如果是"天下之物生于有，有生于无"，便是有意将"有"降格，被"无"所领属；而实际上老子明言"有无相生"（二章），二者是并列的。第三，老子说"无，名天地之始；有，名万物之母"（一章），又说"天下有始，以为天下母"，可知"始"与"母"是并列的，因此"无"与"有"也是并列的关系。

另外，陈鼓应先生也撰文说简本与帛本、今本"虽一字之差，但在哲学解释上具有重大的差别意义。因为前者是属于万物生成论问题，而后者是属于本体论范畴。从《老子》整体思想

来看，当以简本为是"。(〈〈郭店竹简《老子》校释〉，刊在《道家文化研究》第十七辑)

【今译】

道的运动是循环的；道的作用是柔弱的。

天下万物生于有，有生于无。

【引述】

一、"反者道之动"。在这里"反"字是歧义的(Ambiguous)：它可以作相反讲，又可以作返回讲("反"与"返"通)。但在老子哲学中，这两种意义都被蕴涵了，它蕴涵了两个观念：相反对立与循环往复。这两个观念在老子哲学中都很受重视。老子认为自然界中事物的运动和变化莫不依循着某些规律，其中的一个总规律就是"反"：事物向相反的方向运动发展；任何事物都是在相反对立的状态下形成的：任何事物都有它的对立面，也因它的对立面而显现。他还认为"相反相成"的作用是推动事物变化发展的力量。老子还认为道体是恒动的，事物总是再始更新地运动发展着的。

二、"弱者道之用"：道创生万物辅助万物时，万物自身并没有外力降临的感觉，"柔弱"即是形容道在运作时并不带有压力感的意思。

三、"天下万物生于有，有生于无。"这里的"有""无"即意指道，和第一章同义。"无""有"乃是道产生天地万物时由无形质落向有形质的活动过程。这里是说明天下万物生成的根源。

四十一章

上士聞道,勤而行之;中士聞道,若存若亡;下士聞道,大笑之。不笑不足以爲道。故建言①有之:

明道若昧;

進道若退;

夷道若纇②;

上德若谷;

大白若辱③;

廣德若不足;

建德若偷④;

質眞若渝⑤;

大方無隅⑥;

大器晚成;

大音希聲;

大象無形;

道隱無名。

夫唯道,善貸且成⑦。

【注释】

① 建言：立言。

　　林希逸说："建言者，立言也，言自古立言之士有此数语。"

② 夷道若颣："夷道"，平坦的道。"颣"，不平。

　　张舜徽说："《说文》：'颣，丝节也。'丝有节则不平，因引申为不平之名。"

③ 大白若辱："辱"，为"黥"之假。傅奕本及范应元本正作"黥"（范应元说："黥，黑垢也。古本如此"）。

④ 建德若偷："建"通"健"。"偷"作"惰"解。"建德若偷"，刚健的"德"好像懈怠的样子。

　　俞樾说："'建'当读为'健'。《释名·释言语》曰：'健，建也。能有所建为也。'是'建''健'音同而义亦得通。'健德若偷'，言刚健之德，反若偷惰也。"

　　高亨说："'建德若偷'，犹言强德若弱耳。"

⑤ 质真若渝："渝"，变。

　　刘师培说："上文言'广德若不足，建德若偷。'此与并文，疑'真'亦当作'德'，盖'德'字正文作'悳'，与'真'相似也，质德与广德、建德一律。"姑备一说。

⑥ 大方无隅：最方正的却没有棱角。

⑦ 善贷且成："贷"，施与。河上公本"善贷且成"，帛书乙本作"善始且善成"。

【今译】

　　上士听了道，努力去实行；中士听了道，将信将疑；下

士听了道,哈哈大笑。——不被嘲笑,那就不足以成为道! 所以古时候立言的人说过这样的话:

光明的道好似暗昧;
前进的道好似后退;
平坦的道好似崎岖;
崇高的德好似低下的川谷;
最纯洁的心灵好似含垢的样子;
广大的德好似不足;
刚健的德好似懦弱的样子;
质性纯真好似随物变化的样子;
最方正的好似没有棱角;
贵重的器物总是最后完成;
最大的乐声反而听来无音响;
最大的形象反而看不见形迹;
道幽隐而没有名称。
只有道,善于辅助万物并使它完成。

【引述】

道隐奥难见,它所呈现的特性是异常的,以致普通人听了不易领会。

自"明道若昧"至"建德若偷"各句,乃是说明道德的深邃、内敛、冲虚、含藏。它的显现,不是外炫的,而是返照的,所以不易为一般人所觉察。"大音希声""大象无形",即是比喻大道幽隐未现,不可以形体求见。

四十二章

道生一,一生二,二生三,三生萬物①。萬物負陰而抱陽②,沖氣以爲和③。

〔人之所惡,唯孤、寡、不穀,而王公以爲稱。故物或損之而益,或益之而損。人之所教,我亦教之。強梁者不得其死,吾將以爲教父。〕

【注释】

①道生一,一生二,二生三,三生万物:这是老子著名的万物生成论的提法,描述道生成万物的过程。这一过程是由简至繁,因此他用一、二、三的数字来代指。老子使用一二三的原义并不必然有特殊的指称。正如蒋锡昌所说的:"《老子》一二三,只是以三数字表示道生万物,愈生愈多之义。"(《老子校诂》)

这一章的道生万物的过程,如果和四十章及一章相应的话,那么"道生一"就是以"无"释道,以"有"释"一"(如司马光《道德真经论》所说:"道生一,自无入有"),四十章的有、无("天下万物生于有,有生于无")和一章的有、无("无,名天地之始;有,名万物之母。")都是指称道的。由此看来,本章的"二",当指形而上之"无"、"有"而言(四十章说的道生万物正是用"无"、"有"来指称形而上的道向下落实的活动过程)。当形而上之"无"、"有"向下落实而为形而下之无、有时,则成为二章所说的

"有无相生"，所"生"者即为"三"。这样的解释虽然不够清楚，但较合老子原义。老子的时代对于阶层或层次之分较为简单，如社会阶层通常是二分而为侯王和百姓，正如道和万物的关系，也是缺乏一个中介，到庄子之后才出现气化论来作为道和万物之间的承接物。事实上，以"无"、"有"来解释一二三，在《庄子·齐物论》中已经有所表露："一与言为二，二与一为三，自此以往，巧历不能得……故自无适有，以至于三。"〈齐物论〉这里就以"自'无'适'有'"来解释一二三。依此我们可以将四十二章这段文字表述为：道是独立无偶的（"道生一"），浑沌未分的统一体蕴涵着"无"和"有"的两面（"一生二"），（道）由无形质落向有形质则有无相生而形成新体（"二生三"），万物都是在这种有无相生的状况中产生的（"三生万物"）。

历代解《老》者，对于这一章的解释众说纷纭，但多用汉以后的观念作解。例如以"元气"解释"一"，以天地或阴阳解释"二"，以及用"和气"来解释"三"，这样来说明万物生成过程当然较为清晰，但"元气"与"和气"都是汉人习用之词（以天地所出的"阴阳"来解释万物的生成，则较早见于《庄子》）。汉代的《淮南子》曾针对四十二章做了较为明确的解释，《天文》篇说："道始于一，一而不生，故分而为阴阳，阴阳合和而万物生，故曰'一生二，二生三，三生万物'"。这里《淮南子》用阴阳解释"二"；用阴阳合和解释"三"；"道始于一"，即将道和"一"视为同一概念。《淮南子·原道》说："所谓无形者，一之谓也，所谓一者，无匹合于天下者也。"〈原道〉明确以"一"释无形之道，认为道是独立无偶的（"无匹合于天下"）。以"一"指称道，屡见于《老子》（如十四章"混而为一"、三十九章"天得一以清，地得一以宁"),蒋锡昌说:"一即道也,自其名而言之谓之道,自其数而言之谓之一",以"一"之数表"道"较无疑义。但"二"之所指,则众说不一。如上所论,采"无"、"有"为说,虽合《老子》原义,但仍然无法圆满地说明形而上的"无"、"有"如何能落实到形而下的无有。因为"有无相生"的有、无已是现象界具体事物,它如何能从形而上的无形质的"无"、"有"中产生,却得不到具体的说明。所以多数学者仍依《淮南子》以"阴阳"来解释。然而通观《老子》,除了本章出现的"负阴而抱阳"文句之外,"阴阳"之词从未他见("阴阳"概念到《庄子》才大量出现),而"天地"一词则屡见,而且将"天地"与道并举,如六章"玄牝之门,是谓天地根"、二十五章"有物混成,先天地生",因此,从老子的原著中也可找到以"天地"释"二"的依据。至于"三"之数难以解释,我们只好根据《庄子·田子方》的说法:阴阳之气是从天地中散发出来的。如此,我们还可以将四十二章这段文字今译为:道是独立无偶的,这浑沌未分的统一体产生天地("一生二"),天地产生阴阳之气("二生三"),阴阳两气相交而形成各种新生体("三生万物")。

先秦道家各派在万物生成论上,对《老子》四十二章接着讲的,有如下几种重要的言说,兹举例如下以供参考:

一、《庄子·天地》:"泰初有无,无有无名,一之所起,有一而未形,物得以生,谓之德;未形者有分,且然无间,谓之命;留动而生物,物成生理,谓之形。"这是以"无"释道,"一而未形",可见"一"仍是指无形之道。所谓没有形质的"一",开始"有分"("未形者有分"),但《天地》篇作者并没有说明"分"的是什么?根据后人的解释为"分阴分阳"(如宣颖《南华经解》)。这种解释在庄子《田子方》中是可以找到依据的。

二、《庄子·田子方》："至阴肃肃，至阳赫赫；肃肃出乎天，赫赫发乎地；两者交通成和而物生焉。"这也很明显的继承着《老子》四十二章而立说。这里认为阴气是出乎天，阳气是发乎地，阴阳二气（"二"）的"交通成和"，即是老子所说的"冲气以为和"，万物就是在这种情况下化生出来的。

三、帛书《黄帝四经》："群群□□□□□□为一囷。无晦无明，未有阴阳。阴阳未定，吾未有以名。今始判为两，分为阴阳，离为四【时】……（《十大经·观》）。"这是战国早中期道家黄老学派的说法，其万物生成过程所表示的数字则为一、二、四。《淮南子·天文训》则继之而进一步描述为："阴阳之专精为四时，四时之散精为万物。"

四、《吕氏春秋·大乐》："太一出两仪，两仪出阴阳，阴阳变化，一上一下，合而成章（高诱注：'章'犹形也）。""太一"即道，"两仪"高诱注为"天地"，阴阳出于天地，这和庄子的解释一致。万物的产生是在"阴阳变化，一上一下"，和合而成有形之物的。

②负阴而抱阳：背阴而向阳。

吕吉甫说："凡幽而不测者，阴也；明而可见者，阳也。有生者，莫不背于幽而不测之阴，向于明而可见之阳，故曰：万物负阴而抱阳。负则背之，抱则向之也。"

③冲气以为和：阴阳两气互相交冲而成均调和谐状态。

"冲"，交冲，激荡。《说文》："冲，涌摇也。"

"冲气"，指阴阳两气相激荡。有许多解释者将"冲气"当作"虚气"讲，蒋锡昌认为不妥。蒋说："四章'道冲而用之或不盈'之'冲'当作'盅'，此'冲'当从本字。《说文》：'盅，器虚也'；

'冲,涌摇也。'二谊不同。道之盈虚,譬之以器,故用'盅';阴阳精气,涌摇为和,故用'冲';此其别也。"

"和",有两种说法:一、指阴阳合和的均调状态;如《庄子·田子方》:"至阴肃肃,至阳赫赫,肃肃出乎天,赫赫出乎地,两者交通成和而物生焉。"又如《淮南子·天文训》说:"道始于一,一而不生,故分而为阴阳,阴阳合和而万物生。"照这样说来,"冲气以为和"应指阴阳合和的一种状态。吴澄便说:"'和',谓阴阳适均而不偏胜。"二、另一种说法认为阴阳二气之外,还有另一种气,叫做"和气";如高亨说:"'冲气以为和'者,言阴阳二气涌摇交荡以成和气也。"

【今译】

道是独立无偶的,浑沌未分的统一体产生天地,天地产生阴阳之气,阴阳两气相交而形成各种新生体。万物背阴而向阳,阴阳两气互相激荡而成新的和谐体。

〔人所厌恶的就是"孤"、"寡"、"不谷",但是王公却用来称呼自己。所以一切事物,减损它有时反而得到增加,增加它有时反而受到减损。别人教导我的,我也用来教导人。强暴的人不得好死,我把它当作施教的张本。〕

【引述】

本章为老子宇宙生成论。这里所说的"一""二""三"乃是指"道"创生万物时的活动历程。"混而为一"的"道",对于杂多的现象来说,它是独立无偶,绝缘于对立的,老子用"一"来形容道向下落实一层的未分状态。浑沦不分的道,实已禀赋阴阳两气,《易传》所说一阴一阳之谓"道"。"二"就是指道所禀赋的阴阳两气,而这阴阳两气便是构成万物最基本的原质。道再向下落渐趋于分化,则阴阳两气的活动亦渐趋于频繁。"三"应是指阴阳两气互相激荡而形成的适均状态,每个新的和谐体就在这种状态中产生出来。

本章分两段,后一段文字是:"人之所恶,唯孤寡不谷;而王公以为称,故物或损之而益,或益之而损。人之所教,我亦教之,强梁者不得其死,吾将以为教父。"本章是说万物的生成,和这一段文义并不相属,疑是他章错简。蒋锡昌《校诂》已疑"上下文词似若不接"。高亨、陈柱、严灵峰诸位疑为三十九章文字移入。按:"人之所恶"数句在于提醒人不可骄矜恃气,应谦虚自守。从文义上看,似为三十九章错移本章。

四十三章

天下之至柔,馳騁①天下之至堅。無有入無間②,吾是以知無爲之有益。

不言之教,無爲之益,天下希③及之。

【注释】
①驰骋:形容马的奔走,这里作"驾御"讲。
②无有入无间:无形的力量能穿透没有间隙的东西。
　　"无有"(That-which-is-without form)指不见形相的东西。"无间"是没有间隙。"无有入无间",《淮南子》作"出于无有,入于无间。"
③希:傅奕本作"稀"。

【今译】
天下最柔软的东西,能驾御天下最坚硬的东西。无形的力量能穿透没有间隙的东西,我因此知道无为的益处。

不言的教导,无为的益处,天下很少能够做得到的。

【引述】

　　水是最柔不过的东西，却能穿山透地。老子以水来比喻柔能胜刚的道理。"有为"的措施乃是刚强的表现，是为政者所应戒惕的。本章强调"柔弱"的作用与"无为"的效果。

四十四章

名與身孰親？身與貨孰多[1]？得與亡[2]孰病？

甚愛必大費[3]；多藏必厚亡[4]。

故知足不辱[5]，知止不殆，可以長久。

【注释】

①多：作重的意思。

奚侗说："《说文》：'多，重也。'谊为重叠之重，引伸可训为轻重之重。《汉书·黥布传》：'又多其材。'师古注：'多，犹重也。'"

②得与亡："得"，指得名利。"亡"，指亡失生命。

③甚爱必大费：过于爱名就必定要付出很大的耗费。今本"甚爱必大费"句上原有"是故"两字，依帛书甲本删。

张松如说："景福《道德经碑》及河上公《道德真经注》、顾欢《道德真经注疏》、李荣《道德真经义解》、程大昌《易老通言》均如此。帛书甲本概同，惟只残留首尾'甚'、'亡'两字；乙本全部损掩。"

④多藏必厚亡：丰厚的藏货就必定会招致惨重的损失。

释德清说："如敛天下之财，以纵鹿台之欲，天下叛而台已空，此藏之多，而不知所亡者厚矣。"

⑤故知足不辱："故"字今本无，据帛书甲本补。

【今译】

　　声名和生命比起来哪一样亲切？生命和货利比起来哪一样贵重？得到名利和丧失生命哪一样为害？

　　过分的爱名就必定要付出重大的耗费；过多的藏货就必定会招致惨重的损失。

　　所以知道满足就不会受到屈辱，知道适可而止就不会带来危险，这样才可以保持长久。

【引述】

　　常人多轻身而徇名利，贪得而不顾危亡。老子乃唤醒世人要贵重生命，不可为名利而奋不顾身。"甚爱必大费，多藏必厚亡"，这是很有道理的话。放眼观看，处处可以见到社会人群在求夺争攘的圈子里翻来滚去，其间的得失存亡，其实是很显然的。

四十五章

大成①若缺,其用不弊。

大盈若沖②,其用不窮。

大直若屈,大巧若拙③,大辯若訥。

躁勝寒,靜勝熱④。清靜為天下正⑤。

【注释】

①大成:最完满的东西。

②冲:训"虚"(参看四章注①)。

③大直若屈,大巧若拙:郭店简本此处句序不同,无下句"大辩若讷"。

④躁胜寒,静胜热:疾动可以御寒,安静可以耐热。

高明说:"'躁'乃疾急扰动,正与'静'字相对。'躁'与'静'是指人之体魄在不同环境下而表现的不同情绪或状态。肢体运动则生暖,暖而胜寒;心宁体静则自爽,爽而胜热。"

⑤清静为天下正:简本作"清清(静)为天下定"。

蒋锡昌说:"'正'者,所以正人也,故含有模范之义。"

【今译】

最完满的东西好像有欠缺一样,但是它的作用是不会衰竭的。

最充盈的东西好像是空虚一样,但是它的作用是不会穷尽的。

最正直的东西好像是弯曲一样,最灵巧的东西好像是笨拙一样,最卓越的辩才好像是口讷一样。

疾动可以御寒,安静可以耐热。清静无为可以做人民的模范。

【引述】

本章是对于"大成""大盈"的人格形态的描述;"若缺"、"若冲"、"若屈"、"若拙"、"若讷",都是说明一个完美的人格,不在外形上表露,而为内在生命的含藏内敛。

"躁胜寒,静胜热,清静为天下正。"说明相反的事物可以相互制衡,而最后仍归结到推崇清静无为的最高作用。

四十六章

天下有道,卻①走馬以糞②。天下無道,戎馬③生於郊④。

咎莫大於欲得;禍莫大於不知足。⑤故知足之足,常足矣⑥。

【注释】

①却:屏去,退回。

　　吴澄说:"却,退也。"

②走马以粪:"粪",耕种。傅奕本"粪"作"播"。二字古时通用。

　　高亨说:"此言天下有道,干戈不兴,走马不用于军而用于田也。……《孟子·滕文公篇》:'凶年粪其田而不足',赵注:'粪治其田。'《礼记·月令》:'可以粪田畴。'粪亦治田之义。"

③戎马:战马。

④生于郊:字面的解释是牝马生驹犊于战地的郊野。按:"生",兴。言大兴戎马于郊野,指兴兵征战,"兴戎马"正与"却走马"相对为文。

　　吴澄说:"郊者,二国相交之境。"

　　《盐铁论·未通篇》载:"闻往者未伐胡越之时,徭赋省而民富足;温衣饱衣,藏新食陈;布帛充用,牛马成群;农夫以马耕载,而民莫不骑乘。当此之时,却走马以粪。其后师旅数发,戎马不足,牸牝入阵,故驹犊生于战地,六畜不育于家,五谷不殖于野,民不足于糟糠。"这为"却走马以粪"和"戎马生于郊"所举的一个实例。

⑤咎莫大于欲得,祸莫大于不知足:王弼本作"祸莫大于不知足,咎莫大于欲得",据郭店简本上下句互移。此处文句,通行本与简、帛本略异。帛书本为:"罪莫大于可欲,祸莫大于不知足,咎莫憯于欲得"。简本为:"罪莫厚乎甚欲,咎莫佥(憯)乎欲得,祸莫大乎不知足"。简本句序优于他本,因简文第三句"祸莫大于不知足",与下文"知足之足,此恒足矣"正相接连,文义较完整。

⑥故知足之足,常足矣:知道满足的这种满足,是永远满足的。

胡寄窗说:"寡欲的具体表现是'知足'。老子学派把知足看得非常重要,以为知足可以决定人们的荣辱、生存、祸福。……不仅此也,他们并将知足作为从主观上分辨贫富的标准。如知足,则虽客观财富不多而主观上亦可自认为富有,'知足者富','富莫大于知足'。因为知'足'之所以为足,则常足矣,常足当然可以看作是富裕。反之,客观财富虽多,由于主观的不知足,贪得无厌,能酿成极大的祸害。从这里可以看出老子的财富观决定于主观的知足与不知足,亦即决定于'欲不欲',所以带有唯心主义色彩。但他们很重视客观刺激对产生欲望之作用。如他们说'乐与饵,过客止'。寡欲与知足是不可分割的,未有能寡欲而不知足者,亦未有不寡欲而能知足者。老子提出寡欲、知足,对当时当权贵族的无厌欲求是一个强烈的抗议。"(《中国经济思想史》上,第二○九页)

【今译】

　　国家政治上轨道，把运载的战马还给农夫用来耕种。国家政治不上轨道，便大兴戎马于郊野而发动征战。

　　祸患没有过于不知足的了；罪过没有过于贪得无厌的了。所以懂得满足的这种满足，将是永远的满足。

【引述】

　　战争的起因，大半由于侵略者的野心勃勃，贪得而不知止足，结果侵人国土，伤人性命，带来无穷的灾难。老子指陈统治者多欲生事的为害，警惕为政者当清静无为，收敛侵占的意欲。

　　"天下无道，戎马生于郊。"也可反映出当时兵马倥偬，互相杀伐的惨烈情况。本章和三十章、三十一章都含有反战思想，沉痛抨击当时的武力侵略，给百姓带来的灾难。

四十七章

不出戶,知天下;不闚牖,見天道①。其出彌遠,其知彌少。

是以聖人不行而知,不見而明②,不爲③而成。

【注释】

①天道:自然的规律。

②不见而明:"明"原作"名","名"与"明"古时通用。张嗣成本作"明"。

　　蒋锡昌说:"'名'、'明'古虽通用,然《老子》作'明'不作'名'。二十一章,'不自见,故明'。五十二章,'见小曰明';皆'见'、'明'连言,均其证也。此当据张本改。"按:"不见而明",指不窥见而明天道,《韩非·喻老篇》所引正作"不见而明",当据以改"名"为"明"。

③不为:即无为。

【今译】

不出门外,能够推知天下的事理;不望窗外,能够了解自然的法则。越向外奔逐,对道的认识也越少。

所以圣人不出行却能感知,不察看却能明晓,无为而能成功。

【引述】

老子特重内在直观自省。他认为我们的心思如果一味向外奔驰将会使思虑纷杂,精神散乱。一个轻浮躁动的心灵,自然无法明澈地透视外界事物,所以老子说:"其出弥远,其知弥少。"

老子认为世界上一切事物都依循着某种规律运行着,掌握着这种规律(或原则),当可洞察事物的真情实况。老子认为我们应透过自我修养的工夫,作内观返照,清除心灵的蔽障,以本明的智慧、虚静的心境,去览照外物,去了解外物运行的规律。

上面的观点,不限于老子,庄子和佛学也持着相似的基本观念(老子的说法没有庄子那样明显),我们还可以笼统地说东方型的思想都有这种基本的认定,这和西方思想家或心理分析学家的观点迥异,他们认为人类心灵的最深处是焦虑不安的,愈向心灵深处挖掘,愈会发觉它是暗潮汹涌,腾折不宁的。

四十八章

爲學日益①，爲道日損②。損之又損，以至于無爲。無爲而無不爲③。取④天下常以無事⑤，及其有事⑥，不足以取天下。

【注释】

①为学日益："为学"是指探求外物的知识活动。

　　河上公注："'学'谓政教、礼乐之学也；'日益'者，情欲文饰，日以益多。"

　　蒋锡昌说："'为学者日益'，言俗主为有为之学者，以情欲日益为目的；情欲日益，天下所以生事多扰也。"

②为道日损："为道"是通过冥想或体验以领悟事物未分化状态的"道"。帛书乙本作"闻道者日损"。

　　张岱年说："主损的思想，创始于老子。老子是第一个分别损与益的人。"

　　冯友兰说："'为学'就是求对于外物的知识。知识要积累，越多越好，所以要'日益'。'为道'是求对于道的体会。道是不可说，不可名的，所以对于道的体会是要减少知识，'见素抱朴，少私寡欲。'（十九章）所以要'日损'。……

　　《老子》并不完全不要知识，所以它还要用观的方法去求对外界的知识。它认为，为道就要日损，为学就要日益，但是所损所益并不是一个方面的事。日损，指的是欲望、感情之类；日益,指的是积累知识的问题。这两者并不矛盾,用我的话说,为道所得的是一种精神境界,为学所得的是知识的积累,这是两回事。一个很有学问的人,他的精神境界可能还是像小孩子一样天真烂漫,用《老子》表达的方式,一个人也应该知其益,守其损。"《中国哲学史新编》

高明说:"'为学'指钻研学问,因日积月累,知识日益渊博。'闻道'靠自我修养,要求静观玄览,……复返纯朴。"

③无为而无不为:不妄为,就没有什么事情做不成的。

蒋锡昌说:"上行无为,则民亦自正,而各安其业,故无不为也。'无为'者,言其因,'无不为'者,言其果。"

④取:为,治,犹摄化。

河上公注:"取,治也。"

蒋锡昌说:"《广雅·释诂》:'取,为也。'《国语》二十四:'疾不可为也。'韦解:'为,治也。'是'取'与'为'通,'为'与'治'通。故河上云:'取,治也。'"

⑤无事:即是无扰攘之事。

⑥有事:政举繁苛。这里的"事",犹如"惹事生非"的"事"。

【今译】

求学一天比一天增加〔知见〕,求道一天比一天减少〔智巧〕。减少又减少,一直到"无为"的境地。

如能无为那就没有什么事情做不成的了。治理国家要常清静不扰攘,至于政举繁苛,就不配治理国家了。

【引述】

"为学"是求外在的经验知识,经验知识愈累积愈增多。"为道"是摒除偏执妄见、开阔心胸视野以把握事物的本根,提升主体的精神境界。

"为道"在于探讨事物的本根,尤在提升人的精神境界。当今哲学的工作,既需"为学",尤要为"道"。

四十九章

聖人常無心①，以百姓心爲心。

善者，吾善之；不善者，吾亦善之；德②善。

信者，吾信之；不信者，吾亦信之；德信。

聖人在天下，歙歙焉③，爲天下渾其心④，百姓皆注其耳目⑤，聖人皆孩之⑥。

【注释】

①常无心：今本作"无常心"，据帛书乙本改。

王安石说："圣人无心，……以'吉凶与民同患'故也。"

张纯一说："景龙本、顾欢本皆无'常'字，此文当作'常无心'。"（《老子通释》）

严灵峰说："张纯一曰：'当作"常无心"。'张说是也。河上公注云：'圣人重改更，贵因循，若自"无心"。'严遵曰：'"无心"之心，心之主也。'刘进喜曰：'圣人"无心"；有感斯应。'李荣注曰：'圣人"无心"与天地合德。'王安石曰：'圣人"无心"，故无思无为。'王雱注第二章云：'夫圣人"无心"，以百姓心为心。'正引此章经文。是临川王氏父子，俱作'无心'矣。疑古本当作'无心'。……又：顾欢本、景龙本均无'常'字；正作'无心'。"证之帛书，严说正是。

张松如说："'恒无心'，河、傅、王、范及唐宋以来诸本，大都误作'无常心',因在'常心'二字上大作文章,焦竑《老子翼》说:'无常心,心无所主也。'……独景龙、敦煌、顾欢数本,则无'常'字或'恒'字,全句作'圣人无心,以百姓心为心。'此证'常心'二字,并非老子专用术语。此句正宜从帛书作'恒无心',或依今本写作'常无心'。无心者,无私心也。"

②德:假借为"得"。

"德"作"得":景龙本、敦煌本、傅奕本、明太祖本、陆希声本、司马光本、严遵本、《次解》本、张嗣成本、林希逸本、吴澄本、王雱本,"德善""德信"的"德"均作"得"。

③歙歙焉:"歙",收敛,指收敛主观的意欲。"焉"字今本缺,傅奕本、司马光本、李约本、吴澄本、范应元本均有"焉"字。王弼注文:"是以圣人之于天下'歙歙焉',心无所主也。"依注"歙歙"下当有"焉"字,兹据傅本及帛书本补。

范应元说:"歙:音吸,收敛也。"

刘师培说:"'歙',乃歙闭之义也。此言圣人治天下,行治不尚侈张。"

徐复观说:"歙歙,正形容在治天下时,极力消去自己的意志,不使自己的意志伸长出来作主,有如纳气入内(歙)。"(《中国人性论史》)

④浑其心:使人心思化归于浑朴。

⑤百姓皆注其耳目:百姓都专注他们自己的耳目。指百姓竞相用智,即王弼注:"各用聪明。"在"各用聪明"的情形下,自然会产生各种的纷争巧夺。

释德清注:"百姓皆注其耳目者,谓注目而视,倾耳而听,司其是非之昭昭。"

⑥圣人皆孩之:圣人孩童般看待他们。

徐复观说:"圣人皆孩之的方法,亦只是圣人自己抱一守朴,不给百姓以扰动。亦即是无为而治。"

【今译】

圣人没有主观成见,以百姓的心为心。

善良的人,我善待他;不善良的人,我也善待他;这样可使人人向善。

守信的人,我信任他;不守信的人,我也信任他;这样可使人人守信。

圣人在位,收敛自己的主观成见与意欲,使人心思化归于浑朴,百姓都投注他们自己的耳目,圣人却孩童般看待他们。

【引述】

理想的治者,收敛自我的成见与意欲,不以主观厘定是非好恶的标准,破除自我中心去体认百姓的需求,而敞开彼此隔阂的通路。

理想的治者,浑厚真朴,以善心去对待任何人(无论善与不善的人);以诚心去对待一切人(无论守信与不守信的人)。这和"无弃人""无弃物"(二十七章)的人道主义精神是一贯的。

五 十 章

　　出生入死①。生之徒②,十有三③;死之徒④,十有三;人之生〔生〕,動之於死地⑤,亦十有三。夫何故？以其生生之厚⑥。

　　蓋聞善攝生⑦者,陸行不遇兕⑧虎,入軍不被甲兵⑨;兕無所投其角,虎無所用其爪,兵無所容其刃。夫何故？以其無死地⑩。

【注释】

①出生入死：人出世为生，入地为死。

　　这句通常有两种解释：一、人离开生路，就走进死路。王弼注："出生地，入死地。"二、人始于生而终于死。吴澄说："'出'则生，'入'则死；'出'谓自无而见于有，'入'谓自有而归于无。"又如蒋锡昌说："此言人出于世为生，入于地为死。"〔今译〕从后者。

②生之徒：属于长命的。"徒"，类，属。

　　王弼注："取其生道，全生之极。"

　　吴澄说："凡不以忧思嗜欲损寿，不以风寒暑湿致疾，能远刑诛兵争压溺之祸者，生之徒也"。

　　蒋锡昌说："长寿之类。"(《老子校诂》)

③十有三：十分中有三分，即十分之三。许多解释者从《韩非子》

的说法,把"十有三"解释为"四肢九窍",这是错误的。

　　王弼注:"'十有三',犹云十分有三分。"

　　司马光注:"大约柔弱以保其生者三,刚强以速其死者三,虽志在爱生而不免于趋死者亦三。其所以爱生而趋死者,由其自奉养太厚故也。"(《道德真经论》)

　　杨兴顺说:"生死相循是'道'的自然法则之一。老子认为:人类社会上有三分之一的人走向生的自然繁荣;有三分之一的人走向自然的死亡;还有三分之一的人由于违背了生的自然性,即违背了'道'的法则,去做力所不逮的事,因而过早死亡了。"

④死之徒:属于夭折的。

　　蒋锡昌说:"短命之类。"

　　高延第说:"'死之徒'谓得天薄者,中道而夭。"(《老子证义》)

⑤人之生〔生〕,动之于死地:"人之生生",王弼本作"人之生",据傅奕本及帛书本改。"生生"是一动宾结构之短语,译成今语则谓"过分地奉养生命"(高明说)。按上文"生之徒"、"死之徒"皆就长寿、短寿之自然性而言,此处"动之于死地",则是人类反自然性的人为而说"动",为,妄为。这十分之九皆不在"善摄生"之列。另外的十分之一,则是不妄为、任自然、注意"营魄合一"的形神修炼的"善摄生"者。

　　高延第说:"动而之死者,谓得天本厚,可以久生,而不自保持,自蹈死地。"

⑥生生之厚:厚自奉养以求生。

　　高亨说:"生生之厚者,逞欲于声色等,是自伤其生而动之死地矣。"

高延第说:"'生生之厚',谓富贵之人,厚自奉养,服食药饵,以求长生,适自蹈于死地,此即动之于死地者之端。缘世人但知戕贼为伤生,而以厚自奉养者为能养生,不知其取死者同也,故申言之。"

⑦摄生:养生。摄,调摄,养护。

⑧兕:犀牛。

⑨入军不被甲兵:战争中不会受到杀伤。

马总说:"不好战杀。"(《老子意林》)

蒋锡昌说:"《广雅·释诂》二:'被,加也。''遇''被'皆为受动词。……其入军也,不至敌人戒线之内,故决不为甲兵所加。"

⑩无死地:没有进入死亡的领域。

【今译】

人出世为生,入地为死。属于长寿的,占十分之三;属于短命的,占十分之三;人的过分地奉养生命,妄为而走向死路的,也占了十分之三。为什么呢?因为奉养太过度了。

听说善于养护生命的人,在陆地上行走不会遇到犀牛和老虎,在战争中不会受到杀伤;犀牛用不上它的角,老虎用不上它的爪,兵器用不上它的刃。为什么呢?因为他没有进入死亡的范围。

【引述】

人生在世,大约有十分之三是长寿的,十分之三是短命的,这些都是属于自然的死亡。另有十分之三的人,本来可以活得长久,但是贪餍好得,伤残身体,而自己糟蹋了生命。只有极少数(十分之一)的人,善于护养自己的性命,能做到少私寡欲,过着清静朴质、纯任自然的生活。

五十一章

道生之，德畜之，物形之，勢成之①。

是以萬物莫不尊道而貴德。

道之尊，德之貴，夫莫之命而常自然②。

故道生之，德畜之；長之育之；亭之毒之③；養之覆之。生而不有，爲而不恃，長而不宰，是謂"玄德"④。

【注釋】

①道生之，德畜之，物形之，勢成之："道"是万物由以生成的究竟所以，而"德"是一物由以生成之所以（张岱年《中国哲学大纲》）。"勢"：有几种解释：一、环境；如蒋锡昌说："'勢'，指各物所处之环境而言，如地域之变迁，气候之差异，水陆之不同是也。"二、力；如陈柱说："勢者，力也。"但陈柱并没有说明"力"是指潜在于物内的势能或是指外在的自然力。若是指自然的力量（如河上公注："寒暑之势"。或如释德清注："势者，凌逼之意。若夫春气逼物，故物不得不生。秋气逼物，故物不得不成"），这种解释就与前者相同；因为寒暑气候等自然力量的影响，就是属于环境的因素。所以第二种解释"势"为内在的势能。三、对立；如林希逸说："势则有对矣，故曰：'势成之。'阴阳之相偶，四时之相因，皆势也。"又如严灵峰说："彼、此相资，互为利用，势相依倚；故曰：'势成之。'"〔今译〕从一。

张岱年说:"老子说:'道生之,德畜之,物形之,势成之。'一物由道而生,由德而育,由已有之物而受形,由环境之情势而铸成。道与德乃一物之发生与发展之基本根据。《庄子·天地》说:'物得以生谓之德。'德是一物所得于道者。德是分,道是全。一物所得于道以成其体者为德。德实即是一物之本性。道与德是道家哲学之最根本的二观念,故道家亦称为道德家。"

冯友兰说:"老子认为,万物的形成和发展,有四个阶段。首先,万物都由'道'所构成,依靠'道'才能生出来('道生之')。其次,生出来以后,万物各得到自己的本性,依靠自己的本性以维持自己的存在('德畜之')。有了自己的本性以后,再有一定的形体,才能成为物('物形之')。最后,物的形成和发展还要受周围环境的培养和限制('势成之')。在这些阶段中,'道'和'德'是基本的。没有'道',万物无所从出;没有'德',万物就没有了自己的本性;所以说:'万物莫不尊道而贵德'。但是,'道'生长万物,是自然而然如此的;万物依靠'道'长生和变化,也是自然如此的;这就是说并没有什么主宰使它们如此,所以说:'莫之命而常自然'。"

又:"势成之",帛书甲、乙本均作"器成之"。高明说:"按物先有形而后成器,《老子》第二十八章'朴散则为器',王弼注:'朴,真也。真散则百行出,殊类生,若器也。'二十九章'天下神器',王弼注:'器,合成也。无形以合,故谓之神器也。'《周易·系辞》上'形乃谓之器',韩康伯注:'成形曰器。'皆'形'、'器'同语连用。从而可见,今本中之'势'应假借为'器',当从帛书甲、乙本作'器成之'。夫物生而后则畜,畜而后形,形成而为器。其所由生者道也,所畜者德也,所形者物也,所成者器也。"

② 莫之命而常自然：不加以干涉，而让万物顺任自然。

　　蒋锡昌说："道之所以尊，德之所以贵，即在于不命令或干涉万物，而任其自化自成也。"

　　张岱年说："万物皆由道生成，而道之生万物，亦是无为而自然的。万物之遵循于道，亦是自然的。在老子的宇宙论中，帝神都无位置。"

③ 亭之毒之：有两种解释，一、作"安"、"定"讲；《仓颉篇》："亭，定也。"《广雅·释诂》："毒，安也。""亭之毒之"，即是定之安之。二、作"成""熟"讲；河上公本和其他古本"亭之毒之"多作"成之熟之。"高亨说："'亭'当读为'成'，'毒'当读为'熟'，皆音同通用。按："毒"为"惇"之借字。《说文》："惇，保也，高土也，读若毒"。"惇"是土堡，名动相因，故有"保安"之义。这句话的意思是使万物安宁其心性。

　　傅山说："'亭''毒'两字最要紧。'毒'字最好最有义，其中有禁而不犯之义，又有苦而使坚之义。"兹备一说。

④ 生而不有，为而不恃，长而不宰，是谓"玄德"：这四句重见于十章。

　　冯友兰说："因为'道'并不是有意识，有目的地创造万物，所以老子又说：'生而不有，为而不恃，长而不宰'（《老子》十章亦有此文）。就是说，'道'生长了万物，却不以万物为己有；'道'使万物形成，却不自己以为有功；'道'是万物的首长，却不以自己为万物的主宰。这些论点表明，万物的形成和变化不是受超自然的意志支配的，也不是有某种预定的目的。这是一种唯物主义和无神论的思想。它不仅否定了上帝创世说和目的论，而且表明了'道'不是精神性的实体。"

【今译】

　　道生成万物，德畜养万物，万物呈现各种形态，环境使各物成长。

　　所以万物没有不尊崇道而珍视德的。

　　道所以受尊崇，德所以被珍视，就在于它不加干涉，而顺任自然。

　　所以道生成万物，德畜养万物；使万物成长作育；使万物安宁心性；使万物得到爱养调护。生长万物却不据为己有，兴作万物却不自恃己能，长养万物却不为主宰，这就是最深的德。

【引述】

　　万物成长的过程是：一、万物由道产生；二、道生万物之后，又内在于万物，成为万物各自的本性（道分化于万物即为"德"）；三、万物依据各自的本性而发展个别独特的存在；四、周围环境的培养，使各物生长成熟。"道德"的尊贵，在于不干涉万物的成长活动，而顺任各物自我化育，自我完成，丝毫不加以外力的限制与干扰。

　　道的创造万物并不含有意识性，也不带有目的性，所以说："生而不有，为而不恃，长而不宰。""生""为""长"（生育、兴作、长养）都是说明道的创造功能，"不有""不恃""不宰"都是说明道的不具占有意欲。在整个道的创造过程中，完全是自然的，各物的成长活动亦完全是自由的。

本章说明道的创造性不含丝毫占有性,并述及道与各物的自发性(Spontaneity)——这种自发性不仅是道所蕴含的特有精神,也是老子哲学的基本精神。

五十二章

天下有始①,以爲天下母②。旣得其母,以知其子③;旣知其子,復守其母,沒身不殆。

塞其兌,閉其門④,終身不勤⑤。開其兌,濟其事⑥,終身不救。

見小曰明⑦,守柔曰強⑧。用其光,復歸其明⑨,無遺身殃⑩;是爲襲常⑪。

【注释】
①始:本始,指道。

张岱年先生说:"在老子以前。似乎无人注意到宇宙始终问题;到老子乃认为宇宙有始,是一切之所本。"(《中国哲学大纲》)
②母:根源,指道。
③子:指万物。
④塞其兑,闭其门:塞住嗜欲的孔窍,闭起嗜欲的门径。

王弼说:"'兑',事欲之所由生,'门',事欲之所由从也。"

奚侗说:"《易·说卦》:'兑为口。'引申凡有孔窍者可云'兑'。……塞兑,闭门,使民无知无欲。"

高延第说:"'兑',口也,口为言所从出,门为人所由行,塞之闭之,不贵多言,不为异行。"
⑤勤:劳。

马叙伦说："'勤'借为'瘽',《说文》曰:'病也。'"这里的"勤"作普通"勤劳"讲,含有劳扰的意思。不必从马说。

⑥开其兑,济其事:打开嗜欲的孔窍,增添纷杂的事件。

奚侗说:"'开其兑',则民多智慧;益其事,则法令滋彰,天下因以燔乱。"

高延第说:"尚口者穷,多为者败,徒长诈伪,无益于事。"

⑦见小曰明:能察见细微的,才是"明"。

陈柱说:"见小则重分析,而见事理也明。"

⑧强:自强不息的"强",健。

⑨用其光,复归其明:"光"是向外照耀,"明"是向内透亮。

吴澄说:"水镜能照物谓之'光',光之体谓之'明'。用其照外之光,回光照内,复返而归藏于其内体之明也。"

⑩无遗身殃:不给自己带来灾殃。

⑪袭常:承袭常道。"袭",通行本作"习"。傅奕本、苏辙本、林希逸本、吴澄本、焦竑本及帛书甲本均作"袭"。

马叙伦说："'袭''习'古通。《周礼·胥师》注曰:'故书袭为习。'是其例证。"

【今译】

天地万物都有本始,作为天地万物的根源。如果得知根源,就能认识万物;如果认识万物,又持守着万物的根源,终身都没有危险。

塞住嗜欲的孔窍,闭起嗜欲的门径,终身都没有劳扰的事。打开嗜欲的孔窍,增添纷杂的事件,终身都不可救治。

　　能察见细微的叫做"明",能持守柔弱的叫做"强"。运用智慧的光,返照内在的明,不给自己带来灾殃;这叫做永续不绝的常道。

【引述】

　　本章重点:一、要人从万象中去追寻根源,去把握原则。二、要人不可一味奔逐物欲。肆意奔逐的结果,必将迷失自我。三、在认识活动中,要去除私欲与妄见的蔽障,内视本明的智慧,而以明澈的智慧之光,览照外物,当可明察事理(这观念见前面四十七章引述,这里仅夸称内视的作用而已)。本章言外之意,还寓意世人好逞聪明,不知敛藏,老子遂恳切地唤醒人不可一味外溢,应知内蓄。

五十三章

使我①介然有知②,行于大道,唯施③是畏。

大道甚夷④,而人⑤好徑⑥。朝甚除⑦,田甚蕪,倉甚虛;服文綵,帶利劍,厭⑧飲食,財貨有餘;是謂盜夸⑨。非道也哉!

【注释】

①我:指有道的治者。

　　王真说:"我者侯王也。"

　　范应元说:"使我者,老子托言也。"

②介然有知:微有所知;稍有知识。

　　"介",微小。《列子·杨朱篇》:"无介然之虑者。"《释文》:"介,微也。"顾本成疏:"介然,微小也。"

③施:邪;斜行。

　　王念孙说:"'施'读为迤。迤,邪也。言行于大道之中,唯惧其入于邪道也。下文云:'大道甚夷,而民好径。'河上公注:'径,邪不正也。'是其证矣。《说文》:'迤,衺行也。'引《禹贡》:'东迤北会于汇。'《孟子·离娄篇》:'施从良人之所之。'赵注曰:'施者,邪施而行,丁公著音迤。'《淮南·齐俗篇》:'去非者非批邪施也。'高注曰:'施,微曲也。'〈要略篇〉:'接径直施。'高注曰:'施,邪也。'是'施'与'迤'通。"（《老子杂志》,在《读书杂志》内)

钱大昕说:"'施'古音斜字。《史记·贾生列传》:'庚子日施兮。'《汉书》作'斜'。'斜''邪'音义同也。"(《潜研堂文集》卷九,引自蒋锡昌《老子校诂》)

④夷:平坦。

范应元本"夷"作"徥"。范说:"'徥'古本如此,《说文》云:'行平易也。'"

高亨说:"夷借为徥,徥,道平也。"

⑤人:指人君。原作"民"。按下文义并据景龙本改。

景龙本、李约本、《次解》本,"民"作"人"。

严可均说:"而人好径。"(《老子唐本考异》)

奚侗说:"'人'指人主言。各本皆误作'民',与下文谊不相属。盖古籍往往'人''民'互用,以其可两通。此'人'字属君言,自不能借'民'为之,兹改正。"

蒋锡昌说:"奚氏谓此'民'当改作'人',指人主言,是也。景龙碑正作'人',可谓奚证。"

⑥径:邪径。

河上公注:"'径',邪不正也。"

⑦朝甚除:朝廷非常败坏。

"除",有几种解释:一、[宫殿]整洁;如王弼注:"'朝',宫室也。'除',洁好也。"河上公注:"高台榭,宫室修。"陆希声说:"观朝阙甚条除,墙宇甚雕峻,则知其君好土木之功,多嬉游之娱矣。"二、废弛,颓败;严灵峰说:"'除',犹废也。言朝政不举而废弛也。"而马叙伦说:"'除'借为'污'。"〔今译〕从后者。

⑧厌:饱足。

敦煌本"厌"作"猒"。"厌",假借为"猒"。《说文》:"猒,饱也,足也。""猒"是"猒"的俗字。

⑨盗夸:大盗。

"盗夸",《韩非子·解老篇》作"盗竽"。

韩非说:"'竽'也者,五声之长者也。故竽先,则钟瑟皆随;竽唱,则诸乐皆和。今大奸作则俗皆和之,俗皆和则伪心力焉败矣。"

高亨说:"'夸'、'竽'同声系,古通用。据韩说,'盗竽'犹今言盗魁也。'竽'以乐喻,魁以斗喻,其例正同。"

严灵峰说:"'夸',奢也;从大,亏声;犹'大'也。'盗夸',大盗也;犹'盗魁'也。"

【今译】

假使我稍微有些认识,在大道上行走,担心惟恐走入了邪路。

大道很平坦,但是人君却喜欢走斜径。朝政腐败极了,弄得农田非常荒芜,仓库十分空虚;还穿着锦绣的衣服,佩带锋利的宝剑,饱足精美的饮食,搜刮过多的财货;这就叫做强盗头子。多么的无道呀!

【引述】

本章痛言当时政风的败坏,为政者挟持权威武力,搜刮榨取,侵公肥私,过着奢侈糜烂的生活,而下层民众却陷于饥饿的边缘。这种景况,无怪老子气愤地斥骂当时的执政者为"强盗头子"。

五十四章

善建者不拔,善抱①者不脱,子孫以祭祀不輟②。

修之於身,其德乃眞;修之於家,其德乃餘;修之於鄉,其德乃長③;修之於邦④,其德乃豐;修之於天下,其德乃普。

故以身觀身,以家觀家,以鄉觀鄉⑤,以邦觀邦,以天下觀天下。吾何以知天下然哉?以此。

【注釋】

①抱:有牢固的意思。

②子孫以祭祀不輟:世世代代都能遵守"善建""善抱"的道理,后代的烟火就不會絕滅。

③長:盛大(《呂覽·知度》注:"長,盛也")。

④邦:王弼本作"国"。傅奕本作"邦",《韓非子·解老篇》引同。漢人避高祖諱,所以本章"邦"字均改為"国"。今據簡本、《韓非·解老》、傅本及帛書甲本改正。

范應元本作"邦",范說:"'邦'字,《韓非》與古本同。"

吳澄說:"'邦',諸本作'国'。蓋漢避高祖諱改作'国'也。唐初聚書最盛,猶有未避諱以前舊本也。"

魏源說:"'拔''脱''輟'為韻,'身''真'為韻,'家''余'為韻,'乡''長'為韻,'邦''丰'為韻,'下''普'為韻,皆古音也。諸本避

汉讳改'邦'作'国'。"(《老子本义》)

按：帛书甲本作"邦"，乙本则避刘邦的讳俱改为"国"，由此以证帛书甲、乙本抄写年代的不同。高亨说："甲本中所能辨得清的'邦'字二十二个，在乙本中俱改为'国'字。汉高祖名邦，这充分说明乙本写者有意避刘邦的讳，而甲本则不避。可证它是刘邦称帝以前抄写的。"(《试谈马王堆汉墓中的帛书老子》)

⑤以身观身，以家观家，以乡观乡：以自身察照别人，以自家察照他家，以我乡察照他乡。

王弼注："彼皆然也。"

林希逸注："即吾一身而可以观他人之身，即吾之一家而可以观他人之家，即吾之一乡而可以观他人之乡。"

【今译】

善于建树的不可拔除，善于抱持的不会脱落，如果子孙能遵行这个道理则世世代代的祭祀不会断绝。

拿这个道理贯彻到个人，他的德会是真实的；贯彻到一家，他的德可以有余；贯彻到一乡，他的德能受尊崇；贯彻到一国，他的德就会丰盛；贯彻到天下，他的德就会普遍。

所以要从〔我〕个人观照〔其他的〕个人，从〔我〕家观照〔其他人的〕家，从〔我的〕乡观照〔其他的〕乡，从〔我的〕国观照〔其他的〕国，从〔我的〕天下观照〔其他的〕天下。我怎么知道天下的情况呢？就是用这种道理。

【引述】

"修身"犹如巩固根基,是建立自我与处人治世的基点。老子并强调由治身到治国的大小范围内,修德的重要性。社会各阶层中的德教,亦为儒家所倡导,不过在程序推衍上各家观点略有差别。例如《管子·牧民》也提出家、乡、国、天下之为治的主张,但它认为:"以家为乡,乡不可为也;以乡为国,国不可为也;以国为天下,天下不可为也。以家为家,以乡为乡,以国为国,以天下为天下。"〈牧民〉的观点与老子"以身观身,以家观家,以乡观乡,以邦观邦,以天下观天下"相一致,两者与《大学》修齐治平却有较大的不同,《大学》由修身到齐家之后,便由齐家急速推广到治国。然而"家"与"国"不仅性质、领域不同,所处理的事也各异,能齐家的未必能治国。不过,《大学》的夸夸其谈,颇深入人心。

五十五章

含德之厚,比於赤子。蜂蠆虺蛇不螫①,攫鳥猛獸不搏②。骨弱筋柔而握固。未知牝牡之合而朘作③,精之至也。終日號而不嗄④,和之至也。

知和曰常,知常曰明⑤。益生⑥曰祥⑦。心使氣曰強⑧。物壯⑨則老,謂之不道,不道早已。

【注釋】

①蜂蠆虺蛇不螫:"蠆",蝎类。"虺",毒蛇。"螫",毒虫用尾端刺人。

　按此句河上公本、景福本、李约本、陆希声本、司马光本、苏辙本、林希逸本、吴澄本及其他众古本多作"毒虫不螫"。毒虫:指蜂、蠆、虺、蛇之类。王弼本与帛书甲、乙本同,当为《老子》原文。

②攫鸟猛兽不搏:"攫鸟",用脚爪取物如鹰隼一类的鸟。"攫"的用法和猛兽的"猛"用法一样,都是形容凶恶的物类的。

　此句王弼本作"猛兽不据,攫鸟不搏",据简本及帛书本改,以与上句对文。

③朘作:婴孩生殖器举起。"朘",王弼本作"全",婴孩的生殖器。"作",挺举,翘起。

　王本"全",傅本及帛书乙本作"朘",河上公本及多种古本作"朘"。

范应元说:"'朘',傅奕与古本同,今诸本多作'峻'。《玉篇》'朘'字注亦作'峻''屡',系三字通用,并子雷切,赤子阴也。"

易顺鼎说:"'朘''全'音近,故或假'全'为之。"

④嗄:哑。河上公本作"哑"。
⑤知和曰常,知常曰明:郭店简本作"和曰同,知和曰明"。

魏启鹏说:"同读为同。《素问·上古天真论》:'和于阴阳'。王冰注:'和谓同和'。此本《老子》'万物负阴而抱阳,冲气以为和'之旨。(《逸周书·成开》:'众和乃同'。孔注:'同谓和同'。亦和、同互训。)从深层意义上解读,'和曰同'又指一种体道的境界。"(〈楚简《老子》柬释〉;刊在陈鼓应主编《道家文化研究》郭店楚简专号)

⑥益生:纵欲贪生。
⑦祥:作妖祥、不祥解。

林希逸说:"祥,妖也。《传》曰:'是何祥也。'即此'祥'字之意。"

范应元说:"祥,妖怪也。"

易顺鼎说:"按'祥'即不祥。《书序》云:'有祥桑谷共生于庙',与此'祥'字同义。王注曰:'生不可益,益之则夭。''夭'字当作'妖',盖以'妖'解'祥'字。"

蒋锡昌说:"《素问·六元正纪大论》:'水乃见祥。'注:'祥,妖祥。'左氏僖十六年《传》疏:'恶事亦称为祥。'《道德真经取善集》引孙登曰:'生生之厚,动之妖祥。'又引舒王曰:'此"祥"者,非作善之祥,乃灾异之祥。'是'祥'乃妖祥。"

⑧强:逞强;暴。

⑨壮:强壮。三十章王弼注:"'壮',武力兴暴。"这里的"壮"应指上句"强"(逞强)而言。

【今译】

含德深厚的人,比得上初生的婴儿。蜂蝎毒蛇不咬伤他,凶鸟猛兽不搏击他。他筋骨柔弱拳头却握得很牢固。他还不知道男女交合但小生殖器却自动勃起,这是精气充足的缘故。他整天号哭,但是他的喉咙却不会沙哑,这是元气淳和的缘故。

认识淳和的道理叫做"常",认识常叫做"明"。贪生纵欲就会有灾殃,心机主使和气就是逞强。过分的强壮就趋于衰老,这叫做不合于道,不合于道很快就会死亡。

【引述】

老子用赤子来比喻具有深厚修养境界的人,能返到婴儿般的纯真柔和。"精之至"是形容精神充实饱满的状态,"和之至"是形容心灵凝聚和谐的状态。

五十六章

知者不言，言者不知①。

塞其兑，閉其門②，挫其鋭，解其紛，和其光，同其塵③，是謂"玄同"④。故不可得而親，不可得而疏；不可得而利，不可得而害；不可得而貴，不可得而賤⑤。故爲天下貴。

【注釋】

①知者不言，言者不知：郭店簡本作"智之者弗言，言之者弗智"。这里按字面的解释是：知道的人不说话，说话的人不知道。然"知者"疑作"智者"。

严灵峰说："此两'智'字，原俱作'知'；似当读去声，作'智慧'之'智'。陆德明《释文》云：'"知"者，或并音"智"。'……河上公注'智者不言'句云：'知者贵行不贵言也。'王注云：'因自然也。'又河上注'言者不知'句云：'駟不及舌，多言多患。'王注云：'造事端也。'疑河上、王弼两本'知'皆作'智'者。伊凡摩尔根（Evan Morgan）在其所著英文本《淮南鸿烈》书中引白居易读《老子》诗云：'言者不智，智者默，此语吾闻诸老君；若道老君是智者，如何自著五千言？'并译'智'作：'Wise'。足证唐时所见古本亦有作'智'者。又，高丽版影印李朝《道家论辨牟子理惑论》引作：'智者不言。'而日本《大藏经牟子理惑论》引《老子》

正作'智者不言,言者不智。'"〔今译〕据严说。

"言"指声教政令。见二章注⑨、十七章注④、二十三章注①。蒋锡昌说:"是'言'乃政教号令,非言语之意也。"

②塞其兑,闭其门:这二句已见于五十二章,参看该章注④。简本此处作"閟其迨,赛(塞)其门"。"閟"乃"闭"字之异构。"迨"借为"兑",指人之孔窍(魏启鹏说)。

③挫其锐,解其纷,和其光,同其尘:不露锋芒,消解纷扰,含敛光耀,混同尘世。这四句重见于四章。

马叙伦说:"剉锐解纷和光同尘,正说玄同之义,不得无此四句。"

④玄同:玄妙齐同的境界,即道的境界。

王纯甫说:"玄同者,与物大同而又无迹可见也。"(引《自老子忆》)

⑤不可得而亲,不可得而疏;不可得而利,不可得而害;不可得而贵,不可得而贱:指"玄同"的境界超出了亲疏利害贵贱的区别。

林希逸说:"言其超出于亲疏利害贵贱之外也。"

释德清注:"以其圣人迹寄寰中,心超物表,不在亲疏利害贵贱之间,此其所以为天下贵也。"

【今译】

有智慧的人是不多言说的,多话的就不是智者。

塞住嗜欲的孔窍,闭起嗜欲的门径,不露锋芒,消解纷扰,含敛光耀,混同尘世,这就是玄妙齐同的境界。这样就不分亲,不分疏;不分利,不分害;不分贵,不分贱。所以为天下所尊贵。

【引述】

理想的人格形态是"挫锐""解纷""和光""同尘",而到达"玄同"的最高境界。"玄同"的境界是消除个我的固蔽,化除一切的封闭隔阂,超越于世俗褊狭的人伦关系之局限,以开豁的心胸与无所偏的心境去待一切人物。

老子哲学和庄子哲学最大的不同处,便是老子哲学几乎不谈境界,而庄子哲学则着力于阐扬其独特的人生境界。如果老子的哲学有所谓"境界"的话,勉强可以说"玄同"的观念为近似。

五十七章

以正①治國，以奇②用兵，以無事取天下③。吾何以知其然哉？以此④：

天下多忌諱，而民彌貧⑤；民⑥多利器⑦，國家滋昏；人多伎巧⑧，奇物⑨滋起；法令滋彰⑩，盜賊多有。

故聖人云："我無爲，而民自化⑪；我好靜，而民自正；我無事，而民自富；我無欲，而民自樸。"

【注释】

①正：指清静之道。

　　释德清说："天下国家者，当以清静无欲为正。"
②奇：奇巧，诡秘；临机应变。帛书本"奇"作"畸"。
③取天下：治理天下。

　　朱谦之说："取天下者，谓得民心也。……《荀子·王制篇》杨倞注：'取民谓得民心。'"
④以此：简本及帛书本均无此二字。
⑤天下多忌讳，而民弥贫：郭店简本作"天（下）多忌讳，而民弥畔（叛）"。简文优于各本。

　　彭浩说："'畔'借作'叛'，这两句意为：人主的禁忌越多，而人民多背叛。与下文的'邦滋昏'为对文。"（《郭店楚简〈老子〉校读》）

⑥民：景龙本、唐玄宗本、强思齐本、王纯甫本及多种古本则作"人"。

蒋锡昌说："'民'当从诸本作'人'。盖'天下多忌讳'、'人多利器'、'人多伎巧'、'法令滋彰'，四句皆指人主而言，以明有事之不足以治天下也。三十六章：'国之利器，不可以示人'，亦指人主而言，可为证也。"

严灵峰说："潘静观本作'朝'。三十六章云：'国之利器。'五十二章云：'朝甚除'，似当作'朝'于义为长。"

⑦利器：锐利武器。一说喻权谋。

王纯甫说："利器，即国之利器，智慧权谋之类也。"

⑧伎巧：技巧，即智巧。

吕惠卿本、陈象古本、寇质才本、林希逸本及多种古本"伎"作"技"。《次解》本"伎"作"知"，帛书甲本同，赵至坚本则作"智"。傅奕本"伎巧"作"智慧"，范应元本则作"智惠"。参看各古本可见"伎巧"有智巧、机诈的意思。

王纯甫说："巧，巧诈，非止艺也。"

⑨奇物：邪事。简本作"哦物"。"哦"，应读为苛刻、苛细之"苛"，"苛物"犹言"苛事"，"苛"字用法与"苛政"、"苛礼"之"苛"相类（裘锡圭说）。

范应元本作"衺事"。范说："'衺'与'邪'同。不正之事。"

⑩法令滋彰：河上公本作"法物滋彰"，简本及帛书乙本同。

河上公注："'法物'好物也。珍好之物滋生彰者，则农事废，饥寒并至，故盗贼多有也。"

⑪我无为，而民自化："自化"，自我化育。

晨阳说："这里提出私有欲望问题，为什么当时周末社会被搅得很乱,无非是'天子'诸侯们互相争夺,因'有欲'而动刀兵,天下因而多事,人民不得安宁。老子希望的是克制私欲,消灭剥削,满足人们吃饱穿暖的要求,'甘其食,美其服,安其居,乐其俗',反对'财货有余',反对'贵难得之货',主张'去甚,去奢,去泰',即去掉那些极端的、奢侈的、过分的。可见老子是反对不合理的剥削制度的。他把'无为'与'无欲'连在一起。'无为'是勿因争夺而为,'无欲'是不要有占他人财物之欲。"(〈老子的哲学〉,《河北师范大学学报》,一九八一,三期)

【今译】

以清静之道治国,以诡奇的方法用兵,以不搅扰人民来治理天下。我怎么知道是这样的?从下面这些事端上可以看出:

天下的禁忌越多,人民越陷于贫困;人间的利器越多,国家越陷于昏乱;人们的技巧越多,邪恶的事情就连连发生;法令越森严,盗贼反而不断地增加。

所以有道的人说:"我无为,人民就自我化育;我好静,人民就自然上轨道;我不搅扰,人民就自然富足;我没有贪欲,人民就自然朴实。"

【引述】

"天下多忌讳,而民弥贫;……法令滋彰,盗贼多有。"从这里,不仅可以看到老子对于一切刑政的非议,也可体会出老子所生存的时代,战乱及权力横暴的地步,可见老子提倡"无为"并非无的放矢。威廉·詹姆士说:"自以为有资格对别人的理想武断,正是大多数人间不平等与残暴的根由。"为政者常自以为是社会中的特殊角色,而依一己的心意擅自厘定出种种标准,肆意作为,强制推行。老子的不干涉主义与放任思想是在这种情境中产生,当时"无为"思想的提出,一方面要消解统治集团的强制性,另方面激励人民的自觉性。

本章和三十七章是相对应的,而且说得更为具体。本章的结尾:"我无为而民自化,我好静而民自正,我无事而民自富,我无欲而民自朴。"这是老子"无为政治"的理想社会情境的构想。

五十八章

其政悶悶①,其民淳淳②;其政察察③,其民缺缺④。

禍兮,福之所倚;福兮,禍之所伏。孰知其極?其無正⑤。正復爲奇,善復爲妖⑥。人之迷,其日固久⑦。

是以聖人方而不割⑧,廉而不劌⑨,直而不肆⑩,光而不耀⑪。

【注释】

① 闷闷:昏昏昧昧,含有宽厚的意思。二十章有"我独闷闷"句,形容淳朴的样子。
② 淳淳:淳厚的意思。"淳淳",帛书乙本作"屯屯"。
　　高亨说:"淳借为惇,《说文》:'惇,厚也。'"
③ 察察:严苛(同于二十章注⑬)。
　　林希逸说:"察察者,烦碎也。"
④ 缺缺:狡猾。
　　蒋锡昌说:"'缺缺',机诈满面貌。"
　　高亨说:"'缺缺'借为狯,《说文》:'狯,狡狯也。'狯狯,诈也。"
⑤ 其无正也:它们并没有定准。指福、祸变换无端。
　　范应元说:"无正,犹言不定也。"
　　朱谦之说:"'其无正,''正'读为'定',言其无定也。《玉篇》：'正，长也，定也。'此作'定'解。言祸福倚伏，孰知其极？其无定，即莫知其所归也。"

⑥正复为奇，善复为妖：正再转变为邪，善再转变为恶。

严灵峰说："'奇'，邪也。'妖'，不善，恶也。言正复转为邪，善复转为恶；福去祸来；祸、福又转相乘也。"

童书业说："老子至少已经知道矛盾统一的规律，相反的东西是可以相成的，例如没有'有'，也就没有"无"；没有'难'，也就没有'易'；没有'长'，也就没有'短'等等。同时他又知道相反的东西可以互相转化，例如'美'可以转成'恶'，'善'可以转成'不善'。因为每件事物之中，都包含有否定本身的因素，例如'祸'是'福之所倚'，'福'是'祸之所伏'；相反相成，变化发展，所以说：'孰知其极'。'正'可以变成'奇'，'善'可以变成'妖'。这种观察事物的辩证方法，是老子哲学上的最大成就。"

⑦人之迷，其日固久：人们的迷惑，已经有长久的时日。

严灵峰说："言人之迷惑于祸、福之门，而不知其循环相生之理者，其为时日必已久矣。"

⑧方而不割：方正而不割伤人。

吴澄说："'方'，如物之方，四隅有棱，其棱皆如刀刃之能伤害人，故曰'割'。人之方者，无旋转，其遇事触物，必有所伤害。圣人则不割。"

⑨廉而不刿：锐利而不伤害人。"廉"，利。"刿"，伤。

蒋锡昌说："'廉'假为'利'。《国语·晋语》：'杀，君以为廉。'言杀君以为利也。《庄子·山木篇》：'成则毁，廉则挫。'言利则挫也。《吕览·孟秋》：'其器廉以深。'言器利以深也。《礼记·聘义》郑注：'刿，伤也。''廉而不刿'，言利而不伤也。"

张松如说:"'廉而不刿',此古语也,亦见《荀子·不苟篇》,杨倞注:'廉,棱也。《说文》云:刿,利伤也。'但有廉隅,不至于刿伤也。'"

⑩直而不肆:直率而不放肆。

吴澄说:"直者不能容隐,纵肆其言,以讦人之短。圣人则不肆。"

⑪光而不耀:光亮而不刺目。

吴澄说:"光者不能韬晦,炫耀其行,以暴己之长。圣人则不耀。"

【今译】

政治宽厚,人民就淳朴;政治严苛,人民就狡猾。

灾祸啊,幸福倚傍在它里面;幸福啊,灾祸藏伏在它之中。谁知道它们的究竟?它们并没有一个定准!正忽而转变为邪,善忽而转变为恶。人们的迷惑,已经有长久的时日了。

因而有道的人方正而不割人,锐利而不伤人,直率而不放肆,光亮而不刺目。

【引述】

"其政闷闷"即是指清静"无为"之政;"其政察察"即是指繁苛"有为"之政。老子崇尚"无为"之政,认为宽宏("闷闷")的政风,当可使社会风气敦厚,人民生活朴实,这样的社群才能走向安宁平和的道路。老子所期望的是人民能享受幸福宁静的生活,能过着安然自在的日子。如此看来,老子的政治理想却有积极拯救世乱的一面,仅是实行的方法和态度上与各家不同而已。由他所构画的理想人格形态也可看出,他说:"圣人方而不割,廉而不刿,直而不肆,光而不耀。""方""廉""直""光"正是积极性的人格心态的描述,"不割""不刿""不肆""不耀"乃是无逼迫感的形容。这是说有道的人为政,有积极性的理想,而其作为对人民并不构成逼迫感。

"祸兮福之所倚,福兮祸之所伏",祸福之相因,很容易使我们联想起塞翁失马,焉知非福的故事。在日常生活上,福中常潜伏着祸的根子,祸中常含藏着福的因素,祸与福是相依相生的。事实上,正与邪,善与恶,亦莫不如此。甚至一切事象都在对立的情状中反复交变着,而这种反复交变的转化过程是无尽止的。这种循环倚伏之理,常令人迷惑不解。老子提示我们观察事物,不可停留在表面,应从显相中去透视里层,作全面的了解。他向我们拉开了观察事物的视野,使我们能超拔于现实环境的局限,使我们不致为眼前的困境所陷住,也使我们不致为当下的心境所执迷。

五十九章

治人事天①,莫若嗇②。

夫唯嗇,是謂早服③;早服謂之重積德④;重積德則無不克;無不克則莫知其極;莫知其極,可以有國;有國之母⑤,可以長久;是謂深根固柢,長生久視⑥之道。

【注釋】

①事天:保養天賦(严灵峰《老子达解》)。

"天",有两种解释:一、作"自然";成疏:"天,自然也。"二、作"身";河上公注:"治身者当爱精气不放逸。"〔今译〕从后者。

王纯甫说:"事天,谓全其天之所赋,即修身之谓也。"

奚侗说:"《吕览·先己篇》:'所事者,末也。'高注:'事,治也。'又〈本生篇〉:'以全其天也。'高注:'天,身也。'……嗇以治人,则民不劳;嗇以治身,则精不亏。"

严灵峰说:"'天',犹身性;以全其天也。'事天',犹治身也。"

按:本章重点在于讲"嗇","嗇"是"长生久视之道"。林希逸注文中说:"治国者如此,养生者亦如此,养生而能嗇,则可以长生。""治国""养生",就是指"治人,事天"而说的。本章在于讲怎样来治国养生,对于如何去应对自然(天)则只字未提。所以"事天"当依林希逸作"养生"解。《孟子·尽心章》也曾说："存其心,养其性,所以事天也。"这是养生之所以为"事天"解的一个有力的旁证。道家的"养生"着重在存心、养性上(保存灵明的本心、蓄养天赋的本性)。

②啬:爱惜,保养。

高亨说:"《说文》:'啬,爱濇也,从来从㐭,来者㐭而藏之,故田夫谓之啬夫。'……是'啬'本收藏之义,衍为爱而不用之义。此'啬'字谓收藏其神形而不用,以归无为也。"

③早服:"服",通"备",准备。"早服",早作准备(任继愈说)。郭店简本"早服"正作"早备"。

姚鼐说:"'服'者,事也。啬则时暇而力有余,故能于事物未至,而早从事以多积其德,逮事之至而无不克矣。"

劳健说:"'早服'犹云早从事。"

④重积德:不断的积蓄"德"。"重",多,厚,含有不断增加的意思。"德",指啬"德"。

⑤有国之母:"有国",含有保国的意思。"母",譬喻保国的根本之道。

⑥长生久视:长久维持;长久存在。"久视",就是久立的意思。

【今译】

治理国家、养护身心,没有比爱惜精力更重要。

爱惜精力,乃是早作准备;早作准备就是不断的积德;不断的积德就没有什么不能胜任的;没有什么不能胜任就无法估计他的力量;无法估计他的力量,就可以担负保护国家的责任;掌握治理国家的道理,就可以长久维持;这就是根深柢固、长生久视的道理。

【引述】

老子提出"啬"这个观念,并非专指财物上的,乃是特重精神上的。"啬"即是培蓄能量,厚藏根基,充实生命力。

本章还提出了发人深省的警句:"根深固柢,长生久视之道"。

六 十 章

治大國,若烹小鮮①。

以道蒞②天下,其鬼不神③;非④其鬼不神,其神不傷人;非其神不傷人,聖人亦不傷人。夫兩不相傷⑤,故德交歸焉⑥。

【注释】

①治大国,若烹小鲜:"小鲜",小鱼。

　　傅山说:"不多事琐碎也。"(〈读老子〉,《霜红龛集》卷三二卷)

②蒞:同"莅",临。

　　林希逸本"蒞"作"莅"。帛书乙本"蒞"省作"立"。

③其鬼不神:鬼不起作用。古人常用阴阳和顺来说明国泰民安,古人以阴气过盛称"鬼"。"神"这里作"伸"讲。

　　范应元说:"鬼神,阴阳中之灵也。'鬼',归也;'神',伸也。张子曰:'鬼神者,二气之良能也。'朱文公曰:'以二气言,则鬼者,阴之灵也;神者,阳之灵也。以一气言,则至而伸者为神。反而归者为鬼,其实一物而已。'然则圣人以道无为,而临天下,则阴阳和顺,其归于阴者,不伸于阳也。"

　　高亨说:"此'神'字借为'魌'。《说文》:'魌,神也,从鬼,申声。'盖鬼灵曰魌。其鬼不魌,犹言鬼不灵耳。"

④非:"不唯"二字之合音(高亨《老子正诂》)。

⑤两不相伤：指鬼神和圣人不侵越人。
⑥德交归焉："交"，俱、共（王弼注）。"交归"，会归。《韩非子》说："'德交归焉'，言其德上下交盛而俱归于民也。"

【今译】

　　治理大国，好像煎小鱼。

　　用道治理天下，鬼怪起不了作用；不但鬼怪起不了作用，神祇也不侵越人；不但神祇不侵越人，圣人也不侵越人。鬼神和有道者都不侵越人，所以德归会于民。

【引述】

　　"治大国，若烹小鲜。"这个警句，在传统中国的政治思想上产生了重大的影响。它喻示着为政之要在安静无扰，扰则害民。虐政害民，灾祸就要来临。若能"清静无为"，则人人可各遂其生而相安无事。

　　本章还排除一般人所谓鬼神作用的概念，说明祸患全在人为。人为得当，祸患则无由降生。

六十一章

大邦①者下流，天下之牝，天下之交也②。牝常以靜勝牡，以靜爲下。

故大邦以下小邦，則取小邦；小邦以下大邦，則取大邦。故或下以取，或下而取③。大邦不過欲兼畜人④，小邦不過欲入事人。夫兩者各得所欲，大者宜爲下。

【注释】

①邦：今本作"国"，据帛书甲本改。下文"邦"字均依甲本改正。
②天下之牝，天下之交也：王弼本作"天下之交，天下之牝"，据帛书甲本改。

　　张松如说："'天下之牝'、'天下之交'，都是由'下流'一语所生发，其谊并同。"
③或下以取，或下而取："下"，谦下。"取"，借为"聚"。"以取"，以聚人；"而取"，聚于人。

　　本章四个"取"字都借为"聚"。顾欢本、开元本、敦煌本、《次解》本、赵至坚本"取"都作"聚"。

　　张默生释为："故或谦下以取得小国的信仰，或谦下而取得大国的信任。"
④兼畜人：把人聚在一起加以养护。"兼"是聚起来。"畜"是饲养。

【今译】

　　大国要像居于江河的下流，处在天下雌柔的位置，是天下交汇的地方。雌柔常以静定而胜过雄强，因为静定而又能处下的缘故。

　　所以大国对小国谦下，可以会聚小国；小国对大国谦下，就可以见容于大国。所以有时〔大国〕谦下以会聚〔小国〕，有时〔小国〕谦下而见容〔于大国〕。大国不过要聚养小国，小国不过要求容于大国。这样大国小国都可以达到愿望。大国尤其应该谦下。

【引述】

　　人类能否和平相处，系因于大国的态度。"大国者下流"，"大者宜为下"，本章开头和结语一再强调大国应谦下包容，不可自恃强大而凌越弱小。"谦下"以外，老子还说到雌静，雌静是针对躁动而提出的。躁动则为贪欲所驱使而易产生侵略的行为。

　　老子感于当时各国诸侯以力相尚，妄动干戈，因而呼吁国与国之间，当谦虚并容。特别是大国，要谦让无争，才能赢得小国的信服。

六十二章

道者萬物之奧①。善人之寶,不善人之所保②。

美言可以市,尊行可以加人③。人之不善,何棄之有?故立天子,置三公④,雖有拱璧以先駟馬⑤,不如坐進此道⑥。

古之所以貴此道者何?不曰:求以得⑦,有罪以免邪⑧?故為天下貴。

【注释】

①奥:藏,含有庇荫的意思。帛书甲、乙本"奥"作"注"。注读为主,《礼记·礼运》:"故人以为奥也",注:"奥犹主"。(见《老子》甲本释文,马王堆汉墓帛书整理小组编)

　　河上公注:"'奥',藏也。"

　　王弼注:"'奥'犹暖也,可得庇荫之辞。"

②不善人之所保:不善的人也要保持的。

　　河上公注:"'道'者,不善人之保倚也,遭患逢急,犹自知悔卑下。"

　　严遵本、景龙本、《次解》本、赵至坚本"保"作"不保"。

③美言可以市,尊行可以加人:嘉美的言词可以用作社交,可贵的行为可以见重于人。"市",指交易的行为。"加",施。"加人",对人施以影响。

吴澄说："申言善人之宝。善人以道取重于人，嘉言可爱，如美物之可以鬻卖；卓行可宗，高出众人之上。"

按通行本："美言可以市，尊行可以加人。"《淮南子·道应训》及《人间训》引作："美言可以市尊，美行可以加人。"俞樾及奚侗以为当从《淮南子》。然验之帛书甲、乙本，正与王弼本及其他古本同。"盖老子此二句，意在贬'美言'而褒'尊行'，可证经文无误"。（黄钊《帛书老子校注析》）

④ 三公：太师，太傅，太保。

⑤ 拱璧以先驷马："拱璧"在先，"驷马"在后，这是古时献奉的礼仪。

蒋锡昌说："古之献物，轻物在先，重物在后。'拱璧以先驷马'，谓以拱璧为驷马之先也。"

⑥ 不如坐进此道：不如用道来进献。

⑦ 求以得：有求就得到。

王弼本作："以求得"。景龙本、傅奕本、敦煌本、严遵本、顾欢本、《释文》、李约本、陆希声本、苏辙本、林希逸本、范应元本、吴澄本及其他众多古本"以求"都作"求以"，帛书甲、乙本正同。因据改。

俞樾说："唐景龙碑及傅奕本并作'求以得'，正与'有罪以免'相对成文，当从之。"

⑧ 有罪以免邪：这句正是前面"不善人之所保"一句的说明。即是说，有罪的人得到道可以免除罪，所以不善人也要对它加以保持。

【今译】

道是万物的庇荫。善人珍贵它,不善的人也处处保住它。

嘉美的言词可以用作社交,可贵的行为可以见重于人。不善的人,怎能把道舍弃呢?所以立位天子,设置三公,虽有进奉拱璧在先、驷马在后的礼仪,还不如用道来作为献礼。

古时候重视道的原因是什么呢?岂不是说有求的就可以得到,有罪的就可以免除吗?所以被天下人所贵重。

【引述】

本章在于阐扬道的重要性。天子三公,拥有拱璧驷马,但仍不如守道为要。

六十三章

爲無事,事無事,味無味①。

大小多少②,〔報怨以德③。〕圖難於其易,爲大於其細;天下難事,必作於易,天下大事,必作於細。是以聖人終不爲大④,故能成其大。

夫輕諾必寡信,多易必多難。是以聖人猶難之,故終無難矣。

【注释】

①味无味:把无味当作味。

　　王弼注:"以恬淡为味,治之极也。"

②大小多少:大生于小,多起于少(严灵峰《老子达解》)。郭店简本此句作"大小之",其下径接"多易必多难",与各本不同。

　　按通行本"大小多少"四字意义欠明,姚鼐等疑有脱字。姚鼐说:"'大小多少'下有脱字,不可强解。"奚侗说:"'大小多少'句,谊不可说,疑上下或有挩简。"蒋锡昌亦认为:"谊不可解,当有误文。"

　　"大小多少",有这几种讲法:一、大的看作小,多的看作少;如释德清注:"世人皆以名位为大,以利禄为多而取之。然'道'至虚微淡泊无物,皆以为小少。圣人去功与名,是去其大多,而取其小少。"这是指有道的人和一般人价值观念的不同。二、以小为大，以少为多；如高亨的解释："'大小'者，大其小，小而以为大也。多少者，多其少也，少而以为多也。视星星之火，谓将燎原。睹涓涓之水，云将漂邑。即谨小慎微之意。"三、林希逸解释为："能大者必能小，能多者必能少。"

严灵峰根据《韩非子·喻老》补成为"大生于小，多起于少"，(见《老子达解》)与下句"图难于其易，为大于其细"文义可相联。

③报怨以德：这句和上下文似不相关联，马叙伦认为当在七十九章"和大怨"上，严灵峰认为当在七十九章"必有余怨"句下，兹依严说移入七十九章，参看该章注释①。

④不为大：不自以为大。

【今译】

以无为的态度去作为，以不搅扰的方式去作事，以恬淡无味当作味。

大生于小，多起于少，〔用德来报答怨恨。〕处理困难要从容易的入手，实现远大要从细微的入手；天下的难事，必定从容易的做起；天下的大事，必定从细微的做起。所以有道的人始终不自以为大，因此能成就大的事情。

轻易允诺的一定会失信；把事情看得太容易一定会遭遇更多的困难。所以圣人总把事情看得艰难，因此终究没有困难。

【引述】

"为无为"——立身处事应依客观情况而为之,不宜主观强制地妄为,这是老子一再提示的治世宗旨。

有关大小难易的问题,道家常有许多精辟的慧见。老子说"道大",还说"见小曰明",大小宜兼顾。庄子也说:"自细视大者不尽,自大视细者不明。"老子申言"域中有四大":"道大,天大,地大,人亦大"。他在开辟人的思想视野、提升人的精神空间的同时,又提示人要知几"微明",大道及事理,往往"隐""晦"而"希声",需知微者才能体味,见小者才能洞察。

难易问题,也和处事态度有密切关系。老子提醒人处理艰难的事情,须先从细易处着手。面临细易的事情,却不可掉以轻心。"难之"是一种慎重的态度,谨密周思,细心而为。本章格言,无论行事求学,都是不移的至理。

六十四章

其安易持①,其未兆易謀。其脆易泮②,其微③易散。爲之於未有,治之於未亂。

合抱之木,生於毫末④;九層之臺,起於累土⑤;千里之行,始於足下。

爲者敗之,執者失之。是以聖人無爲故無敗;無執故無失⑥。

民之從事,常於幾成而敗之。愼終如始,則無敗事。

是以聖人欲不欲,不貴難得之貨;學不學⑦,復衆人之所過,以輔萬物之自然而不敢爲。

【注释】

①其安易持:本章见于郭店简本,惟简本分成两章:"其安易持"至"千里之行,始于足下"为一章,"为者败之"至"以辅万物之自然而不敢为",简本别为一章,两者章次不相接连。

②其脆易泮:脆弱的容易破裂。

　傅奕本、范应元本及焦竑本"泮"作"判"。"泮"、"判"古通用。《说文》:"判,分也。"

　河上公本、景龙本、敦煌本、严遵本、顾欢本、李约本、陆希声本、陈景元本、吕惠卿本、林希逸本及多种古本"泮"作"破"。

③微:郭店简本作"几"。"几",《说文》:"微也。"《易传·系辞》:"知几"、"极深研几","几"成为先秦哲学重要概念,或本于《老》学。

④毫末:指细小的萌芽。

⑤累土:有两种解释:一、低土;河上公注:"从卑至高。""卑"指低地。严灵峰说:"累土,地之低者。"二、一堆土;林希逸说:"一篑之土。"高亨说:"'累'当读蔂,土笼也。起于累土,犹言起于蒉土也。"土笼是盛土的用具,累土即一筐土。

⑥为者败之,执者失之。是以圣人无为故无败;无执故无失:此处以下和上文意不相联,疑是别章文字。按:"为者败之"以下,郭店简本别为一章。简本由于字体和形制不同,整理者分为甲、乙、丙三组,三组章次内容各不相复,仅本章文字重出于甲、丙组中,字句略异,可见乃出于不同传本。

⑦学不学:郭店甲组简文作"教不教",言效法人们未能效法的大道(魏启鹏说)。

【今译】

　　局面安稳时容易持守,事变没有迹象时容易图谋。事物脆弱时容易破开,事物微细时容易散失。要在事情没有发生以前就早作准备,要在祸乱没有产生以前就处理妥当。

　　合抱的大木,是从细小的萌芽生长起来的;九层的高台,是从一筐筐泥土建筑起来的;千里的远行,是从脚下举步走出来的。

　　人们做事情,常常在快要成功的时候就失败了。事情要完成的时候也能像开始的时候一样的谨慎，那就不会败事了。

强作妄为就会败事，执意把持就会失去。所以圣人不妄为因此不会败事，不把持就不会丧失。

一般人做事，常在快要成功时遭致失败。审慎面对事情的终结，一如开始时那样慎重，那就不会失败。

所以圣人求人所不欲求的，不珍贵难得的货品；学人所不学的，补救众人的过错，以辅助万物的自然变化而不加以干预。

【引述】

本章上段，全文意义完整而连贯。其大意为：

一、注视祸患的根源。在祸乱发生之前，先作预防。

二、凡事从小成大，由近至远；基层工作，十分重要。所谓"合抱之木，生于毫末；九层之台，起于累土；千里之行，始于足下"。远大的事情，必须有毅力和耐心一点一滴去完成；心意稍有松懈，常会功亏一篑。

六十五章

古之善爲道者,非以明①民,將以愚②之。

民之難治,以其智多③。故以智治國,國之賊;不以智治國,國之福。

知此兩者④亦稽式⑤。常知稽式,是謂"玄德",玄德深矣,遠矣,與物反矣⑥,然後乃至大順⑦。

【注释】

①明:精巧。

　　王弼注:"'明'谓多见巧诈,蔽其朴也。"

　　河上公注:"明,知巧诈也。"

②愚:淳朴,朴质。

　　王弼注:"'愚'谓无知,守其真顺自然也。"

　　河上公注:"使朴质不诈伪也。"

　　范应元说:"'将以愚之'使淳朴不散,智诈不生也。所谓'愚之'者,非欺也,但因其自然不以穿凿私意导之也。"

　　高一涵说:"何以说老子的政治哲学,是反抗当时政治社会情形的呢?因为他看见当时年年打仗,百姓东跑西散所以才主张去兵。看见当时社会贫富不均,损不足以奉有余,所以才主张尚俭。看见当时暴君污吏,以百姓为土芥所以才主张无为。看见当时智巧日生,诈伪百出,所以才主张尚愚。这四个主

张——去兵,尚俭,无为,尚愚——就是造成老子理想国的入手办法。"(《老子的政治哲学》,《新青年杂志》六卷五号)

张默生说:"他(老子)是愿人与我同愚,泯除世上一切阶级,做到物我兼我的大平等,这样自可减少人间的许多龃龉纷争。"(《老子》第六○页)

③智多:多智巧伪诈。

王弼注:"多智巧诈。"

范应元说:"不循自然,而以私意穿凿为明者,此世俗之所谓智也。"

徐复观说:"智多,即多欲;多欲则争夺起而互相陷于危险。老子始终认为人民的所以坏,都是因为受了统治者的坏影响。人民的智多,也是受了统治者的坏影响。"

景龙本、敦煌辛本"智多"作"多智"。

④两者:指上文"以智治国,国之贼;不以智治国,国之福"而言。

⑤亦稽式:"亦",乃也(训见《古书虚字集释》);乃,为。"稽式",法式,法则。

景龙本、敦煌辛、壬本、河上公本、顾欢本、林希逸本及其他古本"稽式"多作"楷式"。

⑥与物反矣:有两种解释:一、"反"作相反讲。解释为:"德"和事物的性质相反。如河上公注:"玄德之人,与万物反异,万物欲益己,玄德施与人也。"二、"反"借为返。解释为:"德"和事物复归于真朴。王弼注:"反其真也。"即返归于真朴;林希逸注:"反者,复也,与万物皆反复而求其初。""初"就是一种真朴的状态。

〔今译〕从后者。

⑦大顺:自然。

林希逸说:"大顺即自然也。"

【今译】

从前善于行道的人,不是教人民精巧,而是使人民淳朴。

人民所以难治,乃是因为他们使用太多的智巧心机。所以用智巧去治理国家,是国家的灾祸;不用智巧去治理国家,是国家的幸福。

认识这两种差别,就是治国的法则。常守住这个法则,就是"玄德","玄德"好深好远啊!和事物复归到真朴,然后才能达到最大的和顺。

【引述】

本章强调为政在于真朴。老子认为政治的好坏,常系于统治者的处心和做法。统治者若是真诚朴质,才能导出良好的政风,有良好的政风,社会才能趋于安宁;如果统治者机巧狡猾,就会产生败坏的政风。政风败坏,人们就互相伪诈,彼此贼害,而社会将无宁日了。基于这个观点,所以老子期望统治者导民以真朴。

老子生当乱世,感于世乱的根源莫过于大家攻心斗智,竞相伪饰,因此呼吁人们扬弃世俗价值的纷争,而返归真朴。老子针对时弊,而发这种愤世矫枉的言论。

本章的立意被后人普遍误解,以为老子主张愚民政策。其实老子所说的"愚",乃是真朴的意思。他不仅期望人民真朴,他更要求统治者首先应以真朴自砺。所以二十章有"我愚人之心也哉"的话，这说明真朴（"愚"）是理想治者的高度人格修养之境界。

六十六章

江海之所以能爲百谷王①者,以其善下之,故能爲百谷王。

是以聖人②欲上民,必以言下之;欲先民,必以身後之。是以聖人處上而民不重③,處前而民不害。是以天下樂推④而不厭。以其不爭,故天下莫能與之爭。

【注释】

①百谷王:百川所归往。

"百谷",即百川。《说文》:"泉出通川为谷。"所以"百谷"可作百川讲。

"王":《说文》:"王,天下所归往也。"这里的"王"有归往的意思。

②圣人:王弼本缺此二字。景龙本、傅奕本、河上本及多种古本"是以"下有"圣人"二字,帛书本同,因依文例与诸古本补。

蒋锡昌说:"《道藏》王本有'圣人'二字,当据补入。"

③重:累,不堪。

高亨说:"民戴其君,若有重负以为大累,即此文所谓重。故重犹累也。而民不重,言民不以为累也。《诗·无将大车》:'无思百忧,只自重兮。'郑笺:'重,犹累也。'《汉书·荆燕吴王传》:'事发相重。'颜注:'重犹累也。'此'累'之证。"

④乐推:郭店简本作"乐进",简本文义为优。

【今译】

江海所以能成为许多河流所汇往的地方,因为它善于处在低下的地位,所以能为许多河流所汇往。

所以圣人要为人民的领导,必须心口一致的对他们谦下;要为人民的表率,必须把自己的利益放在他们的后面。所以圣人居于上位而人民不感到负累;居于前面而人民不感到受害。所以天下人民乐于推戴而不厌弃。因为他不跟人争,所以天下没有人能和他争。

【引述】

统治者权势在握,容易给人民一种重压感。一旦肆意妄作,人民就不堪其累了。基于此,本章提示在上者要尽量避免带给人民负担与伤害。

老子深深感到那些站在上位的人,威势凌人,对人民构成很大的压力;那些处在前面的人,见利争先,对人民构成很大的损害,因此唤醒统治者应处下退让。这就是前面一再说过的"不争"的思想(如八章、二十二章)。

本章开头用江海作比喻,这和三十二章"譬道之在天下,犹川谷之于江海"的意思相同。老子喜欢用江海来比喻人的处下居后,同时亦以江海象征人的包容大度。

六十七章

〔天下皆謂我:"'道'大,似不肖。"夫唯大,故似不肖。若肖,久矣其細也夫!①〕

我有三寶,持而保之。一曰慈,二曰儉②,三曰不敢爲天下先。

慈故能勇③;儉故能廣④;不敢爲天下先,故能成器長⑤。

今舍慈且⑥勇;舍儉且廣;舍後且先;死矣!

夫慈,以戰則勝⑦,以守則固。天將救之,以慈衛之。

【注释】

① 〔天下皆谓我:"'道'大,似不肖。"夫唯大,故似不肖。若肖,久矣其细也夫!〕:本章谈"慈",这一段和下文的意义似不相应,疑是他章错简。这段文字的今译是:"天下人都对我说:'道'广大,却不像任何具体的东西。正因为它的广大,所以不像任何具体的东西。如果它像的话,早就渺小了!"通行本首句"大"前有"道"字,帛书本及傅奕本则无。帛书乙本云:"天下皆谓我大,大而不肖。夫唯不肖,故能大。若肖,久矣其细也夫。"

② 俭:有而不尽用。和五十九章"啬"字同义。

　　胡寄窗说:"老子去奢宝俭的主张与其他先秦各学派思想

比较虽无若何特殊之处,但这一主张的提出,至少也反映了老子对当时贵族阶级穷奢极欲、残酷剥削人民所持的反对态度。"

(《中国经济思想史》上,第二一〇页)

③慈故能勇:慈爱所以能勇迈。这句话有孟子说"仁者无敌"的意思。

蒋锡昌说:"是'勇'谓勇于谦退,勇于防御,非谓勇于争夺,勇于侵略。'慈故能勇'言唯圣人抱有慈心,然后士兵能有防御之勇也。"

④俭故能广:俭啬所以能厚广。

《韩非子·解老篇》说:"智士俭用其财则家富,圣人宝爱其神则精盛,人君重战其卒则民众,民众则国广。"

王弼注:"节俭爱费,天下不匮,故能广。"

⑤器长:万物的首长。"器",物,指万物。

⑥且:取。

⑦以战则胜:傅奕本和范应元本作"以陈则正"。范应元说:"陈,音阵,军师行伍之列也。"

【今译】

我有三种宝贝,持守而保全着。第一种叫做慈爱,第二种叫做俭啬,第三种叫做不敢居于天下人的前面。

慈爱所以能勇武;俭啬所以能厚广;不敢居于天下人的前面,所以能成为万物的首长。

现在舍弃慈爱而求取勇武,舍弃俭啬而求取宽广;舍弃退让而求取争先,是走向死路!

慈爱，用来征战就能胜利，用来守卫就能巩固。天要救助谁，就用慈爱来卫护他。

【引述】

本章所说的三宝："慈"——爱心加上同情心，这是人类友好相处的基本动力；"俭"——意指含藏培蓄，不肆为，不奢靡，这和五十九章"啬"字同意；"不敢为天下先"——即是"谦让""不争"的思想。

本章重点在于说"慈"。老子身处战乱，目击暴力的残酷性，深深地感到人与人之间慈心的缺乏，因而极力加以阐扬。

六十八章

善爲士①者，不武；善戰者，不怒；善勝敵者，不與②；善用人者，爲之下。是謂不爭之德，是謂用人，是謂配天，古之極也③。

【注释】

①为士："为"，治理，管理。这里作统率、率领讲。"士"，士卒。统率士卒，指担任将帅。

　　王弼说："'士'，卒之帅也。"

②不与：不争。

　　王弼注："不与争也。"

　　高亨说："'与'犹'斗'也，古谓对斗为'与'。"

③是谓不争之德，是谓用人，是谓配天，古之极也：王弼本作"是谓不争之德，是谓用人之力，是谓配天古之极"，据帛书乙本改。

　　许抗生说："乙本作'是胃（谓）用人，是胃（谓）肥（配）天，古之极也'，傅奕本作'是谓用人之力，是谓配天，古之极也'。疑傅本'之力'两字为后人增之。今从乙本。"（《帛书老子注译与研究》）

　　高明说："帛书甲、乙本无'之力'二字，作'是谓不争之德，是谓用人，是谓配天，古之极也'。则'人''天'为韵，'德''极'为韵，前后皆为韵读。今本中间多出'之力'二字，格局全非。"

【今译】

　　善做将帅的，不逞勇武；善于作战的，不轻易激怒；善于战胜敌人的，不用对斗；善于用人的，对人谦下。这叫做不争的品德，这叫做善于用人，这叫做合于天道，这是自古以来的最高准则。

【引述】

　　"武""怒"乃是侵略的行为，暴烈的表现。老子却要人"不武""不怒"，意即不可逞强，不可暴戾。在战争中讲"不争"，要人不可嗜杀，这和前章在战乱中强调"慈"是相应的，这是古来的准则。

六十九章

用兵有言："吾不敢爲主①,而爲客②;不敢進寸,而退尺。"是謂行無行③;攘無臂④;扔無敵⑤;執無兵⑥。

禍莫大於輕敵,輕敵幾喪吾寶。

故抗兵相若⑦,哀⑧者勝矣。

【注释】

① 为主:进犯,采取攻势。

　　河上公注:"'主',先也,不敢先举兵。"

　　吴澄说:"'为主',肇兵端以伐人也。"

② 为客:采取守势;指不得已而应敌。

③ 行无行:"行",行列,阵势。"行无行"即是说虽然有阵势,却像没有阵势可摆。

④ 攘无臂:攘臂是作怒而奋臂的意思。"攘无臂"即是说虽然要奋臂,却像没有臂膀可举。

⑤ 扔无敌:"扔",因就。扔敌是就敌的意思。"扔无敌"即是说虽然面临敌人,却像没有敌人可赴。此句帛书甲、乙本均作"乃无敌",并在"执无兵"句后。

⑥ 执无兵:"兵"指兵器。"执无兵"即是说虽然有兵器,却像没有兵器可持。

　　范应元说:"苟无意于争,则虽在军旅,如无臂可攘,无敌可扔,无兵可执,而安有用兵之咎邪!"
⑦抗兵相若:两军相当。"若"字王弼本作"加",据傅奕本、敦煌辛本及帛书本改。

　　张松如说:"敦煌唐写本作'故抗兵相如。''相如',范与开元、河上、诸王本皆作'相加'。王弼注:'抗,举也;加,当也。'盖'加'、'如'字自古常互讹。敦煌又一本作'相若',同傅与帛书,'若'亦当也。"
⑧哀:有"慈"的意思。《说文》:"哀,闵也。""闵",即六十七章所说的"慈"。

　　林希逸说:"哀者戚然不以用兵为喜,击攻其镗,踊跃用兵,则非哀者矣。"

【今译】

　　用兵的曾说:"我不敢进犯,而采取守势;不敢前进一寸,而要后退一尺。"这就是说:虽然有阵势,却像没有阵势可摆;虽然要奋臂,却像没有臂膀可举;虽然面临敌人,却像没有敌人可赴;虽然有兵器,却像没有兵器可持。

　　祸患没有再比轻敌更大的了,轻敌几乎丧失了我的"三宝"。

　　所以,两军相当的时候,慈悲的一方可获得胜利。

【引述】

　　基本上,老子是反战的。不得已而卷入战争,应"不敢为主而为客,不敢进寸而退尺"——不挑衅,完全采取被动守势;不侵略,无意于争端肇事。所谓"行无行,攘无臂,扔无敌,执无兵",即意指有制敌的力量,但不轻易使用,这就是谦退无争的思想。最后老子警告参战者不可"轻敌",轻敌是好战的表现,出师轻敌则多杀,多杀则伤慈,所以老子说:"几丧吾宝。"

本章和前面二章是相应的,阐扬哀慈,以明"不争"之德。

七十章

吾言甚易知,甚易行。天下莫能知,莫能行。

言有宗①,事有君②。夫唯无知③,是以不我知。

知我者希,则④我者贵⑤。是以圣人被褐⑥怀玉。

【注释】

①言有宗:言论有主旨。

　　吕吉甫说:"无为而自然者,言之宗也。"

②事有君:行事有根据。"君",有"主"的意思,"有君"指有所本。

　　傅奕本"君"作"主"。

③无知:有两种说法:一是指别人的不理解;一是指自己的无知。

　〔今译〕取前者。

④则:法则。

　　释德清注:"'则',谓法则。言取法也。"(《老子道德经解》)

⑤贵:难得。

　　蒋锡昌说:"物以希为贵,则'贵'亦希也。"

⑥被褐:"被",着。褐,粗布。"被褐",穿着粗衣。帛书甲、乙本"被褐"下有"而"字。

【今译】

　　我的话很容易了解,很容易实行。大家却不能明白,不能实行。

言论有主旨,行事有根据。正由于不了解这个道理,所以不了解我。

了解我的人越少,取法我的就很难得了。因而有道的圣人穿着粗衣而内怀美玉。

【引述】

老子提倡虚静、柔和、慈俭、不争,这些都是本于人性自然的道理,在日常生活上最易实行,最见功效的。然而世人多惑于躁进,迷于荣利,和这道理背道而驰。

老子的思想企图就人类行为作一个根源性的探索,对于世间事物作一个根本性的认识,而后用简朴的文字说出个单纯的道理来。文字固然简朴,道理固然单纯,内涵却很丰富,犹如褐衣粗布里面怀藏着美玉一般。可惜世人只慕恋虚华的外表,所以他感叹地说:"知我者希"。

七十一章

知不知①,尚矣②;不知知③,病也。圣人不病,以其病病④。夫唯病病,是以不病⑤。

【注释】

①知不知:这句话可以有好几种解释,最通常的解释是:一、知道却不自以为知道;二、知道自己〔有所〕不知道。
②尚矣:河上、王弼作"上",缺"矣"字。"上"、"尚"古字通。

蒋锡昌说:"《淮南·道应训》引作'知而不知,尚矣;不知而知,病也。'《文子·符言篇》作'知不知,上也;不知知,病也。'……王本文谊不显,当据《淮南》为正。"按帛书甲、乙本及傅奕本"上"作"尚矣",与《淮南·道应训》所引同,据改。下句"病"字下据《淮南》补"也"字。

③不知知:不知道却自以为知道。
④病病:把病当作病(Who recognizes sick-minded as sick-minded)。
⑤圣人不病,以其病病。夫唯病病,是以不病:王弼本原作"夫唯病病,是以不病。圣人不病,以其病病,是以不病"。文句误倒且复出,根据蒋锡昌的说法依《御览》所引改正。

蒋锡昌说:"《御览·疾病部》引作:'圣人不病,以其病病;夫唯病病,是以不病。'较诸本为长,当据改正。盖'夫唯'之句,常承上句之意而重言之,此老子特有文例也。今试以全书证之。二章:'功成而弗居。夫唯弗居,是以不去。''夫唯'二句,系承上句'弗居'之意而重言之,例一。八章:'水善利万物而不争。……夫唯不争,故无尤。''夫唯不争'二句,系承上文'不争'之意而重言之,例二。十五章:'保此道者不欲盈。夫唯不盈,故能蔽不新成。''夫唯不盈'二句,系承上句'不欲盈'之意而重言之,例三。七十二章:'无厌其所生。夫唯不厌,是以不厌。''夫唯不厌'二句,系承上句'无厌'之意而重言之,例四。此文'夫唯病病,是以不病'二句,误倒在'圣人不病,以其病病'二句上,又衍末句'是以不病'四字,致失古本之真也。"

【今译】

知道自己有所不知道,最好;不知道却自以为知道,这是缺点。有道的人没有缺点,因为他把缺点当做缺点。正因为他把缺点当做缺点,所以他是没有缺点的。

【引述】

本章是就不知的态度上来说的。

有些人只看到事物的表层,便以为洞悉事物的真相;或一知半解,强不知以为知。这在求知的态度上,欠缺真诚,所以说犯了谬妄的"病"。有道的人之所以不被视为谬妄,乃是由于他能不断地作自觉与自省的工作,能恳切的探寻"不知"的原因与根由,在不了解一件事情之前,也不轻易断言。在求知的过程中,能做到心智上的真诚。

孔子说:"知之为知之,不知为不知,是知也。"苏格拉底说:

"知道自己不知道。"立意亦相同,要人有自知之明,并诚实地检视自己,以求自我改进。

七十二章

民不畏威,則大威至①。

無狎②其所居,無厭③其所生。夫唯不厭,是以不厭④。

是以聖人自知不自見⑤;自愛不自貴⑥。故去彼取此⑦。

【注释】

①民不畏威,则大威至:"畏威"的"威"作威压讲。"大威"的"威"指可怕的事,作祸乱讲。

　　王弼注:"威不能复制民,民不能堪其威,则上下大溃矣。"

　　陈柱说:"民孰不乐生而畏死,然压制之力愈强,则反抗之力愈猛,此专制政体之下,所以多暴也。"

　　张默生说:"专制政府用威权压制人民,人民到了不能忍受的时候,便不惜轻死作乱。"

②狎:假为"狭"。

　　奚侗说:"'狭'即《说文》'陕'字,'隘'也,'隘'有'迫'谊。此言治天下者,无陕迫人民之居处,使不得安舒。"

　　河上公本、景龙本、顾欢本、敦煌庚壬本及多种古本"狎"作"狭"。

③厌:压。

奚侗说:"厌,《说文》:'笮也。'无厌笮人民之生活,使不得顺适。"

④夫唯不厌,是以不厌:只是不压榨〔人民〕,人民才不厌恶〔统治者〕。

高亨说:"上'厌'字即上文'无厌其所生'之厌。下'厌'字乃六十六章'天下乐推而不厌'之厌。言夫唯君不厌迫其民,是以民不厌恶其君也。"

⑤不自见:"见",音现,作表现讲。"不自见"即不自我表扬。参见二十二章注④。

⑥自爱不自贵:指圣人但求自爱而不求自显高贵。

蒋锡昌说:"'自爱'即清静寡欲,'自贵'即有为多欲,此言圣人清静寡欲,不有为多欲。"

⑦去彼取此:指舍去"自见""自贵"而取"自知""自爱"。

【今译】

人民不畏惧统治者的威压,则更大的祸乱就要发生了。

不要逼迫人民的居处,不要压榨人民的生活。只有不压榨人民,人民才不厌恶〔统治者〕。

因此,有道的人但求自知而不自我表扬;但求自爱而不自显高贵。所以舍去后者而取前者。

【引述】

暴政逼迫,使用恐怖手段压制人民,人民到了无法安居、无以安生的时候,就会铤而走险了。

本章是对于高压政治所提出的警告。

七十三章

　　勇於敢則殺,勇於不敢則活①。此兩者,或利或害②。天之所惡,孰知其故?〔是以聖人猶難之③。〕

　　天之道④,不爭而善勝,不言而善應,不召而自來,繟然⑤而善謀。天網⑥恢恢⑦,疏而不失⑧。

【注释】

①勇于敢则杀,勇于不敢则活:勇于坚强就会死,勇于柔弱就可活。

　　蒋锡昌说:"七十六章:'坚强者死之徒,柔弱者生之徒。''敢'即'坚强','不敢'即'柔弱'。"

②此两者,或利或害:指勇于柔弱则利,勇于坚强则害。

③〔是以圣人犹难之〕:这句是六十三章的文字,重出于此。

　　景龙本、严遵本、《次解》本、敦煌辛本均无"是以圣人犹难之"一句,验之帛书本正是,当据删。

　　奚侗说:"'是以'一句谊与上下文不属,盖六十三章文复出于此。"

　　马叙伦说:"'是以'一句乃六十三章错简复出者,易州无此句,可证也。"

　　高亨说:"'是以圣人犹难之'句,严遵本、六朝写本残卷、景龙碑、龙兴观碑并无之。此句乃后人引六十三章以注此文者,宜据删。"

④天之道：自然的规律。

⑤繟然：坦然，安然，宽缓。

　　河上公注："繟，宽也。"

　　严遵本、敦煌庚本、王雱本、吕惠卿本、林希逸本、吴澄本等古本"繟"作"坦"。

⑥天网：自然的范围。

⑦恢恢：宽大，广大。

⑧失：漏失。

【今译】

　　勇于坚强就会死，勇于柔弱就可活。这两种勇的结果，有的得利，有的遭害。天道所厌恶的，谁知道是什么原故？

　　自然的规律，是不争攘而善于得胜，不说话而善于回应，不召唤而自动来到，宽缓而善于筹策。自然的范围广大无边，稀疏而不会有一点漏失。

【引述】

　　老子以为自然的规律是柔弱不争的，人类的行为应取法于自然的规律而恶戒刚强好斗。"勇于敢"，则逞强贪竞，无所畏惮，"勇于不敢"，则柔弱哀慈，慎重行事。人类的行为应选取后者而遗弃前者。

七十四章

民不畏死，奈何以死懼之？若使民常畏死，而爲奇①者，吾將得而殺之②，孰敢？

常有司殺者③殺。夫代司殺者④殺，是謂代大匠斵⑤。夫代大匠斵者，希有不傷其手矣。

【注释】

①奇：奇诡。"为奇"，指为邪作恶的行为。

　　王弼说："诡异乱群谓之'奇'也。"

②吾将得而杀之：今本"得"上衍一"执"字，此句据帛书甲本改。

　　许抗生说："此句乙本作'吾得而杀之'，傅奕本与乙本同。然从上下文义看，应有'将'字较胜。今从甲本。"

　　高明说："傅本皆作'吾得执而杀之'，多一'执'字。按'得'字本有执、捕之谊，……此文当从帛书甲、乙本作'吾得而杀之'为是。"

③司杀者：专管杀人的，指天道。

④代司杀者：代替专管杀人的。

　　张默生说："'代司杀者'，指伪托天道。"

　　蒋锡昌说："人君不能清静，专赖刑罚，是代天杀。"

⑤斵（斫）：砍，削。

【今译】

人民不畏惧死亡,为什么用死亡来恐吓他?如果使人民真的畏惧死亡,对于为邪作恶的人,我们就可以把他抓来杀掉,谁还敢为非作歹?

经常有专管杀人的去执行杀的任务。那代替专管杀人的去执行杀的任务,这就如同代替木匠去砍木头一样。那代替木匠砍木头,很少有不砍伤自己的手的。

【引述】

人的生死本是顺应自然的,如庄子所说的:人的生,适时而来;人的死,顺时而去("适来,时也;适去,顺也")。人生在世,理应享尽天赋的寿命,然而极权者只为了维护一己的权益,斧钺威禁,私意杀人,使得许多人本应属于自然的死亡("司杀者杀"),却在年轻力壮时,被统治阶层驱向穷途,而置于刑戮。

本章为老子对于当时严刑峻法,逼使人民走向死途的情形,提出沉痛的抗议。

七十五章

民之饑,以其上食税之多,是以饑。

民之難治,以其上之有爲①,是以難治。

民之輕死,以其上求生之厚②,是以輕死。

夫唯無以生爲③者,是賢④於貴生⑤。

【注释】

①有为:政令烦苛;强作妄为。

　　林希逸说:"'有为'言为治者过用智术也。"

　　张松如说:"本章揭露了劳动人民与封建统治者之间阶级矛盾的实质:人民的饥荒,是由统治者沉重的租税造成的;人民的反抗,是统治者苛酷的措施造成的;人民的轻生,是统治者无厌的聚敛造成的。这种说法,当然同贯穿《老子》书中的'无为'思想相通着。"

②以其上求生之厚:由于统治者奉养奢厚。

　　"上"字王弼本原阙,根据傅奕本补上。

　　严灵峰说:"'上'字原阙,傅奕本、杜道坚本俱有'上'字。王注云:'言民之所以僻,治之所以乱,皆由上,不由其下也;民从上也。'依注并上二句例,当有此一'上'字;因据傅本并注文补正。"

③无以生为:不把厚生奢侈作为追求的目标。即是不贵生;生活

要能恬淡。

河上公注:"夫唯独无以生为务者,爵禄不干于意,财利不入于身。"

④贤:胜。

⑤贵生:厚养生命。

高亨说:"君贵生则厚养,厚养则苛敛。"

【今译】

人民所以饥饿,就是由于统治者吞吃税赋太多,因此陷于饥饿。

人民所以难治,就是由于统治者强作妄为,因此难以管治。

人民所以轻死,就是由于统治者奉养奢厚,因此轻于犯死。

只有清静恬淡的人,才胜于奉养奢厚的人。

【引述】

剥削与高压是政治祸乱的根本原因。在上者横征暴敛,夺万民以自养,再加上政令繁苛,使百姓动辄得咎;这样的统治者已经变成大吸血虫与大虎狼。到了这种地步,人民自然会从饥饿与死亡的边缘中挺身而出,轻于犯死了!

本章是对于虐政所提出的警告。

七十六章

人之生也柔弱①,其死也堅強②。

草木③之生也柔脆④,其死也枯槁⑤。

故堅強者死之徒⑥,柔弱者生之徒⑦。

是以兵強則滅,木強則折⑧。

強大處下,柔弱處上。

【注释】

①柔弱:指人体的柔软。
②坚强:指人体的僵硬。帛书甲、乙本"坚强"上有"筋肕"二字。
③草木:通行本"草木"上衍"万物"二字,傅奕本、严遵本、王雱本、吕惠卿本、邵若愚本、彭耜本、董思靖本、范应元本、吴澄本、焦竑本均无"万物"二字,据删。

　　蒋锡昌说:"谂谊,'万物'二字当为衍文。盖'柔脆'与'枯槁',均指草木而言也。"

　　严灵峰说:"'人'与'草木'皆属'万物',则'万物'二字当系衍文;因据傅本删。"
④柔脆:指草木形质的柔软。

　　苏辙本、叶梦得本"柔脆"作"柔弱"。
⑤枯槁:形容草木的干枯。
⑥死之徒:属于死亡的一类。

⑦生之徒：属于生存的一类。
⑧兵强则灭，木强则折：王弼本作"兵强则不胜，木强则兵"，据《列子·黄帝篇》、《淮南子·原道训》等书所引改正。

彭耜说："黄茂材本'共'作'折'。"黄茂材说："《列子》载老聃之言曰：'兵强则灭，木强则折。'《列子》之书，大抵祖述《老子》之意，且其世相去不远。'木强则折'，其文为顺，今作'共'，又读如'拱'，其说不通，当以《列子》之书为正。"（《道德真经集注》）

俞樾说："案'木强则兵'，于义难通。河上公本作'木强则共'，更无义矣。《老子》原文作'木强则折。'因'折'字阙坏，止存右旁之'斤'，又涉上句'兵强则不胜'而误为'兵'耳。'共'字则又'兵'字之误也。《列子·黄帝篇》引老聃曰：'兵强则灭，木强则折'，即此章之文，可据以订正。"（《老子平议》）

刘师培说："案俞说是。《淮南·原道训》亦作：'兵强则灭，木强则折。'疑'不胜'系后人注文。"（《老子斠补》）

奚侗说："木强则失柔韧之性，易致断折。'折'各本或作'共'，或作'兵'，皆非是。'折'以残缺误作'兵'，复以形近误为'共'耳。兹据《列子·黄帝篇》、《文子·道原篇》、《淮南·原道训》引改。"（《老子集解》）

蒋锡昌说："《列子》'不胜'作'灭'，'兵'作'折'，当从。此文'灭''折'为韵。"（《老子校诂》）

按：帛书甲、乙本此文上句作"兵强则不胜"，与王本及诸传本同。下句帛书甲本作"木强则恒"、乙本作"木强则竞"，高明以为："严遵、傅奕诸本所云'木强则共'不误。'共'字与'恒'、'竞'古读音相同，在此均当假借为'烘'。《尔雅·释言》：'烘，燎也。'"

【今译】

人活着的时候身体是柔软的,死了的时候就变成僵硬了。

草木生长的时候形质是柔脆的,死了的时候就变成干枯了。

所以坚强的东西属于死亡的一类,柔弱的东西属于生存的一类。

因此用兵逞强就会遭受灭亡,树木强大就会遭受砍伐。

凡是强大的,反而居于下位,凡是柔弱的,反而占在上面。

【引述】

老子从人类和草木的生存现象中,说明成长的东西都是柔弱的状态,而死亡的东西都是坚硬的状态。老子从万物活动所观察到的物理之恒情,而断言:"坚强者死之徒,柔弱者生之徒。"他的结论还蕴涵着强悍的东西易失去生机,柔韧的东西则充满着生机。这是从事物的内在发展状况来说明的。若从它们外在表现上来说,坚强者之所以属于死之徒,乃是因为它的显露突出,所以当外力冲击时,便首当其冲了;才能外露,容易招忌而遭致掊击,这正如高大的树木容易引来砍伐。人为的祸患如此,自然的灾难亦莫不然;狂风吹刮,高大的树木往往被摧折。小草由于它的柔软,反而可以迎风招展。

本章为老子贵柔戒刚的思想。"柔弱胜刚强"之说,见于三十六章、四十三章和七十八章。

七十七章

天之道,其猶張弓與?高者抑之,下者舉之;有餘者損之,不足者補之。

天之道,損有餘而補不足。人之道①,則不然,損不足以奉有餘。

孰能有餘以奉天下,唯有道者。

是以聖人爲而不恃,功成而不處,其不欲見賢②。

【注釋】

①人之道:"人之道",指社会的一般法则。

　　杨兴顺说:"在老子看来,损有余而补不足,这是自然界最初的自然法则——'天之道'。但人们早已忘却'天之道',代之而建立了人们自己的法则——'人之道',它只有利于富人而有损于贫者。'天之道',有利于贫者,给他们带来宁静与和平,而'人之道'则相反,它是富人手中的工具,使贫者濒于'民不畏死'的绝境。"

②是以圣人为而不恃,功成而不处,其不欲见贤:"为而不恃,功成而不处",帛书乙本作"为而弗有,成功而弗居"。"其不欲见贤"句上帛书乙本有"若此"二字。"见",即现。"贤",蒋锡昌依《说文》训多财。

　　蒋锡昌说:"《说文》,'贤,多财也。'三章,'不尚贤,使民不争,'谓不尚多财,使民不争也。此'贤'亦训多财,即指上文之'有余'而言。此言圣人为而不恃有余,功成而不处有余,以其根本不欲见自己之有余也。三句正承上文而言。"

冯达甫说:"贤,常训为聪明才智,通观全章,以蒋说为胜,本章先讲自然规律,次说人世常情,再看有道者的选择,末谈圣人的自处。识得天之道,应知所去取。"

【今译】

自然的规律,岂不就像拉开弓弦一样吗?弦位高了,就把它压低,弦位低了就把它升高;有余的加以减少,不足的加以补充。自然的规律,减少有余,用来补充不足。人世的行为法则,就不是这样,却要剥夺不足,而用来供奉有余的人。

谁能够把有余的拿来供给天下不足的?这只有有道的人才能做到。

因此有道的人作育万物而不自恃己能;有所成就而不以功自居,他不想表现自己的聪明才智。

【引述】

本章将自然的规律与社会的规则作一个对比说明。社会的规则是极不公平的,所谓"朱门酒肉臭,路有冻死骨",人间世上多少富贵人家不劳而获,多少权势人物苛敛榨取,社会上处处可看到弱肉强食的情形,正如老子所说的"剥夺不足来供奉有余"。自然的规律则不然,它是拿有余来补不足,而保持均平调和的原则。社会的规则应效法自然规律的均平调和,这就是老子人道取法于天道的意义。

老子所处的时代,正面临着政治与社会大动荡的时代,贫富差距愈来愈悬殊,强豪兼并之风愈来愈炽盛,无怪乎老子慨叹地问道:"世上人君,有谁肯把自己多余的拿出来供给贫困者呢?"显然,这期望是难以实现的。

七十八章

天下莫柔弱於水,而攻堅強者莫之能勝,以其無以易之[1]。

弱之勝強,柔之勝剛,天下莫不知,莫能行。

是以聖人云:"受國之垢[2],是謂社稷主;受國不祥[3],是爲天下王。"正言若反[4]。

【注释】

①以其无以易之:通行本"其"上脱"以"字,蒋锡昌说:"'以其'二字为老子习用之语。"验之帛书甲、乙本正是。

②受国之垢:承担全国的屈辱。

③受国不祥:承担全国的祸难。

　　蒋锡昌说:"凡《老子》书中所言:'曲'、'枉'、'洼'、'敝'、'少'、'雌'、'柔'、'弱'、'贱'、'损'、'啬'、'慈'、'俭'、'后'、'下'、'孤'、'寡'、'不谷'之类,皆此所谓'垢'与'不祥'也。"

④正言若反:正道之言好像反话一样。

　　河上公注:"此乃正直之言,世人不知,以为反言。"

　　释德清说:"乃合道之正言,但世俗以为反耳。"

　　高延第说:"此语并发明上下篇玄言之旨。凡篇中所谓'曲则全,枉则直,洼则盈,敝则新',柔弱胜强坚,不益生则久生,无为则有为,不争莫与争,知不言,言不知,损而益,益而损,言相反而理相成，皆正言若反也。"

张岱年说："若反之言，乃为正言。此亦对待之合一。"（《中国哲学大纲》）

【今译】

世间没有比水更柔弱的，冲激坚强的东西没有能胜过它，因为没有什么能代替它。

弱胜过强，柔胜过刚，天下没有人不知道，但是没有人能实行。

因此有道的人说："承担全国的屈辱，才配称国家的君主；承担全国的祸难，才配做天下的君王。"正道说出来就好像是相反的一样。

【引述】

老子以水为例，说明柔克刚的道理。我们看看，屋檐下点点滴滴的雨水，由于它的持续性，经过长年累月可以把一块巨石穿破；洪水泛滥时，淹没田舍，冲毁桥梁，任何坚固的东西都抵挡不了，所以老子说柔弱是胜过刚强的。由此可知，老子的"柔弱"，并不是通常所说的软弱无力的意思，而其中却含有无比坚韧不拔的性格。

本章藉水来说明柔弱的作用。水性趋下居卑，老子又阐扬卑下屈辱的观念，卑下屈辱乃是"不争"思想引申出来的。而"不争"思想即是针对占有意欲而提出的。

七十九章

和大怨,必有餘怨;〔報怨以德①,〕安可以爲善?

是以聖人執左契②,而不責③於人。有德司契,無德司徹④。

天道無親⑤,常與善人。

【注释】

①报怨以德:这句原是六十三章文字,据陈柱、严灵峰之说移入此处。

　严灵峰说:"'报怨以德'四字,系六十三章之文,与上下文谊均不相应。陈柱曰:'六十三章"报怨以德"句,当在"和大怨,必有余怨"句上。'陈说是,但此四字,应在'安可以为善'句上,并在'必有余怨'句下;文作:'和大怨,必有余怨;报怨以德,安可以为善'。"按:严说可从,'报怨以德'原在六十三章,但和上下文并无关联,疑是本章的错简,移入此处,文义相通。本段的意思是说:和解大怨,必然仍有余怨,所以老子认为以德来和解怨(报怨),仍非妥善的办法,最好是根本不和人民结怨。如何才能不和人民结怨呢? 莫若行'清静无为'之政——即后文所说的'执左卷而不责于人',这样就不至于构怨于民。如行'司彻'之政——向人民榨取,就会和人民结下大怨了。到了那时候,虽然用德来和解,也非上策。

②左契:"契"即券契,就像现在所谓的"合同"。古时候,刻木为契,剖分左右,各人存执一半,以求日后相合符信。左契是负债人订立的,交给债权人收执,就像今天所说的借据存根。

高亨说:"《说文》:'契,大约也。券,契也。'古者契券以右为尊。《礼记·曲礼》:'献粟者执右契。'郑注:'契,券要也,右为尊。'《商子·定分篇》:'以左券予吏之问法令者。主法令之吏,谨藏其右券木柙。以室藏之。'《战国策·韩策》:'操右契而为公责德于秦魏之王。'并其证也。圣人所执之契,必是尊者,何以此文云执左契,今证三十一章曰:'吉事尚左,凶事尚右。'用契券者,自属吉事,可证老子必以左契为尊,盖左契右契孰尊孰卑,因时因地而异,不尽同也。《说文》:'责,求也。'凡贷人者执左契,贷于人者执右契。贷人者可执左契以责贷于人者令其偿还。圣人执左契而不责于人,即施而不求报也。"

按:通行本"左契",帛书甲本作"右契"。高明认为当从甲本。高明说:"从经义考察,甲本是'是以圣人执右契,而不以责于人',乃谓圣人执右契应责而不责,施而不求报。正与《老子》所讲'生而弗有,长而弗宰'之玄德思想一致。乙本'执左契'义不可识,虽经历代学者旁征博引,多方诠释,仍不合老子之旨。据此足证帛书甲本当为《老子》原本旧文,乙本与世传今本皆有讹误。今据上述古今各本勘校,《老子》此文当订正为:'是以圣人执右契,而不以责于人。'右契位尊,乃贷人者所执。左契位卑,为贷于人者所执。圣人执右契而不以其责于人,施而不求报也。"

③责:索取偿还;即债权人以收执的左券向负债人索取所欠的东西。

④司彻：掌管税收。"彻"是周代的税法。
⑤天道无亲：天道没有偏爱。和五章"天地不仁"的意思相同。

　　高明说："《老子》用一句古谚'夫天道无亲，恒与善人'结束全篇。类似之语亦见于《周书蔡仲之命》，作'皇天无亲，唯德是辅'。善者德之师也，彼此用语虽同，则意义有别。《老子》用古谚中的'天道'说说明自然界之规律，非若周书中的'天命'"。

【今译】

　　调解深重的怨恨，必然还有余留的怨恨；〔用德来报答怨恨，〕这怎能算是妥善的办法呢？

　　因此圣人保存借据的存根，但是并不向人索取偿还。有德的人就像持有借据的人那样宽裕，无德的人就像掌管税收的人那样苛取。

　　自然的规律是没有偏爱的，经常和善人一起。

【引述】

　　本章在于提示为政者不可蓄怨于民。用税赋来榨取百姓，用刑政来箝制大众，都足以构怨于民。理想的政治是以"德"化民——辅助人民，给与而不索取，决不骚扰百姓，这就是"执左券而不责于人"的意义。

　　"天道无亲"，和"天地不仁"（五章）的观念是一致的，都是非情的自然观。人的心里常有一种"移情作用"，心情开朗时，觉得花草树木都在点头含笑；心情抑闷时，觉得山河大地都在哀思悲愁，这是将人的主观情感投射给外物,把宇宙加以人情化的缘故。老子却不以人的主观情感附加给外物,所以说自然的规律是没有偏爱的感情(并非对那一物有特别的感情,花开叶落都是自然的现象,不是某种好恶感情的结果)。所谓"天道无亲,常与善人",并不是说有一个人格化的天道去帮助善人,而是指善人之所以得助,乃是他自为的结果。

八　十　章

小國寡民①。使有什伯人之器②而不用；使民重死而不遠徙③。雖有舟輿，無所乘之；雖有甲兵，無所陳之。使民④復結繩而用之。

甘其食，美其服，安其居，樂其俗。鄰國相望，雞犬之聲相聞，民至老死，不相往來。

【注释】

①小国寡民：这是老子在古代农村社会基础上所理想化的民间生活情景。

  童书业说："这实际上是一种理想化的小农农村，保持着古代公社的形式。有人说：老子企图恢复到原始社会，这种说法并不妥。因为老子还主张有'国'，有统治；这种社会里还有'甲兵'，而且能够'甘其食，美其服'，这些都不像是原始社会的现象。老子只是企图稳定小农经济，要统治者不干扰人民，让小农经济自由发展，这就达到了他的目的。"（《先秦七子研究》第一三五页）

  冯友兰说："《老子》第八十章描绘了它的理想社会的情况。从表面上看起来，这好像是一个很原始的社会，其实也不尽然。它说，在那种社会中，'虽有舟舆，无所乘之。虽有甲兵，无所陈之。使人复结绳而用之。'可见，在这种社会中，并不是没有舟舆,不过是没有地方用它。并不是没有甲兵,不过是用不着把它摆在战场上去打仗。并不是没有文字,不过是用不着文字,所以又回复到结绳了。《老子》认为,这是'至治之极'。这并不是一个原始的社会,用《老子》的表达方式,应该说是知其文明,守其素朴。《老子》认为,对于一般所谓文明,它的理想社会并不是为之而不能,而是能之而不为。

有人可以说,照这样理解,《老子》第八十章所说的并不是一个社会,而是一种人的精神境界。是的,是一种人的精神境界,《老子》所要求的就是这种精神境界。"(《中国哲学史新编》)

② 什伯人之器:王弼本及诸本均作"什伯之器"。严遵本、河上公本作"什伯人之器",帛书甲、乙本同。依胡适、高明之说,当从河上本。

胡适云:"'什'是十倍,'伯'是百倍。文明进步,用机械之力代人工,一车可载千斤,一船可装几千人,这多是'什伯人之器'。下文所说'虽有舟舆,无所乘之;虽有甲兵,无所陈之',正释这一句。"

高明说:"'十百人之器',系指十倍百倍人工之器,非如俞樾独谓兵器也。经之下文云:'虽有舟舆,无所乘之;虽有甲兵,无所陈之',使人复结绳而用之。''舟舆'代步之器,跋涉千里可为十百人之工;'甲兵'争战之器,披坚执锐可抵十百人之力。可见'十'乃十倍,'百'乃百倍,'十百人之器'系指相当于十、百倍人工之器。"

③ 不远徙:帛书本作"远徙"。

许抗生说:"'远徙',甲本作'远送',乙本作'远徙'。今从乙本。其他诸本皆作'不远徙','不'字疑为后人增。'重'与

'远'为对文,皆为动词。远徙,即把迁徙看成很远当作不应做的事,意即不随便迁徙,把搬迁的事看得很重。"
④民:王弼本作"人",《庄子·胠箧篇》:"民结绳而用之。"是作"民"。帛书乙本、傅奕本、景龙本、河上公本及其他古本"人"都作"民"。当据改,以求与上文一律。

【今译】

　　国土狭小人民稀少。即使有十倍百倍人工的器械却并不使用;使人民重视死亡而不向远方迁移。虽然有船只车辆,却没有必要去乘坐;虽然有铠甲武器,却没有机会去陈列使用。使人民回复到结绳记事的状况。

　　人民有甜美的饮食,美观的衣服,安适的居所,欢乐的习俗。邻国之间可以互相看得见,鸡鸣狗吠的声音可以互相听得着,人民从生到死,互相不往来。

【引述】

　　"小国寡民"乃是激于对现实的不满而在当时散落农村生活基础上所构幻出来的"桃花源"式的乌托邦。在这小天地里,社会秩序无需镇制力量来维持,单凭各人纯良的本能就可相安无事。在这小天地里,没有兵战的祸难,没有重赋的逼迫,没有暴戾的空气,没有凶悍的作风,民风淳朴诚实,文明的污染被隔绝。故而人们没有焦虑、不安的情绪,也没有恐惧、失落的感受。这单纯朴质的社区,实为对古代农村生活理想化的描绘。中国古代农业社会,是由无数自治自尚的村落所形成。各个村落间,由于交通的不便,经济上乃求自足自给,所以这乌托邦亦为当时封建经济生活分散性的反映。

八十一章

信言不美,美言不信①。

善者②不辯,辯者不善。

知者不博,博者不知。

聖人不積,既以爲人己愈有,既以與人己愈多。

天之道,利而不害;人之道③,爲而不爭。

【注释】

①信言不美,美言不信:"信言",真话,由衷之言。"美言",华美之言,乃巧言(释德清注)。

张松如说:"本章开头提出了美与信、善与辩、知与博诸范畴,实际上是提出了真假、善恶、美丑等矛盾对立的一系列问题,说明某些事物的表面现象和内在实质往往不一致。这中间包含着丰富的辩证法思想。"

②善者不辩,辩者不善:帛书甲本缺字,乙本保存完好,作"善者不多,多者不善"。甲、乙本此句均在"知者不博,博者不知"句后。

③人之道:今本作"圣人之道",据帛书乙本改。

【今译】

真实的言词不华美,华美的言词不真实。

行为良善的人不巧辩,巧辩的人不良善。

真正了解的人不广博，广博的人不能深入了解。

有道的圣人不私自积藏，他尽量帮助别人，自己反而更充足；他尽量给与别人，自己反而更丰富。

自然的规律，利物而无害；人间的行事，施为而不争夺。

【引述】

本章的格言，可作为人类行为的最高准则。前面三句格言在于提示人要信实、讷言、专精。后面四句，在于勉励人要"利民而不争"。

信实的话，由于它的朴直，所以并不华美。华美之言，由于它的动听，往往虚饰不实。

善者的言论，止于理，符于实，所以不必立辞巧说；善者的行为，真诚不妄，正直不欺，所以不必自作辩解。反之哓哓巧辩的人，乃是由于言行的欠亏而求自我掩饰。

"知者不博，博者不知。"这话运用到现代学术界的情形，的确如此。现代的知识活动愈来愈专精，"一事不知，儒者之耻"的时代早已经过去了。以博学自居的人，对于任何一门学问，往往只是略知皮毛而已。所以为学如果博杂不精，则永远无法进入知识的门墙。

"圣人不积，既以为人己愈有，既以与人己愈多。"这是一种最伟大的爱的表现。佛洛姆（Erich Fromm）说："爱是培养给与的能力。""为人""与人"便是给与能力的一种表现。"圣人"的伟大，就在于他的不断帮助别人,而不私自占有,这也就是"为而不争"的意义。老子深深地感到世界的纷乱,起于人类的相争——争名、争利、争功……无一处不在伸展私己的意欲,无一处不在竞逐争夺,为了消除人类社会的纠结,乃提出"不争"的思想。老子的"不争",并不是一种自我放弃,并不是消沉颓唐,他却要人去"为","为"是顺着自然的情状去发挥人类的努力,人类努力所得来的成果,却不必擅据为己有。这种贡献他人("为人""与人""利万物")而不和人争夺功名的精神,亦是一种伟大的道德行为。

历代老子注书评介

自先秦以降,有关《老子》的注疏解说,多达数百种。以下评介自汉至明各家注书,选自严灵峰所编《老子集成》丛书。

一、先秦至六朝

韩非　〈解老〉

在现存解释老子思想的著作中,这是最古的一篇文字。这篇文字见于《韩非子》书上。

〈解老〉一文,对于《老子》以下各章作了一个阐解:一章,十四章,三十八章,四十六章,五十章,五十三章,五十四章,五十八章,五十九章,六十章,六十七章。在韩非所阐解的章次和他的内容上,可以看出一个特色,就是在《道德经》上下篇中,韩非较重视下篇(三十八章以前为上篇;三十八章以后为下篇)。而且,韩非更重视老子的人生哲学和政治哲学。在〈解老〉的文字中,并不重视老子的形而上学的思维。韩非重功效,所以在〈解老〉中发挥了老子这一面的思想。

〈解老〉有一处显著的曲解,有一处显著的误解,分别在下面指出来:

(1)韩非说:"治大国而数变法,则民苦之。是以有道之君,贵虚静而重变法。"韩非认为老子主张"重变法",显然是曲解。王力在《老子研究》中已有所评说:"非言'重变法',颇迕老聃之旨。本已无法,奚待重变?"

(2)韩非将五十章"生之徒十有三,死之徒十有三"的"十有三"解释为四肢与九窍。他以为"四肢与九窍"中的数字"四"和"九"加起来刚好十三,于是产生这种错误的解释。"十有三"就是指十分中有三分,即十分之三。王弼的注是正确的,王注:"十有三,犹云十分有三分。"

另一处,韩非说:"道譬诸若水,溺者多饮之即死,渴者适饮之即生。……故得之以死,得之以生;得之以败,得之以成。"在《老子》书上,只说过得到"道",万物可以生可以成,却没有说过得到"道"会"死""败"的。韩非这段话只能当作他自己的说法,与老子思想无关。

〈解老〉中有许多精到的解释。这里只举出韩非对"道"和"德"的解说:

(1)关于"道",韩非说:"'道'者,万物之所然也,万理之所稽也。……万物各异理,而'道'尽稽万物之理。"这是说"道"为万物共同的理,也即是指万物普遍的原理或律则。韩非这里所说"道",应指规律性的"道"。

又说:"'道'者万物之所以成也。"这个"道"是指万物所由以生成的"道",也就是指形而上的实存之"道"。

(2) 关于"德",韩非说:"'德'者,'道'之功。"即是说"德"是"道"的作用。这种解释,简捷明了。

此外,韩非对于五十九章"啬"字的解释也至为恰当。他说:"啬之者,爱其精神。……圣人之用神也静。静则少费,少费之谓啬。"老子"啬"和"俭"这两个观念是相通的,乃意指宝爱精神而不耗费精力。韩非的解释远胜于后人的注解。后人常把"啬""俭"误为专指节俭钱财而言。

韩非 〈喻老〉

大抵说来,〈解老〉的文字还值得一读,〈喻老〉一文则尽多误说。所以有人怀疑这两篇文字不是出于一人之手(王力说:"〈解老〉多精到语,〈喻老〉则粗浅而失玄旨,疑出二人手笔")。

〈喻老〉全用历史故事去附会《老子》。王力曾说:"韩非喜刑、名、法、术之学,故任权威。其作〈喻老〉也,以是附会老子。"全篇最严重的曲解有下面几段文字:

(1) "制在己曰重,不离位曰静。重则能使轻,静则能使躁。……无势之谓轻,离位之谓躁,是以生幽而死。故曰:'轻则失臣,躁则失君。'主父之谓也。"这是晓喻人君不要离位,不要失势。

（2）"势重者,人君之渊。君人者,势重于人臣之间,失则不可复得也。……赏罚者,邦之利器也。在君则制君,在臣则胜君。君见赏,臣则损之以为德；君见罚,臣则益之以为威。"这是晓喻人君赏罚为治国的利器,不可轻易示人。

（3）"越王入宦于吴,而观之伐齐以弊吴。吴兵既胜齐人于艾陵,张之于江、济,强之于黄池,故可制于五湖。故曰：'将欲翕之,必固张之；将欲弱之,必固强之。'晋献公将欲袭虞,遗之以璧马,知伯将袭仇由,遗之以广车。故曰：'将欲取之,必固与之。'"这是说要灭人之国,必先使对方"张""强"暴露,自己则隐蔽起来,示弱于人。又说要取人之国,可先略送财物,以示友好,乘其不备而攻取。

（4）"周有玉版,纣令胶鬲索之,文王不予；费仲来求,因予之。是胶鬲贤而费仲无道也。周恶贤者之得志也,故予费仲。文王举太公于渭滨者,贵之也；而资费仲玉版者,是爱之也。故曰：'不贵其师,不爱其资,虽知大迷。是谓要妙。'"这是说要灭人国,须先打击对方的贤臣,而讨好对方的佞臣。

以上是韩非假借《老子》所引申出来的几种法术,都是讲求驾驭阴谋的诈术,完全曲解老子的原意。老子思想可说没有一点儿权谋诈术的成分在内,老子是最反对机智巧诈的。很不幸,这点却造成后人普遍的误解,而〈喻老〉作者则是误解老子的第一人

（钱穆先生，在《庄老通辨》中反复误解老子讲权谋，这都是没有深究老学的缘故，只是对老子所使用的特设语句作字面的猜认，而且对于老子整个哲学系统及其建构哲学的立意未深入了解所致）。

严遵 《道德指归论》

严遵是汉成帝时候的人，《指归》可说是相当古老的一本解老的书。

《指归》原作共十三卷，分〈论道篇〉和〈论德篇〉。陈、隋时代〈论道篇〉全部遗失，仅存〈论德篇〉七卷。严灵峰根据陈景元《道德真经藏室纂微篇》录出上篇（〈论道篇〉）佚文。

《指归》以黄老思想解老。

严遵 《老子注》

严遵《老子注》早已散失，严灵峰根据陈景元《道德真经藏室纂微篇》、李霖《道德真经取善集》、刘惟永《道德真经集义》、范应元《道德经古本集注》等书有关严注文字辑校成册。

严遵将《老子》分成七十二章，所依据的理由是："上经配天，下经配地；阴道八，阳道九。以阴行阳，故七十有二首；以阳行阴，故分上下。以五行八，故上经四十而更始；以四行八，故下经三十有二而终矣。"

严遵注《老》，语多乖谬，例如说：

"神明得位，与虚无通，魂休魄息，各得所安，志宁气顺，血脉和平也。"(注解"归根曰静,静曰复命。")

"信不足谓主身也,有不信谓天人也。"(注解"信不足有不信。")

"天地生于太和,太和生于虚冥。"(注解"天下之物生于有,有生于无。")

严遵注《老》,可窥见汉代老学的一种观点。

谷神子　《道德指归论注》

谷神子辑录严遵《指归》之文并加注释,对《老子》原文也略加注解。

葛玄　《老子节解》

葛玄号葛仙公,为道教方士之流人物。所学为是神仙、导引、服气、养生一类法术。葛玄注《老》,语多扭曲。兹举数例为证:

"使民不为盗",葛注:"谓邪气不来,盗贼不入,行一握固,则邪气去也。"

"天长地久",葛注:"天长者,谓泥丸也,地久者,谓丹田也。泥丸下至绛宴,丹田上升行一,上下元炁,流离百节,浸润和气,自生大道毕矣,故曰长生。"

"上善若水",葛注:"善者谓口中津液也。以口漱之则甘泉出;含而咽之下列万神。子欲行之,常以晨朝漱华池,会津液满口,即昂头咽之,以利万神而益精炁。"

"窈冥中有精",葛注:"谓脑中元气化为精也。"

全书注说多养生吐纳之言。

王弼　《道德真经注》

毫无疑问的，王弼的注是古注中第一流的作品。王弼注很能掌握老子"自然"的主旨。他扣紧了老子哲学上的几个基本观念，并加以阐释。王弼所采用的方法，就是魏晋玄学家所通用的"辨名析理"的方法。所谓"辨名"就是分辨一个名词的意义。一个名词，有它所代表的概念，分析这些概念，就是"析理"。王弼运用这种方法，不仅精确地解释老子哲学名词的原意，并且也精辟地发挥了老子哲学的义涵。让我们先看看王注的优点和特色，下面抽引一些王弼的注文，并略作说明：

"常使民无知无欲。"（三章）王注："守其真也。"

凭字面的解释，很容易使人误会老子要人民无知无欲是一种愚民政策。其实老子这里所说的"知"和"欲"都有特定的意义：他所谓的"知"乃意指伪诈的心智，他所谓的"欲"乃意指争盗的欲念。老子认为这种"知""欲"是产生一切巧诈纷争的根源，"无知无欲"，就是消解巧伪的心智活动与争夺的欲念心理，而保持天真烂漫、纯真朴质的生活。王弼用一个"真"字，极其简明的把握了老子"使民无知无欲"的意义。

"天地不仁。"（五章）王注："天地任自然，无为无造，万物自相治理，故不仁也。仁者必造立施化，有恩有为；造立施化，则物失其真……。"

在这里,可以看出王弼很能发挥老子纯任自然、自由发展的基本精神。

"无状之状,无物之象。"(十四章)王注:"欲言'无'邪!而物由以成;欲言'有'邪!而不见其形。故曰:'无状之状,无物之象也。'"

这一章是谈"道"的。"无""有"乃是指称"道"的。王弼不仅简明地解释了"无""有"的概念,而且也说出了老子用"无""有"这两个概念的原因。依王弼这注解,我们很清楚的知道:由于"道"的"不见其形",所以用"无"来形容它;而这个不见其形的"道"却又能产生天地万物("物由以成"),所以又用"有"来指称它。

"众人熙熙。"(二十章)王注:"众人迷于美进,惑于荣利,欲进心竞,故熙熙如享太牢。"

王弼的注述,文辞生动而优美。

"道法自然。"(二十五章)王注:"道不违自然,乃得其性。法自然者,在方而法方,在圆而法圆,于自然无所违。"

"道法自然"一语,常使人感到困惑。"道"在老子哲学中已是究极的概念,一切都由"道"所导出来的,那么"道"怎么还要效法"自然"呢?其实,所谓"道法自然"就是如王弼所说的"道不违自然",即是说"道"的运行和作用是顺任自然的。

"善行无辙迹,善言无瑕谪,善数不用筹策,善闭无关楗而不可开,善结无绳约而不可解。"(二十七章)王注:"顺自然而行,不造不始;……顺物之性,不别不析;……因物之数,不假形也;因物自然,不设不施……此五者皆言不造不施,因物之性,不以形制物也。"

王弼牢牢地掌握住老子"顺自然""因物之性"的基本观念。这观念散布于全书。例如二十九章王注说:"万物以自然为性。""圣人达自然之至,畅万物之情。"王弼透彻地了解老子自由哲学的基本精神,而加以发挥。

"鱼不可脱于渊,国之利器,不可以示人。"(三十六章)王注:"利器,利国之器也。唯因物之性,不假刑以理物,器不可睹,而物各得其所,则国之利器也。示人者,任刑也,刑以利国,则失矣。鱼脱于渊,则必见失矣。利国器而立刑以示人,亦必失也。"

许多人把"国之利器不可示人"这句话误为权术,看到王弼的注解,当可知道老子的本意乃在于告诫人君不可以"立刑以示人"。读了王弼这段注文,不但不会误解老子有权术思想,而且能深刻的体会出老子反对峻制苛刑为害的心意。

"古之善为道者,非以明民,将以愚之。"(六十五章)王注:"'明'谓多见巧诈,蔽其朴也。'愚'谓无知,守其真,顺自然也。"

老子"非以明民,将以愚之"的话,普遍被误解为愚民政策。读了王注当可知道老子绝非主张通常意义的愚民政策。在老子哲学中,"愚"含有特定的意义,"愚"和"真"、"朴"、"自然"的意义是相通的。老子不仅希望人民能真朴("愚"),而且更要求统治者先做到真朴。

从以上所征引的王注中,可以看出王弼甚能了解老子哲学的真义。王弼实为研究《老》学的第一大功臣。

王弼注《老》,和郭象注《庄》,都是经典般的注作。王注既然有这么大的作用和影响力,因此王注有问题的地方,也必须指出来,以免产生错误的影响。下面分别的指出王注的错处以及版本上的误字或漏字。

先看王注的错误:

"天地不仁,以万物为刍狗。"(五章)王注:"地不为兽生刍,而兽食刍;不为人生狗,而人食狗。"

"刍狗"是用草扎成的狗,作为祭祀时使用的。《庄子·天运篇》上也说过。王弼误把"刍狗"当成二种东西。(严灵峰在《老子众说纠缪》中曾指出王弼的错误:"'刍狗'为一物,而非'刍'与'狗'二物也。")

"以道佐人主者,不以兵强天下,其事好还。"(三十章)王注:"有道者务欲还反'无为',故云其事好还也。"

王注刚好和原意相反。"其事好还"是说用兵这件事一定会得到还报。"好还"含有"还报"或"报复"的意思。如李息斋说:"杀人之父,人亦杀其父;杀人之兄,人亦杀其兄,是谓好还。"又如林希逸说:"我以害人,人亦将以害我,故曰其事好还。""好还"都作报复讲,含有反自为祸的意思,不当作还回"无为"讲。

"将欲歙之，必固张之；将欲弱之，必固强之；将欲废之，必固兴之；将欲夺之，必固与之。"(三十六章) 王注："将欲除强梁，去暴乱，当以此四者，因物之性，令其自戮，不假刑为大以除将物也。"

老子这段话是"物极必反"的说明。王弼的注和老子的原意没有接上头。虽然如此，王弼"因物之性"的注释还算不违背老子崇尚自然的宗旨，不像许多人将老子这段话作权术来曲解。

"以正治国；以奇用兵。"(五十七章) 王注："夫以'道'治国，崇本以息末；以正治国，立辟以攻末。本不立而末浅，民无所及，故必至于奇用兵也。"

"以正治国；以奇用兵。"这是两个对等语句，王弼把它们视为上下连锁语句，遂认为"以正治国"是导致"以奇用兵"的结果。王弼将"以正治国"解释为"立辟以攻末"，令人费解。四十五章："清静为天下正"；本章："我好静而民自正"，都是"静""正"互言。老子主张以清静之道治国，自然亦主张以正治国。可见王注不妥。

"正复为奇，善复为妖，人之迷，其日固久。是以圣人方而不割，廉而不刿。"(五十八章)

这一章王注颇多失误。下面分句来谈：

"正复为奇。"王注："以正治国，则便复以奇用兵矣。"

王弼的解释和五十七章的注文一样，误认为"以正治国"导致"以奇用兵"。其实"正复为奇"只是说明事物转换的情形。

"善复为妖。"王注:"立善以和万物,则便复有妖之患也。"

"善复为妖"和"正复为奇"一样,只在于形容事物循环相生之理。

"人之迷其日固久。"王注:"言人之迷惑失道,固久矣,不可便正善以责。"

"人之迷其日固久"是承接上两句而说的。意即世间的事物,正忽而转变为邪,〔邪忽而转变为正;〕善忽而转变为恶,〔恶忽而转变为善。〕人们对于这种循环倚伏之理,迷惑而不知,已经有长久的时日了。

"廉而不刿"王注:"'廉',清廉也。'刿',伤也。以清廉清民,令去其邪,令去其污,不以清廉伤于物也。"

"廉"假借为"棱利",在古书上常见;《庄子·山木篇》"廉则挫",即是说棱利则挫。《荀子·不苟篇》杨倞注"廉而不刿"说:"廉,棱也。……但有廉隅而不至于刃伤也。""廉而不刿"为古时一句成语,意指棱利而不伤人。王弼将"廉"当作"清廉"讲是错误的。

"夫唯不厌。"(七十二章)王注:"不自厌也。"

此处"厌"作"压"讲。《说文》:"厌,笮也。"这句话是唤醒统治者不要压榨人民的。

以上指出王注中的误失。

下面校正王弼版本的错字。王本分八十一章,为一般学者所

通用。然而现在通行的王本,和王弼原本已经有了出入。兹据河上公本、傅奕本及帛书本等古本,将通行的王本加以校正:

二章:"长短相较"应改为"长短相形"。

依毕沅说:古无"较"字。河上本和傅奕本都作"长短相形"。"长短相形"和下句"高下相盈"相对为文,"形"与"盈"押韵。所以应据傅奕本改"较"为"形"。

十五章:"蔽不新成"应改正为"蔽而新成"。

这句所有的古本都有一个"不"字,从文句的脉络上来看,若作"不"讲则文义相反而失义。"不"字应改为"而"字,"不""而"篆文形近致误。

十六章:"公乃王,王乃天。"应改成"公乃全,全乃天"。

"全"字脱坏成"王"。王注:"无所不周普",即是"全"的注字。且"全""天"为韵,故应改"王"为"全"。

十八章:"慧智出"应改正为"智慧出"。

王弼的注文:"故'智慧'出,则大伪生也。"可见王本原作"智慧",后人抄写误倒为"慧智"。根据王注和傅奕本改正。

二十章:"顽似鄙"应改为"顽且鄙"。

傅奕本"似"作"且"字。"且"和"㠯"(古"以"字)形近而误,"以""似"古字通用,遂由"且"误为"㠯",由"㠯"(以)误"似"。"顽似鄙"应据傅奕本改为"顽且鄙"。

二十三章:"故从事于道者,道者同于道。"应删为"故从事于道者,同于道"。

"同于道"上面叠"道者"二字是衍文。《淮南子·道应篇》引《老子》说:"从事于道者,同于道。"可证古本不叠"道者"二字。

二十五章:"故道大、天大、地大、王亦大。域中有四大,而王居其一焉。"两个"王"字都应改正为"人"。

傅奕本"王亦大"作"人亦大"。"王"为"人"字之误。"人"古文作"三",读者或误为"王"。下文"人法地,地法天,天法道",可证明域中的四大就是指道,天,地,人。所以"王"字应改正为"人"字。

二十六章:"轻则失本,躁则失君。""本"字当改正为"根"。

《永乐大典》作:"轻则失根。"(引自俞樾《诸子平议》)本章首句是"重为轻根,静为躁君",故应改为"轻则失根",以与首句相应。

二十八章:"知其白,守其黑,为天下式。为天下式,常德不忒,复归于无极。知其荣,守其辱,为天下谷。"原文应作:"知其白,守其辱,为天下谷。"

《庄子·天下篇》引老聃说:"知其雄,守其雌,为天下谿。知其白,守其辱,为天下谷。"《庄子》所引为《老子》原文。本为以"雌"对"雄",以"白"对"辱"(四十一章"大白若辱"也是"白""辱"对言),"辱"通"黷",含有"黑"的意思,后人不知"辱"和"白"对言,以为只有"黑"才可对"白",又以为"荣"可对"辱"。所以"知其白"下面,加"守其黑";"守其辱"上面,加"知其荣",而后又加"为天下式,为天下式,常德不忒,复归于无极"四句,以叶"黑"韵,就这样窜入了这六句多余的文字(参看本章征引易顺鼎、马叙伦、蒋锡昌各家的校诂)。

二十九章:"或挫或隳"应改正为"或载或隳"。

河上公注:"'载',安也。'隳',危也。""载"(安)与"隳"(危)对言,和上句"或强或羸"文例相同,所以应据河上本将"挫"字改正为"载"字。

三十四章:"万物恃之而生而不辞。"可改成:"万物恃之以生而不辞。"

傅奕本及多种古本"恃之而生"作"恃之以生"。可据傅本改"而"字为"以"字。

三十四章:"功成不名有"应改成:"功成而不有"。

"不有"为老子惯用的词字(见二章、十章、五十一章),中间的"名"字是衍文。

三十九章:"地无以宁将恐发。""发"应改正为"废"。

"发"为"废"字阙坏,失去"广"旁致误。根据严灵峰的说法改正。

三十九章:"侯王无以贵高将恐蹶。""贵高"应改为"贞"。

原文为"贞",误为"贵",后人见下文"贵以贱为本,高以下为基"二句,以为是承接上文而言,遂于"贵"下文增一"高"字。赵至坚本正作"贞",所以应据赵本改正为"侯王无以贞将恐蹶",以与上句"万物无以生将恐灭"相应,且"生""贞"为韵。

三十九章:"致数舆无舆"应改成"致誉无誉"。

"数"是衍文,"舆"原是"誉"字。陆德明《释文》出"誉"字,注:"毁誉也。"《释文》是根据王弼古本,可见王本原是"誉"字,后人传写致误。

四十五章:"躁胜寒,静胜热。"应改成"静胜躁,寒胜热"。

"静""躁"对言,见于二十六章。此外六十章、六十一章、七十二章王弼的注文,也以"静""躁"对言。若作"躁胜寒",不仅文例不符,而且有背于老子思想。作"静胜躁,寒胜热",则正合老子思想,这二句话是比喻清静无为胜于扰乱有为的,和下句"清静为天下正",文义相连。

四十七章:"不见而名"应改为"不见而明"。

在《老子》书上,"见""明"连言(见于二十一章和五十二章),"不见而明"指不见而明天道。应根据张嗣成本改"名"为"明"。

六十二章:"以求得"应改正为"求以得"。

景龙本、傅奕本及众多古本"以求"作"求以"。"求以得"和下句"有罪以免"相对成文。应据景龙本改正。

六十六章:"是以欲上民"补成"是以'圣人'欲上民"。

其他古本"是以"下面都有"圣人"二字,现在通行的王本独缺漏。后面一句"是以'圣人'处上","是以"下面有"圣人"两字,故依文例增补。蒋锡昌说:"《逸藏》王本有'圣人'二字,当据补入。"

七十一章:"夫唯病病,是以不病,圣人不病,以其病病,是以不病。"应改正为:"圣人不病,以其病病,夫唯不病,是以不病。"

这一段所有古本文句都误倒复出,应依《老子》特有文例以及《御览·疾病部》改正。

七十五章:"民之轻死,以其求生之厚。"补正为"民之轻死,以其上求生之厚"。

傅奕本"以其"下面有"上"字("上"指统治者)。王弼注:"言民之所以僻,治之所以乱,皆由上,不由其下也。"从王注中可知王本原有"上"字。当据傅本和王注补上。

七十六章:"万物草木之生也柔脆"应删为"草木之生也柔脆"。

"人之生也柔弱,其死也坚强;万物草木之生也柔脆,其死也枯槁。""人"和"草木"都属于万物,"万物"二字是衍文。傅奕本没有"万物"二字。当据傅本删去。

七十六章:"兵强则不胜,木强则兵"应改正为"兵强则灭,木强则折"。

《列子·黄帝篇》、《文子·道原篇》、《淮南子·原道训》都作"兵强则灭,木强则折"。当据以改正。

八十章:"使人复结绳而用之"改为"使民复结绳而用之"。

"人"应作"民",根据《庄子·胠箧篇》、河上本及其他各古本改正,以求和上文文律一致。

以上，我们校正王弼通行的版本，并对王弼的注文作了一些评介。王弼的成就，不仅在于注释《老》学，如果我们把他的注解单独抽出来看，可看出他的文字自成一个系统，可说是一篇很好的哲学论文。

王弼 《老子微旨例略》

《例略》为严灵峰自《道藏正乙部》检出影印成册。

《例略》说明老子之"道"的无形无名，幽微玄妙，并申说老子"崇本息末"：见素朴，弃巧利。《例略》解《老》与其注《老》有其思想的一贯性。

河上公 《老子道德经》

河上公为何许人，河上注本成于何时，都是一个谜。《神仙传》有一段记载说：汉文帝时，河上公结草为庵，住在河边。某日，文帝去见他，他"抚掌坐跃，冉冉在虚空中，去地数丈"，然后给文帝二卷书，并说："余注此经以来，一千七百余年，凡传三人，连子四矣。"说完话就不见了。这种记载是后代道教人士的编造。

《史记》曾提到河上丈人，河上注本当是两汉之际的作品。河上公的注文多是养生家之言，而分章标题，乃后代道教徒所为。

在众多的《道德经》古本中，流传最广的要算是王弼本和河上本。王弼本为一般学者所推崇，而河上本则为普遍民间所通用。由于河上本的广泛使用，因此对于河上注本的得失须详加检讨。

先说河上公注释的优点；河上注文字简明，兹举数例：

"不尚贤。"(三章)河上注:"贤,谓世俗之贤。去质为文也。不尚者,不贵之以禄,不贵之以官。"

"使民不争。"(三章)河上注:"不争功名,返自然也。"

"无知无欲。"(三章)河上注:"反朴守淳。"

"天地不仁。"(五章)河上注:"天施地化,不以仁恩,任自然也。"

"绝学无忧。"(二十章)河上注:"除浮华,则无忧患也。"

"众人皆有余。"(二十章)河上注:"众人余财以为奢,余智以为诈。"

"道法自然。"(二十五章)河上注:"道性自然,无所法也。"

"国之利器。"(三十六章)河上注:"利器,权道也。"

从这里所摘录的一些注文中,可以看出河上注的清晰精确的一面。

下面我们看河上注的错误和曲解之处。先指出河上注的失误:

"道冲而用之。"(四章)河上注:"冲,中也。'道'匿名藏誉,其用在中。"

"道冲"是形容形上之"道"为虚空状态。"冲"作"盅",训"虚",河上解作"中",不妥。本章的"道"也不是河上公所谓的"匿名藏誉"之道。"匿名藏誉"的道,乃就生活层面上而言的,本章的"道",则就形而上层次而言的。

"故有道者不处。"(二十四章)河上注:"言有道之人,不居其国也。"

"不处"不是指"不居其国",依上文,应指不自见、不自是、不自伐、不自矜。

"圣人常善救人。"(二十七章)河上注:"圣人所以常教人忠孝者,欲以救人在命。"

河上公用儒家的眼光去看。其实老子这里在于教人依自然而行事,并非"常教人忠孝"。只要看十八章和十九章便可明白河上注与原义不符。

"其事好还。"(三十章)河上注:"其举事好还,自责不怨于人也。"

"其事好还。"是说用兵这件事,反自为祸,其后果将会遭受报复的。

"道常无名。"(三十二章)河上注:"道能阴能阳,能弛能张,能存能亡,故常无名。"

这句应以"道常无名朴"断句,三十七章有"无名之朴"一词端为证。"朴"是"无名"的譬喻。"道"是无形的,因而不可名称。河上的解释和原文不相干;"道"是永存的,说它"能存能'亡'",更不妥。

"始制有名。"(三十二章)河上注:"道无名能制于有名,无形能制于有形也。"

"始制有名"同于二十八章"朴散为器"。"制",兴作讲。(林希逸注:"制,作也。")河上作驾驭的意思,不妥。

"天亦将知之。"(三十二章)河上注:"人能去道行德,天亦将自知之。"

"夫",河上本误作"天",版本不确,注释自然也随着错误。应根据王弼本改正为:"夫亦将知止。"

"死而不亡者寿。"(三十三章)河上注:"目不妄视,耳不妄听,口不妄言,则无怨恶于天下,故长寿。"

"死而不亡"乃是喻指"身死而道存";像历史上许多大思想家一样,身躯虽然死灭了,但他们的思想和精神却永续长存,这就可说是"寿"了。

"至誉无誉。"(三十九章)河上公本误作"致数车无车",原文错了,所根据的注解便为不相干的文字。

"十有三。"(五十章)河上注:"十三谓九窍四关也。"

十有三是指十分中有三分。河上注依韩非"四肢九窍"的解释,错误。

"益生曰祥。"(五十五章)河上注:"祥,长也。"

这里"祥"作妖祥解,含有灾殃的意思,古人常有这种用法。王弼将"祥"解作"夭"是正确的,河上注为误。

"以正治国,以奇用兵。"(五十七章)河上注:"天使正身之人,使至有国也。天使诈为之人,使用兵也。"

这两句话纯粹是人事问题,河上公却用"'天'使"来解说,全然不相干的。

"正复为奇,善复为妖。"(五十八章)河上注:"人君不正,下虽正,复化上为诈也。善人皆复化上为妖祥也。"

世事无常,"正"忽而转变为"奇","善"忽而转变为"妖",老子以此说明事物的循环运转,河上注未切合老子原意。

"廉而不刿。"(五十八章)河上注:"圣人廉清……"

此处"廉"作棱利讲,王弼误作"清廉",河上误作"廉清"。

"无狭其所居。"(七十二章)河上注:"谓心居神当宽柔,不当急狭也。"

老子这话是警惕统治者不要逼使人民不得安居。

以上指出河上公注释中的一些错误。河上公带着道教的有色眼镜去注《老子》,因而出现许多乖谬的言词,下面分别指出。

"玄之又玄。"(一章)河上注:"玄,天也。言有欲之人与无欲之人同受气于天。"

"玄"是深远的意思。河上以"天"释"玄",并说人受气于天,和老子原义无关。

"谷神不死。"(六章)河上注:"谷,养也。人能养神则不死也。神谓五藏之神也;肝藏,魂。肺藏,魄。心藏,神。肾藏,精。脾藏,志。"

这是以方士"养神"一套说法来附会。第六章整章的注释都是荒谬不经。

"及吾无身,吾有何患?"(十三章)河上注:"使吾无有身体,得道自然,轻举升云,出入无间,与道通神。"

河上以为"及吾无身",可以"轻举升云",这有如神怪故事中的语句。

"却走马以粪。"(四十六章)河上注:"兵甲不用却走马治农田,治身者却阳精以粪其身。"

第一句的注文已经将原文解释得很清楚,后面一句画蛇添足。"阳精"一类的字眼,显然是方士之流的口语。

"修之于身,其德乃真。"(五十四章)河上注:"修道于身,爱气养神,益寿延年。"这是用卫生之经去注《老》的一例。

"含德之厚,比於赤子。"(五十五章)河上注:"神明保祐含德之人,若父母之于赤子也。"

"神明保祐"之说是教徒的口头语,和老子思想无关。

"深根固柢。"(五十九章)河上注:"人能以气为根,以精为蒂……深藏其气,固守其精,使无漏泄。"

河上用"藏气""固精"一类的方士术语注解,和老子原义大相背谬。

此外六十章、七十一章、七十二章都可看到河上用养身一套的观点去注《老》。由上可知河上注是带着相当浓厚的方士思想。王力曾说:"河上公注,多养生家言;而老子非谈养生者,故河上注根本错误。"

下面校正河上本的错字和脱字：

三章："使心不乱。"本章前面二句都有"民"字，此处第三句也应依文例加一"民"字（"使民心不乱"）。

四章："渊乎似万物之宗。"后面有"湛兮似或存"句，"渊乎"可据王本改为"渊兮"，以与"湛兮"对称。

十章："天门开阖能无雌？""无雌"应改正"为雌"。"爱民治国能无知？""无知"可改成"无为"。

此外，本章每句后面可依王本加一"乎"字，成："能无离乎？""能婴儿乎？""能无知乎？""能无为乎？"

十五章："蔽不新成。"应改正为"蔽而新成"。"不"为"而"字之误。

十六章："不知常，萎作凶。""萎"应改正为"妄"，河上注文即作"妄"，原文笔误。

二十三章："故从事于道者，道者同于道。"删成"故从事于道者，同于道。"河上本和王本都在"同于道"者上面叠"道者"二字。这是衍文，应删除。

二十五章："故道大，天大，地大，王亦大。域中有四大，而王居其一也。""王"为"人"字之误。"人"古文作"𠆢"，读者误为"王"。后句"人法地，地法天，天法道。"正作"人"而不作"王"。

二十六章："轻则失臣。"改正为"轻则失根"。本章首句"重为轻根,静为躁君",末句"轻则失根,躁则失君",相对成文。

二十八章:"知其白,守其黑,为天下式,为天下式,常德不忒,复归于无极。知其荣,守其辱,为天下谷。"应据《庄子·天下篇》删成:"知其白,守其辱,为天下谷。"

三十二章:"天亦将知止。"应据王本改正为"夫亦将知止"。"夫"笔误为"天"。

三十四章:"万物恃之而生而不辞,功成不名有。"应改正为"万物恃之以生而不辞,功成而不有"。(上节王弼本校正中已叙说)

三十六章:"将使弱之。""将使"应依前后各句文例改正为"将欲"。

三十九章:"侯王无以贵高将恐蹶……孤寡不谷……致数车无车。"应改正为:"侯王无以贞将恐蹶……孤寡不谷……至誉无誉。""贵高"应改正为"贞"。(原文为"贞"误作"贵",后人又妄增一"高"字。)"毂"与"谷"古通,然河上注误读为车毂之毂。"誉"王本误为"舆",河上本再误作"车"。

四十七章:"不见而名。""名"应改成"明"。

六十二章:"美言可以市,尊行可以加人。"补正为"美言可以市尊,美行可以加人"。

六十二章:"以求得。"应改正为"求以得"(参看前节王本校正)。

七十一章:"夫唯病病,是以不病,圣人不病,以其病病,是以不病。"应改正为"圣人不病,以其病病;夫唯病病,是以不病"。

七十五章:"以其求生之厚。"应改正为"以其上求生之厚"。上两句都作"以其上",本句漏一"上"字,故应依文例增补。

七十六章:"万物草木之生也柔脆……兵强则不胜,木强则共。"应改正为:"草木之生也柔脆……兵强则灭,木强则折。""万物"两字是衍文。"兵强则灭,木强则折。"依《列子·黄帝篇》与《淮南子·原道训》改正(见上节王弼本校正)。

上面对于流传最广远的王弼注本和河上公注本所作的评介,我们可以断言:关于注文,王注远胜于河上注。关于版本,则互有优劣。一般说来,学者仍多采用王本。然而现在通行的王本,已非原旧,后人笔误或脱字不少。

二、初唐至五代

陆德明 《老子音义》

依王弼本注音。

魏征 《老子治要》

摘录河上公注文。河上注文中有关养神炼气一类的方士语句尽被删去,未予选录。

傅奕 《道德经古本篇》

傅本是研究校刊的学者非常重视的一个古本。它是依据王弼本发展出来的。傅本常在文句后面添增"矣""也"一类的赘词,错字也不少。但有许多处倒可刊正王本的误失。例如：

二十五章：傅本"强字之曰道"，王本及其他古本遗"强"字，应据傅本补上。又，同一章傅本"道大，天大，地大，人亦大"，王本及其他古本作"王亦大"，应据傅本改为"人亦大"。

三十九章：傅本"致数誉无誉"。"数"是衍文。"誉"应为《老子》原文，而王本笔误为"舆"，河上本再误作"车"，各古本均应据傅本改正。

六十二章：傅本"不曰：求以得"。王本及河上本都误倒为"以求得"，傅本正确。

七十五章：傅本"以其上求生之厚"。王本和河上本在"以其"下面遗漏"上"字，可据傅本补上。

七十六章：傅本"人之生也柔弱，其死也坚强；草木之生也柔脆……"王本及河上本"草木"上衍"万物"两字，依据傅本删去。

上面几点是傅本最大贡献处，众古本的错误都可据以校正。

颜师古　《玄言新记明老部》

简略说明《老子》每章主旨（"以正治国"章以下缺），每章的说明文字只有一二行。颜氏对老学思想上并无特殊见解，然"三十一章'佳兵'注语可证王弼于此有七字注文，唐时尚未脱落，可证宋人之说，于考据方面颇具意义"。（引严灵峰评语）

成玄英　《道德经开题序诀义疏》

成玄英把老子哲学的基本观念含混化、庞杂化了。例如他对"道"的解释：

"……元气大虚之先,寂寥何有！至精感激,而真一生焉。真一运神,而元气自化,元气者,无中之有,有中之无,广不可量,微不可察。氤氲渐着,混茫无倪,万象之端,兆朕于此,于是清通澄朗之气,而浮为天烦昧浊滞之气……,生天地人物之形者,元气也；授天地人物之灵者,神明也。……道全则神王,神王则气灵,气灵则形超,形超则性彻。性彻者,反复流通,与道为一,可使有为无,可使虚为实,吾将与造物者为俦,奚死生之能累乎？"

这段话很明显的可以看出不仅夹杂了佛教、道教的观念,而且还渗入了《庄子》的思想。

成作有两大特色,也可说两大弊病：

一、引《庄子》证说《老子》。老子和庄子,在基本的心态与意境上是大不相同的。庄子有许多的观念,为老子所没有的,例如上面所引这段话的最后两句："吾将与造物者为俦,奚死生之能累乎？"庄子这种"独与天地精神往来"以及"死生为一"的观念,为老子所无。又如二十二章："曲则全",成疏："庄子云：'吾行屈曲,无伤吾足。'此一句,忘违顺也。""忘"是庄子的境界,用来解释老子则不妥。此外,"枉则直",成疏："此一句,忘毁誉。"这也是用《庄子》来套《老子》,而且用"忘毁誉"来解释"枉则直"显然是误解。以《庄》误解《老》的例子还很多,这里只是略举数例。

二、用佛教、道教观点解老。例如:"逝曰远"(二十五章),成疏:"超凌三界,远适三清也。"又如:"远曰反",成疏:"既自利道,圆远之圣境,故能返还界内,慈救苍生,又解迷时,以三清为三界悟即三界是三清,故返在尘俗之中,即是大罗天上。"如此注解,把老子弄得面目全非。成疏中,以佛教、道教误解老的例子举不胜举。

成玄英的《庄子疏》确是上乘之作,远胜于《老子疏解》。

李荣 《道德真经注》

本注书原缺。严灵峰根据《道藏》残本为底本,收辑强思齐《道德真经玄德纂疏》中之李荣注校辑成册。

李荣为唐高宗时道士,故以道教色彩注《老》。

马总 《老子意林》

摘出《老》书上的一些文句加以注释。注文尚清楚。

王真 《道德经论兵要义述》

这本借《道德经》来"论兵"的书,并不是主张要用兵或如何去用兵,相反的,却主张戢戈止兵,偃武息争。作者牢牢地抓住老子不争的思想而加以发挥。整本书都充满了浓厚的反战思想。令人惊奇的是:作者王真竟然是一位拥有极大兵权的将军。他是唐宪宗手下的一员大将。他的军职是朝议郎使持节汉州诸军事守汉州刺史充威胜将军。

王真写这本书,直接的对象就是他的皇帝宪宗(书上每章的前面都写:"臣真述曰")。王真深深地感到战争给人民带来的灾害,因而力陈战争的祸患:"夫争城,杀人盈城;争地,杀人盈野。"(《上善若水章》第八)"臣敢借秦事以言之:李斯、赵高、白起、蒙恬之类,皆不以道佐其主,而直以武力暴强,吞噬攫搏,……李斯父子縻溃于云阳;白起齿剑于杜邮;赵高取灭于宫闱,此皆事之还也。且兴师十万,日费千金,十万之师在野,则百万之人流离于道路矣。"(《以道佐人主章》第三十)又说:"夫穷兵黩武,峻制严刑,则人必无聊也。"(《人不畏死章》第七十四)

为政者若能停止争战,不兴兵革,社会才能安定,人民才能安宁。王真说:"王者既不责于人,则刑罚自然不用矣。刑罚不用,则兵革自然不兴矣。兵革不兴,则天下自然无事矣。"(《天地不仁章》第五)"治天下国家之人,尚以安静不挠为本。……明王在上,兵革不兴。"(《治大国章》第六十)王真认为老子著书立说最大的用意就在于:"劝人君无为于上,不争于下。"这也是王真自己写这本义述的真正动机。他又说:"窃尝习读五千之文,每至探索奥旨,详研大归,未尝不先于无为,次于不争,以为教父。"王真掌握了老子"无为"和"不争"这两个中心观念,而后极力加以阐释。关于"无为",他引申说:

"无为之事,盖欲潜运其功,阴施其德,使百姓日用而不知之……王者无为于喜怒,则刑赏不溢,金革不起;无为于求取,则赋敛不厚,供奉不繁。"(《天下皆知章》第二)

"为无为者,直是戒其人君无为兵战之事也。语曰:'舜何为哉,恭己南面而已!'"(《不尚贤章》第三)

"无为者,即是无为兵战之事。兵战之事,为害之深,欲爱其人,先去其害。"(《营魄抱一章》第十)

"无为"的反面是"有为""有事"。王真说:"及其有事也,则以赋税夺人之货财;及其有为也,则以干戈害人性命。"

"无为"的思想蕴涵了"不争"。王真极力陈述争端的根源与弊害,并强调"不争"的重要性。他说:

"暴慢必争,忿至必争,奢泰必争,矜伐必争,胜尚必争,专恣必争。夫如是王者有一于此,则师兴于海内,诸侯有一于此,则兵交于其国……是以王者知安人之道,必当先除其病,俾之无争则战可息矣,战可息则兵自戢矣,是故其要在于不争。"

"夫争者兵战之源,祸乱之本也。故经中首尾重叠唯以不争为要也。"

王真的《义述》,将老子形而上的意味完全刷除。例如第四章"道冲而用之",分明是说"道"体的,但王真却将它赋与现实的意义,他解说:"此章言人君体道用心,无有满溢之志,长使渊然澄静。"又如第八章"上善若水",王真解说:"特谕理兵之要深至矣。夫上善之兵,方之于水,然水之溢也,有昏垫之灾;兵之乱也,有涂炭之害。"这种解释虽然未必与老子原义相同,但能和老子另一基本思想吻合:即掌握权力者,万万不可造成涂炭百姓的灾害。

在书后王真附了一封给皇帝的信。皇帝看了,也回了他一封简短的信,信上说:"省阅之际,嘉叹良深,秋凉,卿比平安。"这几句话不仅道出了共鸣之意,也表露了亲切的人情味。王真接到信以后,又上书给皇上,再度痛陈兵革之害:"……涂万姓之肝脑,决一人忿欲,毒痛海内,灾流天下……"慷慨陈词,王真的道德勇气和他对百姓的爱心,令人感佩。读这本《义述》,觉得一股强烈的人道主义的精神在字里行间跳荡着。

陆希声 《道德真经传》

陆希声说:"老子之术本于质,质以复性。"陆氏认为"化情复性"、"以性正情"是老子哲学的基本动机。

陆希声在序言中说:"天下方大乱……于是仲尼阐五代之文,以扶其衰;老氏据三皇之质,以救其乱,其揆一也。"十八章注文中说:"孔老之术不相悖。"十九章注文也说:"老氏之术焉有不合于仲尼。"无论老子或孔子,他们的心怀都是救世的,这一点是不错的。但是并不能因着他们有相同的"救乱"心怀,就将他们的人生态度和价值取向混同,陆希声并没有很清楚的分辨这一层。陆氏虽然以儒解老,不过儒家思想的痕迹并不显明。作者阐述每章要旨,明晰可读。

顾欢 《道德经注疏》

收集河上公注和成玄英疏,兼引唐玄宗等十五家注言。

乔讽 《道德经疏义节解》

杂引史事及他说以解《老》。

三、两宋至元代

宋鸾　《道德篇章玄颂》

用七言诗咏颂《老子经义》。

王安石　《老子注》

原书有二卷，已亡失，仅从彭耜《道德真经集注》中辑引王氏残注。王安石在《老子》注中首先将第一章以"无""有"断句，在他以前的人都以"无名"、"有名"、"无欲"、"有欲"为读。

附论《老子》短文一篇(录自《临川先生文集》卷六八)，仅五百字，文末评说："如其废毂辐于车，废礼乐刑政于天下，而坐其之无为用也，则亦近于愚矣。"

苏辙　《老子解》

这本解《老》，见解颇为精到，很受宋明以来的学者所重视。书中一再强调"复性"的思想，是其特色。

程俱　《老子论》

短论五篇：论一，谈道；论二，说明《老》学不主张厚生亦不及长生；论三，阐扬超越死生之对；论四，解释《老子》第十章；论五，申说《老子》"济天下而度群生"的心怀。

叶梦得　《老子解》

《老子》书上的"言"，不仅指言说的意思，还含有声教法令的意义。叶解十七章中说："号令教戒，无非'言'也。"书篇幅不多，却有独见处。

程大昌　《易老通言》

程氏认为："老氏一书，凡其说理率不能外乎系辞而别立一抚也。"又说："老语皆《易》出也，而独变其名称，以示无所师承，而求别成一家焉耳。"这种说法将老子哲学的独创性完全抹杀，同时也把老子哲学建立的动机与时代的意义轻易忽略。

员兴宗　《老子略解》

节引《老子》部分文字，常以孔孟之言注解，偶而也引用庄子的观点，但所论注，多与老子原义有所出入。

寇质才　《道德真经四子古道集解》

引录庄列文庚四子著作(《南华经》、《通玄经》、《冲虚经》、《洞灵经》)为注。颇费一番采摘工夫，可供相互对照参考。

吕祖谦　《音注老子道德经》

依河上公本加反切注音，附于各句注后。

葛长庚　《道德宝章》

夹杂着佛学观点注《老》。

赵秉文　《道德真经集解》

收录苏辙《老子解》全文，并摘引政和、鸠摩罗什、陆世声、司马光等注释,偶尔也附录己见。

董思靖 《道德真经集解》

对《老子》经文的解释,颇有己见,其中以三十六章的解释最为可取(前面曾引录)。每章的后面,有数语作总结,扼略说明各章主旨。此外,还摘引司马光、苏辙等注。本《集解》胜于赵秉文《集解》。

李嘉谋 《道德真经义解》

按章次顺文作解,尚属通顺。焦竑《老子翼》所引"息斋注",即是此书文字。息斋是嘉谋的道号。

林希逸 《老子献斋口义》

用通俗浅近的文字作解,明白可读。但林氏所作《庄子口义》远比这本《老子口义》可取。

龚士卨 《纂图互注老子道德经》

采河上公注本。常于句后附"互注",多征引《庄子》文字作补注。书前附有"老子车制图"的图样。

范应元 《老子道德古本集注》

这本集注的特点:一、解释扼要洗炼。二、征引多种古文及"音辩",并鉴别何种古本同于老子原作。三、精选王弼、河上公、陆德明、傅奕、司马光、苏辙等三十家注解。这是一本很有参考价值的书。在版本上,尤受校刊学者所重视。

刘辰翁 《老子道德经评点》

针对林希逸《口义》一书，加以阐解批评。

张嗣成　《道德真经章句训颂》

以五言七言等文体为句，按章称颂《老子》经义。

陈观吾　《道德经转语》

依河上公章目，将每章改成七言绝句。间或夹杂佛教观念。此系吟咏之作，和宋鸾的《道德篇章玄颂》以及张嗣成的《道德真经章句训颂》为同类作品，附有音注，可供参考。

吴澄　《道德真经注》

注解精确明晰，为研究老学的人所必读的一本好书。

何道全　《太上老子道德经》

依河上公章句本，集河上公、林希逸、萧应叟、李清庵、如愚子等家注，每章后面有总结，并附四言、五言或七言句。注解"虽杂采黄冠之说，间有可取"。（引严灵峰评语）

蒋融庵　《老德真经颂》

依《老子》章数作七言绝句颂八十一首。本篇和宋鸾、张嗣成等人的作品同类。

四、明代

薛蕙　《老子集解》

薛蕙早年喜欢看神仙长生一类的书，后来研读老子，才发觉以前所学，不过是"方士之小术"。在序言中，他说："予蚕岁嗜神仙长生术，凡神仙家之说，无不观也。晚读《老子》而好之，乃知昔之所嗜者，第方士之小术，而非性命之学也。……后世直以道家为养生耳，皆予所未喻也。予又窃怪夫方士之言养生者，往往穿凿于性命之外。"前人常用乖异的道教词句解《老》，薛氏之能免疫，值得一提。

这本《集解》，依王本章次顺文作解。注解部分，虽不如吴澄本精到，但也很有独见（二十九章注解胜过各家，前面注释部分已引录）。

《集解》的最大特点是常在一章的后面作评语，澄清前人的误解。如：

三十六章是最受误解的一章，普通被误认为含有权诈思想，薛蕙以程子为例，加以评说："程子尝曰：'《老子》书，其言自不相入处如冰炭，其初意欲谈道之极玄妙处，后来印入权诈上去，如"将欲取之，必固与之"之类。'程子之言……虽大儒之言，固未可尽执以为是也。窃谓此章首明初盛则衰之理，次言刚强之不如柔弱。末则因戒人之不可用刚也。岂诚权诈之术。夫仁义圣智，老子且犹病之，况权诈乎？按《史记》陈平，本治黄帝老子之术，及其封侯，尝自言曰：'我多阴谋，道家之所禁，吾世即废亦已矣，终不能复起，以吾多阴祸也。'由是言之，谓老子为权数之学，是亲犯其所禁，而复为书以教人，必不然矣。"

三十八章的后面,薛氏澄清老学和晋学的不同。他说:"自太康之后,讫于江左之亡,士大抵务名高,溺宴安,急权利,好声伎。老子之言曰:'大白若辱',务名高乎!'强行有志',溺宴安乎!'少私寡欲',急权利乎!'不见可欲',好声伎乎!'若畏四邻',嗜放达乎!'多言数穷',尚清谈乎! 以此观之,则晋人之行,其与老子之言,不啻若方圆黑白之相反矣。"

此外,如五十四章结语中批评朱熹认为"老子便是杨氏"的看法,以及五十八章结语中区别申韩和老子的不同,并指责司马迁所造成的混淆(司马迁把申韩与老子视为同原于道德而引起后人的傅会),这些批评和见解,都很得要旨。在古注中,很少见到这类批评性的文字和澄清的工作。薛氏这本《集解》,流行不广,但很值得一读。

张洪阳 《道德经注解》

认为《老子》是"性命之书"。对"道"和"德"有简明的解释:"自然为'道',得'道'为'德';自无生有,'道'也;从有返无,'德'也。"本注解平实可读。

释德清 《老子道德经解》

释德清别号憨山。他的注《庄》(内篇)胜于注《老》。虽然如此,但这本解《老》,对于义理方面的引申,仍有许多精辟的见解。在古注中,算是难得一见的作品。

朱得之 《老子通义》

全书分六十四章,逐章作解,偶而采集林希逸、吴澄、薛蕙、王纯甫等家的注解。辞意不够简洁,泛泛之作。惟朱氏认为三十一章"悲哀泣之","泣"应改为"莅",并注说:"以悲哀临之。"这是《通义》中惟一可供参考之点。

王道 《老子亿》

王道字纯甫。全书按章次作解,常借原始儒家思想为助说,解说尚称通畅明晓。在前言中,对于"道经"、"德经"的分法不表赞同,他说:"至唐玄宗改定章句,始取篇首二字为义,以上篇言'道',谓之'道经';下篇言'德',谓之'德经',支离不通,殊失著书本旨。"在解说中,有两点值得一提:一、十三章"贵大患若身"。所有的注释家都照字面解,只有王纯甫指出:"贵大患若身,当云贵身若大患,例而言之,古语多类此者。"按老子的原义,当如王解。二、三十一章注文混入正文,为时已久,无从分辨了(王弼只有这章不作注)。王纯甫首先提出疑问,认为是"古义疏混入于经者"。

陆长庚 《老子道德经玄览》

视老子思想为"穷性命之隐"。依章次解释。

沈津 《老子道德经类纂》

解说平易可读。偶尔引王弼、司马光、苏辙、董思靖之注以助其解说。

王樵 《老子解》

只解释十个章目。站在儒学的观点解《老》,并引申程朱的见解。

在第一章的解释中,主张应以"无""有"为读:"旧注'有名''无名',犹无关文义:'无欲''有欲'恐有碍宗旨。老子言'无欲','有欲'则所未闻。"

李贽 《老子解》

间有独见之处。

张登云 《老子道德经参补》

录河上公注本,略加补注。

沈一贯 《老子通》

申说通畅。书前附〈老子概辨〉一文,提及"尊老者过谀,薄老者盛贬"。文中指出薄老的言论,并加驳正,特别对于程子和朱子的误解,讨论得最多。程子最大的误解以为老子杂权诈:"《老子》与之、翕之之意,乃在乎取之、张之、权诈之术也。"其实三十六章这段文字只在于说明"物极必反"的道理,并非权术。朱子则误解老子"不肯役精神,须自家占得十分稳便方肯做。一毫不便,便不肯做"。以为老子持着"只是占便宜"的态度,朱子的看法十分肤浅。此外,沈文中还指出朱子批评老子"无"的说法,认为"朱子失其意"。并说:"老子兼'有''无'而名'道'也,岂但以'无'为'道'也。"沈氏认为"有""无"是指称"道",这说法很正确。

焦竑 《老子翼》

选摘《韩非》以下六十四家注解。以苏辙、吕吉甫、李息斋、王纯甫、李贽等家的注解为主。并附自著《笔乘》，以抒己见。

林兆恩　《道德经释略》

参他家以解说。

陈深　《老子品节》

录河上公注本，在眉栏上批注，如一章上批说："诸家皆于'无名''有名'读，又于'有欲''无欲'读，又以'徼'为'窍'，误矣！误矣！"其余的眉批也很简明，惜无深意。

徐学谟　《老子解》

顺章作解，并在解说后面对苏辙、薛蕙、林希逸、李息斋等家注解，颇有批评，其评语可读。附带还指陈宋儒的曲解。

王一清　《道德经释辞》

序文《道德经旨意总论》中，指出《老子》五千文不只专言炼养，也并兼言治道，并叙说老子思想对历代的影响。注解抒杂各家之说。

彭好古　《道德经》

间或在句后作注。"此系校刻本子，尚可供校注参考。"（引严灵峰评语）

归有光　《道德经评点》

依河上公注本，在眉栏上引宋明各家注语。

书前附宋太祖序文，略说读《老》经过与心得，宋太祖曾感慨地说："见本经云：'民不畏死，奈何以死而惧之。'当是时，天下初定,民顽吏弊,虽朝有十人而弃市,暮有百人而仍为之。如此者,岂不应经之所云。朕乃罢极刑而囚役之,不逾年而朕心减恐。"从这里可以看出老子思想影响的好的一面。其次,附秦继宗序文,说及汉景帝、唐太宗等人受老子的影响,以及宋儒对老子的误解。

陈懿典 《道德经精解》

每句作注,清晰可读。每章后面及眉栏上引各家解说(如征引苏子由、李息斋、李宏甫、焦竑等家解说),可供参考。

钟惺 《老子嫏嬛》

顺章作解,并在眉栏上加按语,简明但无特色。

钟惺 《老子文归》

录河上公本原文,加以圈点。在上篇末加按语说:"老子《道德经》导人返其天性,而非异端之书。"

陶望龄 《陶周望解老》

全书分上下两篇,不标章目,部分作解。有误解处,如五章"天地不仁",陶氏解释:"此惊俗之言也,故复以多言自砭。"又如六十六章"江海为百谷王",陶氏附会说:"老子之言,多半是术,姑以此诱聋俗耶!"这些是较显著的误解。

赵统 《老子断注》

自叙中,认为老子和孔子一样,具有衰世之志、救世之心。并斥"方士之奇邪"、"方士之祸"。注解中,申言老子"用世之意",并发挥老子自生自化的思想。解说时,常引孔儒观念作对比说明。

洪应绍　《道德经测》

从儒家的观点去看老子,试图贯通《老》《易》,例如洪氏认为:"有物混成,已分明挈《大易》根宗。绝学无忧,即不习无不利之旨也。婴儿未孩,即何思何虑之宗也。虚而不屈动而愈出,即寂然不动,感而遂通之致也。"因而认为:"即谓《道德》为老氏之《易》,可谓老氏为《周易》作爻辞作系辞亦可。"

《老》《易》或有相似的观点,但这两者的哲学基点和价值取向却有很大的不同。古人的学科界线不分明,常因求"同"而忽略其间基本差异处。

龚修默　《老子或问》

书的前面,说明上篇各章大意。并附"老孔略同",摘录两家近似的言语。注解部分,采用问答体,从儒家的观点解《老》。

潘基庆　《道德经集注》

书的前面,附各家对老子的赞语或评语。每章原文后面,附考异和注音。集注部分,杂引各家,如列子、庄子、荀子、管子、广成子、淮南子、苏子由、李贽等家,以及道教各典(如《清静经》、《阴符经》、《定观经》)。章末考订文句,可供参考。

郭良翰　《老子道德经荟解》

序文《道德经荟解题辞》澄清苏子瞻的误解。子瞻说:"老子之学,重于无为,轻于治天下国家,韩非得其以轻天下之术,遂至残忍刻薄。"郭氏申说老子基本观念,并评说:"不知韩剽老之糠粕,苏掇韩之皮相。"

《荟解》依河上公本,以林希逸《口义》为主。每章后面引苏辙、吕吉甫、李息斋、吴澄、焦竑等家注解。

陈仁锡 《老子奇赏》

抄录河上公本,加以圈点。

程以宁 《太上道德宝章翼》

用道教观点作解,认为"不读丹书,未闻秘诀,而欲以经史诸子百家解《道德经》,是以凡见而窥仙,俗骨而测佛"。这种说法颇误谬。惟第五十章的注解,颇供参考。

颜锡畴 《道德经解》

顺章解说,清晰可读。

后　　记

一、以上各书,选自严灵峰所编《无求备斋老子集成》(艺文印书馆)。这套丛书集成,影印自汉迄明历代有关《老子》的重要著述和版本,分成写本、石本、刻本、注本四类。上面的评介以注本为主。

二、清代以来,校诂方面的工作有很大的成绩。下面各家的著作,为研究《老子》的人所必读,如王念孙《老子杂志》、俞樾《老子平义》、易顺鼎《读老子札记》、刘师培《老子斠补》(以上清代)、马叙伦《老子校诂》、奚侗《老子集解》、高亨《老子正诂》、蒋锡昌《老子校诂》、朱谦之《老子校释》、严灵峰《老子章句新编》等。

三、考据、训诂、校勘是谈义理的基层工作。许多谈义理的人,很忽视校诂学者所提供的成绩,事实上谈义理如果缺乏基础的训练,常常会望文生义而产生误解。因而谈老子哲学思想的人,两层的工作都应兼顾。

一九七〇年元月

附录一　帛书老子甲乙本释文

一九七三年十二月,湖南长沙马王堆三号汉墓中出土了一批具有历史价值的古代帛书。其中的《老子》有两种写本,现在分别称为甲、乙本。甲本字近篆体,根据书中不避汉高祖刘邦讳,推算抄写的年代,最晚在汉高祖时代,约公元前二〇六年到公元前一九五年间。乙本字为隶体,根据书中避刘邦讳,不避惠帝刘盈讳,抄写年代略晚,当在惠帝或吕后时期,约公元前一九四年至公元前一八〇年间。这两种写本,距今已两千多年,是目前所见到的《老子》书的最古本子。

《老子》甲、乙释文,为马王堆汉墓帛书整理小组整理(在《马王堆汉墓帛书老子》内,一九七四年文物出版社出版线装本,一九七六年出版排印本)。兹将排印本释文附录于此,俾便研究者参考。

本书所附释文,分了段,个别标点及文字与原书稍有不同。

原书释文凡例如下:

一、帛书《老子》皆分二篇,乙本篇尾标有《德》、《道》篇题。甲本用圆点作分章符号,但已残缺,无法复原。为了保存帛书的真实性,本书释文不按通行本分章,仅在篇前补加《德经》、《道经》

篇题。

二、为了便于阅读，释文加标点并作简要注释（按注释部分本附录删去）。释文不严格按帛书字体，例如乱，帛书作爪、乳，静作䌤，圣作耴，其作元等等，一般多用通行字排印。

三、帛书中的异体字、假借字，在释文中随文注明，外加（　）标志。帛书中抹去及未写全的废字，释文用○代替。原有夺字和衍字，释文不作增删。帛书中的错字，随文注出正字，用〈　〉表示。

四、帛书残缺部分，按所缺字数据它本补足，首先用甲乙两本互补，两本俱残或彼此字数有出入时，选用传世诸本补入。这主要是便利读者阅读，并不是恢复帛书原貌。补文以【　】标出。

老子甲本释文

德　经

【上德不德，是以有德。下德不失德，是以无】德。上德无【为，而】无以为也。上仁为之，【而无】以为也。上义为之而有以为也。上礼【为之而莫之应也，则】攘臂而扔之。故失道。失道矣而后德，失德而后仁，失仁而后义，【失】义而【后礼。夫礼者，忠信之薄也，】而乱之首也。【前识者，】道之华也，而愚之首也。是以大丈夫居其厚而不居其泊(薄),居其实不居其华。故去皮(彼)取此。

昔之得一者,天得一以清,地得【一】以宁,神得一以霝(灵),浴(谷)得一以盈,侯【王得一】而以为正。其致之也,胃(谓)天毋已清将恐【裂】,胃(谓)地毋【已宁】将恐【发】,胃(谓)神毋已霝(灵)【将】恐歇,胃(谓)浴(谷)毋已盈将恐渴(竭),胃(谓)侯王毋已贵【以高将恐蹶】。故必贵而以贱为本,必高矣而以下为基。夫是以侯王自胃(谓)【曰】孤寡不橐(谷),此其贱【之本】与,非【也?】故致数与无与。是故不欲【禄禄】若玉,硌【硌若石】。

【上士闻道,堇(勤)能行之。中士闻道,若存若亡。下士闻道,大笑之。弗笑,不足以为道。是以建言有之曰:明道如费,进道如退,夷道如类。上德如谷,大白如辱,广德如不足。建德如偷,质真如渝,大方无隅,大器晚成,大音希声,天象无形,道褒无名。夫唯】道,善【始且善成】。

【反也者,】道之动也。弱也者,道之用也。【天下之物生于有,有生于无。】

【道生一,一生二,二生三,三生万物。万物负阴而抱阳,】中气以为和。天下之所恶,唯孤寡不(谷),而王公以自名也。勿(物)或敳(损)之【而益,益】之而敳(损)。故人【之所教】,夕(亦)议而教人。故强良(梁)者不得死,我【将】以为学父。

天下之至柔,【驰】骋于天下之致(至)坚。无有人于无间,五

（吾）是以知无为【之有】益也。不【言之】教，无为之益，【天】下希能及之矣。

名与身孰亲？身与货孰多？得与亡孰病？甚【爱必大费，多藏必厚】亡。故知足不辱，知止不殆，可以长久。

大成若缺，其用不币（敝）。大盈若盅（冲），其用不䆟（窘）。大直如诎（屈），大巧如拙，大赢如炳。趮（躁）胜寒，靓（静）胜炅（热），请（清）靓（静），可以为天下正。

·天下有道，【却】走马以粪。天下无道，戎马生于郊。·罪莫大于可欲，𥚁（祸）莫大于不知足，咎莫憯于欲得。【故知足之足，】恒足矣。

不出于户，以知天下。不规（窥）于牖，以知天道。其出也弥远，其【知弥少。是以圣人不行而知，不见而名，弗】为而【成】。

为【学者日益，闻道者日损。损之又损，以至于无为，无为而无不为。将欲】取天下也，恒【无事，及其有事也，又不足以取天下矣】。

【圣人恒无心，】□以百【姓】之心为【心】。善者善之，不善者亦善【之，得善也。信者信之，不信者亦信之，得】信也。【圣人】之在天下，歙（歙）愉（歙）焉，为天下浑心，百姓皆属耳目焉，圣人皆【咳之】。

【出】生，【入死。生之徒十】有【三，死之】徒十有三，而民生生，动皆之死地之十有三。夫何故也？以其生生也。盖【闻善】执生者，陵行不【辟】矢(兕)虎，入军不被甲兵。矢(兕)无所椯(揣)其角，虎无所昔(措)其蚤(爪)，兵无所容【其刃，夫】何故也？以其无死地焉。

・道生之而德畜之，物刑(形)之而器成之。是以万物尊道而贵【德。道】之尊，德之贵也，夫莫之时(爵)，而恒自然也。・道生之、畜之、长之、遂之、亭之、□之、【养之、覆之。生而】弗有也，为而弗寺(恃)也，长而弗宰也，此之谓玄德。

天下有始，以为天下母。慁(既)得其母，以知其【子】，复守其母，没身不殆。・塞其闷(悶)，闭其门，终身不堇(勤)。启其闷，济其事，终身【不棘。见】小曰【明】，守柔曰强。用其光，复归其明。毋道〈遗〉身央【殃】，是胃(谓)袭常。

・使我挈(絜)有知也，【行于】大道，唯施是畏。大道】其夷，民甚好解。朝甚除，田甚芜，仓甚虚，服文采，带利【剑，厌】食，货【财有余，是谓盗夸。盗夸，非道也】。

善建【者不】拔，【善抱者不脱】，子孙以祭祀【不绝。修之身，其德乃真。修之家，其德有】余(馀)。修之【乡，其德乃长。修之邦，其德乃丰。修之天下，其德乃溥】。以身【观】身，以家观家，以乡观乡，以邦观邦，以天【下】观【天下。吾何以知天下之然哉？以此】。

【含德】之厚【者】，比于赤子。逢(蜂)术(蠆)螝(虺)地(蛇)弗螫，攫鸟猛兽弗搏。骨弱筋柔而握固。未知牝【牡之会而朘怒】，精【之】至也。终日〈日〉号而不犮(嗄),和之至也。和曰常,知和〈常〉曰明,益生曰祥,心使气曰强。【物壮】即老,胃(谓)之不道,不【道早已】。

【知者】弗言,言者弗知。塞其闷,闭其【门,和】其光,同其軬(尘),坐(挫)其阅(锐),解其纷,是胃(谓)玄同。故不可得而亲,亦不可得而疏;不可得而利,亦不可得而害;不可【得】而贵,亦不可得而浅(贱)。故为天下贵。

・以正之(治)邦,以畸(奇)用兵,以无事取天下。吾【何以知其然】也㦲(哉)?夫天下【多忌】讳,而民弥贫。民多利器,而邦家兹(滋)昏。人多知(智),而何(奇)物兹(滋)【起。法物滋章,而】盗贼【多有。是以圣人之言曰:】我无为也,而民自化。我好静,而民自正。我无事,民【自富。我欲不欲,而民自朴】。

【其政闵闵,其民屯屯。】其正(政)察察,其邦夬(缺)夬(缺)。鼬(祸),福之所倚;福,祸之所伏。【孰知其极?其无正也?正复为奇,善复为妖。人之迷也,其日固久矣。是以方而不割,廉而不刺,直而不绁,光而不曜】。

【治人事天,莫若啬。夫惟啬,是以早服。早服是谓重积德。重积德则无不克,无不克则莫知其极。莫知其极,】可以有国。有国之母,可以长久。是胃(谓)深槿(根)固氐(柢),长【生久视之】道也。

【治大国若亨(烹)小鲜。以道莅】天下,其鬼不神。非其鬼不神也,其神不伤人也。非其申(神)不伤人也,圣人亦弗伤【也。夫两】不相【伤,故】德交归焉。

大邦者,下流也,天下之牝。天下之郊(交)也,牝恒以靓(静)胜牡。为其靓(静)【也,故】宜为下。大邦【以】下小【邦】,则取小邦。小邦以下大邦,则取于大邦。故或下以取,或下而取。【故】大邦者不过欲兼畜人,小邦者不过欲入事人。夫皆得其欲,【故大邦者宜】为下。

【道】者,万物之注也,善人之葆(宝)也,不善人之所葆(保)也。美言可以市,尊行可以贺(加)人。人之不善也,何弃【之】有?故立天子,置三卿,虽有共之璧以先四马,不善〈若〉坐而进此。古之所以贵此者何也?不胃(谓)求【以】得,有罪以免舆(与)?故为天下贵。

· 为无为,事无事,味无未(味)。大小多少,报怨以德。图难乎【其易也,为大乎其细也。】天下之难作于易,天下之大作于细。是以圣人冬(终)不为大,故能【成其大。夫轻诺者必寡信,多易】必多难,是【以圣】人猷(犹)难之,故冬(终)于无难。

· 其安也,易持也。【其未兆也,】易谋【也。其脆也,易判也。其微也,易散也。为之于其未有,治之于其未乱也。合抱之木,生于】毫末。九成之台,作于蠃(虆)土。百仁(仞)之高,台(始)于足【下。为之者败之,执之者失之。圣人无为】也,【故】无败【也】;无执也,故无失也。民之从事也,恒于其成事而败之。故慎终若始,则【无败事矣。是以圣人】欲不欲,而不贵难得之朒(货);学不学,而复众人之所过;能辅万物之自【然,而】弗敢为。

故曰:为道者非以明民也,将以愚之也。民之难【治】也,以其知(智)也。故以知(智)知邦,邦之贼也;以不知(智)知邦,【邦之】德也;恒知此两者,亦稽式也。恒知稽式,此胃(谓)玄德。玄德深矣,与物【反】矣,乃【至大顺】。

【江】海之所以能为百浴(谷)王者,以其善下之,是以能为百浴(谷)王。是以圣人之欲上民也,必以其言下之;欲先【民也】,必以其身后之。故居前而民弗害也,居上而民弗重也。天下乐隼(推)而弗猒(厌)也,非以其无诤(争)与? 故【天下莫能与】诤(争)。

・小邦寡民,使十百人之器毋用,使民重死而远送〈徙〉。有车周(舟)无所乘之,有甲兵无所陈【之。使民复结绳而】用之。甘其食,美其服,乐其俗,安其居。粼(邻)邦相壑〈望〉,鸡狗之声相闻,民【至老死不相往来】。

【信言不美,美言】不【信。知】者不博,【博】者不知。善【者不多,多】者不善。・圣人无【积,既】以为【人,已愈有;既以予人,已愈多。故天之道,利而不害;人之道,为而弗争】。

【天下皆谓我大,不肖。】夫唯【大,】故不宵(肖)。若宵(肖),细久矣。我恒有三葆(宝)之。一曰兹(慈),二曰检(俭),【三曰不敢为天下先。夫慈,故能勇;俭,】故能广;不敢为天下先,故能为成事长。今舍其兹(慈),且勇;舍其后,且先;则必死矣。夫兹(慈),【以战】则胜,以守则固。天将建之,女(如)以兹(慈)垣之。

善为士者不武,善战者不怒,善胜敌者弗【与】,善用人者为之下。【是】胃(谓)不诤(争)之德。是胃(谓)用人,是胃(谓)天,古之极也。

• 用兵有言曰:"吾不敢为主而为客,吾不进寸而芮(退)尺。"是胃(谓)行无行,襄(攘)无臂,执无兵,乃(扔)无敌矣。𥻳(祸)莫于〈大〉于无适(敌),无适(敌)斤(近)亡吾葆(宝)矣。故称兵相若,则哀者胜矣。

吾言甚易知也,甚易行也;而人莫之能知也,而莫之能行也。言有君。事有宗。其唯无知也,是以不【我知。知我者希,则】我贵矣。是以圣人被褐而裹(怀)玉。

知不知,尚矣。不知不知,病矣。是以圣人之不病,以其【病病,是以不病】。

【民之不】畏畏(威),则【大威将至】矣。• 母(毋)闸(狎)其所居,毋猒(厌)其所生。夫唯弗猒(厌),是【以不猒(厌)】。是以圣人自知而不自见也,自爱而不自贵也。故去被【彼】取此。

• 勇于敢者【则杀,勇】于不敢者则栝(活)。【知此两者,或利或害。天之所恶,孰知其故? 天之道,不战而善胜,】不言而善应,不召而自来,弹而善谋。【天网恢恢,疏而不失。】

【若民恒且不畏死,】奈何以杀思(惧)之也? 若民恒是〈畏〉

死，则而为者吾将得而杀之，夫孰敢矣！若民【恒且】必畏死，则恒有司杀者。夫伐〈代〉司杀者杀，是伐〈代〉大匠斫也，夫伐〈代〉大匠斫者，则【希】不伤其手矣。

・人之饥也，以其取食逆(税)之多也，是以饥。百姓之不治也，以其上有以为【也】，是以不治。・民之巠(轻)死，以其求生之厚也，是以巠(轻)死。夫唯无以生为者，是贤贵生。

・人之生也柔弱，其死也㤥仞贤(坚)强。万物草木之生也柔脆，其死也桉(枯)槀(槁)。故曰：坚强者，死之徒也；柔弱微细，生之徒也。兵强则不胜，木强则恒。强大居下，柔弱微细居上。

天下【之道，犹张弓】者也，高者印(抑)之，下者举之，有余者敚(损)之，不足者补之。故天之道，敚(损)有【余而补不足；人之道则】不然，敚(损)【不足以】奉有余。孰能有余而有以取奉于天者乎？【惟有道者乎？】是以圣人为而弗有，成功而弗居也。若此其不欲】见贤也。

天下莫柔【弱于水，而攻】坚强者莫之能【先】也，以其无【以】易【之也。故柔胜刚，弱】胜强，天【下莫不知，而莫能】行也。故圣人之言云，曰：受邦之询(诟)，是胃(谓)社稷之主；受邦之不祥，是胃(谓)天下之王。【正言】若反。

和大怨，必有余怨，焉可以为善？是以圣右介(契)而不以责于人。故有德司介(契)，【无】德司彻(彻)。夫天道无亲，恒与善人。

道　经

•道，可道也，非恒道也。名，可名也，非恒名也。无名万物之始也。有名万物之母也。【故】恒无欲也，以观其眇（妙）；恒有欲也，以观其所噭。两者同出，异名同胃（谓）。玄之有（又）玄，众眇（妙）之【门】。

天下皆知美为美，恶已；皆知善，訾（斯）不善矣。有、无之相生也，难、易之相成也，长、短之相刑（形）也，高、下之相盈也，意〈音〉、声之相和也，先、后之相隋（随），恒也。是以声（圣）人居无为之事，行【不言之教。万物作而弗始】也，为而弗志（恃）也，成功而弗居也。夫唯弗居，是以弗去。

不上贤，【使民不争。不贵难得之货，使】民不为【盗】。不【见可欲，使】民不乱。是以声（圣）人之【治也：虚其心，实其腹，弱其志，】强其骨。恒使民无知无欲也。使【夫知不敢，弗为而已，则无不治矣。】

【道冲，而用之有弗】盈也。沛（渊）呵始（似）万物之宗。锉（挫）其【兑（锐），】解其纷，和其光，同【其尘。湛呵似】或存。吾不知【谁】子也，象帝之先。

天地不仁，以万物为刍狗。声（圣）人不仁，以百省（姓）【为刍】狗。天地【之】间，【其】犹橐籥与？虚而不淈，踵（动）而俞（愈）出。多闻数穷，不若守于中。

浴(谷)神【不】死,是胃(谓)玄牝。玄牝之门,是胃(谓)【天】地之根。绵绵呵若存,用之不堇(勤)。

天长,地久。天地之所以能【长】且久者,以其不自生也,故能长生。是以声(圣)人芮(退)其身而身先,外其身而身存。不以其无【私】舆(与)?故能成其【私】。

上善治(似)水。水善利万物而有静(争),居众之所恶,故【几于道矣。居善地】,心善渊〈渊〉,予善信,正(政)善治,事善能,蹱(动)善时。夫唯不静(争),故无尤。

埴(殖)而盈之,不【若其已。揣而】□之□之,□可常葆之。金玉盈室,莫之守也。贵富而骄(骄),自遗咎也。功述(遂)身芮(退),天【之道也】。

【戴营魄抱一,能毋离乎?抟气致柔,】能婴儿乎?脩除玄蓝(鉴),能毋疵乎?爱【民活国,能毋以知乎?天门启阖,能无雌乎?明白四达,能毋以知乎?】生之,畜之,生而弗【有,长而弗宰,是谓玄】德。

卅【辐同一毂,当】其无,【有车】之用【也】。然(埏)埴为器,当其无,有埴器【之用也。凿户牖,】当其无,有【室】之用也。故有之以为利,无之以为用。

五色使人目明〈盲〉,驰骋田腊(猎)使人【心发狂】。难得之贵(货),使人之行方(妨),五味使人之口啃(爽),五音使人之耳聋。是以声(圣)人之治也,为腹不【为目】。故去罢(彼)耳〈取〉此。

龙（宠）辱若惊，贵大梡（患）若身。苛（何）胃（谓）龙（宠）辱若惊？龙（宠）之为下，得之若惊，失【之】若惊，是胃（谓）龙（宠）辱若惊。何胃（谓）贵大梡（患）若身？吾所以有大梡（患）者，为吾有身也。及吾无身，有何梡（患）？故贵为身于为天下，若可以逅（托）天下矣；爱以身为天下，女何以寄天下？

视之而弗见，名之曰微。听之而弗闻，名之曰希。捪之而弗得，名之曰夷。三者不可至（致）计（诘），故困【而为一】。一者，其上不攸（攸），其下不忽。寻寻呵，不可名也，复归于无物。是胃（谓）无状之状，无物之【象。是谓忽恍。随而不见其后，迎】而不见其首。执今之道，以御今之有。以知古始，是胃（谓）【道纪】。

【古之善为道者，微妙玄达，】深不可志（识）。夫唯不可志（识），故强为之容，曰：与呵其若冬【涉水，犹呵其若】畏四【邻，严】呵其若客，涣呵其若凌（凌）泽（释），□呵其若楃（朴）湷【呵其若浊，漫呵其】若浴（谷）。浊而情（静）之，余（徐）清。女以重（动）之，余（徐）生。葆（保）此道不欲盈。夫唯不欲【盈，是】以能【敝而不】成。

至虚，极也；守情（静），表也，万物旁（并）作，吾以观其复也。天物云（芸）云（芸），各复归于其【根，曰静】。情（静），是胃（谓）复命。复命，常也。知常，明也。不知常，芒（妄），芒（妄）作凶。知常容，容乃公，公乃王，王乃天，天乃道，【道乃久，】沕（没）身不怠。

大上下知有之，其次亲誉之，其次畏之，其下母（侮）之。信不足,案有不信。【犹呵】其贵言也。成功遂事,而百省(姓)胃(谓)我自然。

故大道废,案有仁义。知(智)快(慧)出,案有大伪。六亲不和,案有畜(孝)兹(慈)。邦家闷(昏)乱,案有贞臣。

绝声(圣)弃知(智),民利百负(倍)。绝仁弃义,民复畜(孝)兹(慈)。绝巧弃利,盗贼无有。此三言也,以为文未足,故令之有所属。见素抱【朴,少私寡欲】。

【绝学无忧。】唯与诃,其相去几何?美与恶,其相去何若?人之【所畏】,亦不【可以不畏。恍呵其未央哉!众人熙(熙)熙(熙),若乡(飨)于大牢,而春登台。我泊焉未佻(兆),若【婴儿未咳】。累呵如【无所归。众人】皆有余,我独遗。我禺(愚)人之心也,惷惷呵。鬻(俗)【人昭昭,我独若】胃(昏)呵。鬻(俗)人蔡(察)蔡(察),我独闷(闷)闷(闷)呵。忽呵其若【海】,望(恍)呵其若无所止。【众人皆有以,我独顽】以悝(俚)。吾欲独异于人,而贵食母。

孔德之容,唯道是从。道之物,唯望(恍)唯忽。【忽呵恍】呵,中有象呵。望(恍)呵忽呵,中有物呵。潡(幽)呵鸣(冥)呵,中有请(精)吧(呵)。其请(精)甚真,其中【有信】。自今及古,其名不去,以顺众仪(父)吾何以知众仪(父)之然?以此。

炊者不立,自视(示)不章,【自】见者不明,自伐者无功,自矜者不长。其在道,曰:"粽(馀)食赘行。"物或恶之,故有欲者【弗】居。

曲则全,枉则定(正),洼则盈,敝则新,少则得,多则惑。是以声(圣)人执一、以为天下牧。不【自】视(示)故明,不自见故章,不自伐故有功,弗矜故能长。夫唯不争,故莫能与之争。古【之所谓曲全者,几】语才(哉)? 诚全归之。

希言自然。飘风不冬(终)朝,暴雨不冬(终)日。孰为此? 天地【而弗能久,又况】于人乎? 故从事而道者同于道,德者同于德,者〈失〉者同于失。同德【者】,道亦德之。同于【失】者,道亦失之。

有物昆(混)成,先天地生。绣(寂)呵缪(寥)呵,独立【而不改】,可以为天地母。吾未知其名,字之曰道。吾强为之名曰大。【大】曰筮(逝),筮(逝)曰【远,远曰反。道大,】天大,地大,王亦大。国中有四大,而王居一焉。人法地,【地】法【天】,天法【道,道】法【自然】。

【重】为巠(轻)根,清(静)为趮(躁)君。是以君子众(终)日行,不离其甾(辎)重。唯(虽)有环官(馆),燕处【则昭】若。若何万乘之王而以身巠(轻)于天下? 巠(轻)则失本,躁则失君。

善行者无勶(辙)迹,【善】言者无瑕适(谪),善数者不以梮(筹)筴(策)。善闭者无阆(关)籥(閗)而不可启也,善结者【无绳】约而不可解也。是以声(圣)人恒善俅(救)人,而无弃人,物无弃财,是胃(谓)忡明。故善【人,善人】之师;不善人,善人之齎(资)也。不贵其师,不爱其齎(资),唯(虽)知(智)乎大眯(迷)。是胃(谓)眇(妙)要。

知其雄,守其雌,为天下溪。为天下溪,恒德不鸡〈离〉。恒德不鸡〈离〉,复归婴儿。知其白,守其辱,为天下浴(谷)。为天下【浴(谷)】,恒德乃【足】。德乃【足,复归于朴】。知其【白】,守其黑,为天下式。为天下式,恒德不贷(忒)。恒德不贷(忒),复归于无极。楃(朴)散【则为器,圣】人用则为官长,夫大制无割。

将欲取天下而为之,吾见其弗【得已。天下,神】器也,非可为者也。为者败之,执者失之。物或行或随,或炅(热)或【吹,或强或挫】,或坏(培)或橢(堕)。是以声(圣)人去甚,去大,去楮(奢)。

以道佐人主,不以兵强【于】天下。【其事好还,师之】所居,楚朸(棘)生之。善者果而已矣,毋以取强焉。果而毋骄(骄),果而勿矜,果而【勿伐】,果而毋得已居,是胃(谓)【果】而不强。物壮而老,是胃(谓)之不道,不道蚤(早)已。

夫兵者,不祥之器【也。】物或恶之,故有欲者弗居。君子居则贵左,用兵则贵右。故兵者非君子之器也。【兵者】不祥之器也,不得已而用之,铦袭为上,勿美也。若美之,是乐杀人也。夫乐杀人,不可以得志于天下矣。是以吉事上左,丧事上右;是以便(偏)将军居左,上将军居右;言以丧礼居之也。杀人众,以悲依(哀)立(莅)之;战胜,以丧礼处之。

道恒无名,楃(朴)唯(虽)【小而天下弗敢臣,侯】王若能守之,万物将自宾。天地相谷〈合〉,以俞甘洛(露)。民莫之【令,而自均】焉。始制有【名。名亦既】有,夫【亦将知止,知止】所以不

【殆】。俾(譬)道之在【天下也,犹小】浴(谷)之与江海也。

知人者,知(智)也。自知【者,明也。胜人】者,有力也。自胜者,【强也。知足者,富】也。强行者,有志也。不失其所者,久也。死不忘者,寿也。

道,【汎呵其可左右也,成功】遂事而弗名有也。万物归焉而弗为主,则恒无欲也,可名于小。万物归焉【而弗】为主,可名于大。是【以】声(圣)人之能成大也,以其不为大也,故能成大。

执大象,【天下】往。往而不害,安平大。乐与饵,过格(客)止。故道之出言也,曰:谈(淡)呵其无味也。【视之,】不足见也。听之,不足闻也。用之,不可既也。

将欲拾(翕)之,必古(固)张之。将欲弱之,【必固】强之。将欲去之,必古(固)与之。将欲夺之,必古(固)予之。是胃(谓)微明。友(柔)弱胜强。鱼不脱于渊(渊),邦利器不可以视(示)人。

道恒无名,侯王若守之,万物将自恣(化)。恣(化)而欲【作,吾将镇】之以无名之楃(朴)。【镇之以】无名之楃(朴),夫将不辱。不辱以情(静),天地将自正。

老子乙本释文

德　经

上德不德,是以有德。下德不失德,是以无德。上德无为而无以为也。上仁为之而无以为也。上德〈义〉为之而有以为也。上礼为之而莫之应也,则攘臂而乃(扔)之。故失道而后德,失德而句(后)仁,失仁而句(后)义,失义而句(后)礼。夫礼者,忠信之泊(薄)也,而乱之首也。前识者,道之华也,而愚之首也。是以大丈夫居【其厚不】居其泊(薄),居其实而不居其华。故去罢(彼)而取此。

昔得一者,天得一以清,地得一以宁,神得一以霝(灵),浴(谷)得一盈,侯王得一以为天下正。其至也,胃(谓)天毋已清将恐莲(裂),地毋已宁将恐发,神毋【已灵将】恐歇,谷毋已【盈】将渴(竭),侯王毋已贵以高将恐欮(蹶)。故必贵以贱为本,必高矣而以下为基。夫是以侯王自胃(谓)孤寡不橐(谷),此其贱之本与,非也?故至数舆(与)无舆(与)。是故不欲禄禄若玉,硌硌若石。

上【士闻】道,堇(勤)能行之。中士闻道,若存若亡。下士闻道,大笑之。弗笑,【不足】以为道。是以建言有之曰:明道如费,进道如退,夷道如类。上德如浴(谷),大白如辱,广德如不足,建德如【偷,】质【真如渝】,大方无禺(隅)。大器免(晚)成,大音希声,天〈大〉象无刑(形),道褒无名。夫唯道,善始且善成。

反也者,道之动也。【弱也】者,道之用也。天下之物生于有,有【生】于无。

道生一,一生二,二生三,三生【万物。万物负阴而抱阳,冲气】以为和。人之所亚(恶),【唯孤】寡不橐(谷),而王公以自【称也。物或益之而】云(损),云(损)之而益。【人之所教,亦议而教人。强梁者不得其死,】吾将以【为学】父。

天下之至【柔】,驰骋乎天下【之至坚。出于无有,入于】无间。吾是以【知无为之有益】也。不【言之教,无为之益,天下希能及之】矣。

名与【身孰亲?身与货孰多?得与亡孰病?是故甚爱必大费,多藏必厚亡。故知足不辱,知止不殆,可以长久。】

【大成如缺,其用不敝。大】盈如冲,其【用不穷。大直如诎,大】巧如拙,【大辩如讷,大赢如】绌。趡(躁)朕(胜)寒,【静胜热。知清静,可以为天下正。】

【天下有】道,却走马【以】粪。无道,戎马生于郊。罪莫大可欲,祸【莫大于不知足,咎莫憯于欲得。故知足之足,恒】足矣。

不出于户,以知天下。不规(窥)于【牖,以】知天道。其出笙(弥)远者,其知笙(弥)鲜。是以圣人不行而知,不见而名,弗为而成。

　　为学者日益,闻道者日云(损),云(损)之有(又)云(损),以至于无【为,无为而无不为矣。将欲】取天下,恒无事。及其有事也,【又不】足以取天【下矣】。

　　【圣】人恒无心,以百省(姓)之心为心。善【者善之,不善者亦善之,得】善也。信者信之,不信者亦信之,德(得)信也。圣人之在天下也,欱(歙)欱(歙)焉;【为天下浑心,百】生(姓)皆注其【耳目焉,圣人皆咳之】。

　　【出】生,入死。生之【徒十有三,死】之徒十又(有)三,而民生生,僮(动)皆之死地之十有三,【夫】何故也?以其生生。盖闻善执生者,陵行不辟兕虎,入军不被兵革。兕无【所揣其角,虎无所措】其蚤(爪),兵【无所容其刃,夫何故】也?以其无【死地焉】。

　　道生之,德畜之,物刑(形)之,而器成之。是以万物尊道而贵德。道之尊也,德之贵也,夫莫之爵也,而恒自然也。道生之,畜【之,长之,育】之,亭之,毒之,养之,复(覆)【之。生而弗有,为而弗恃,长而】弗宰,是胃(谓)玄德。

　　天下有始,以为天下母。既得其母,以知其子,既○知其子,复守其母,没身不怡(殆)。塞其挩,闭其门,冬(终)身不堇(勤)。启其挩,齐其【事,终身】不棘。见小曰明,守【柔曰】强。用【其光,复归其明。无】遗身央(殃),是胃(谓)【袭】常。

　　使我介有知,行于大道,唯他(施)是畏。大道甚夷,民甚好懈。朝甚除,田甚芜,仓甚虚,服文采,带利剑,猒(厌)食而齎(赀)财【有余,是谓】盗杅(竽),【盗杅(竽)】,非【道】也。

善建者【不拔,善抱者不脱,】子孙以祭祀不绝。脩之身,其德乃真。脩之家,其德有余。脩之乡,其德乃长。脩之国,其德乃夆(丰)。脩之天下,其德乃博(溥)。以身观身,以家观【家,以国观】国,以天下观天下。吾何【以】知天下之然兹(哉)?以【此】。

含德之厚者,比於赤子。螽(蜂)疠(虿)虫蛇(虺)弗赫(螫),据鸟孟(猛)兽弗捕(搏),骨筋弱柔而握固。未知牝牡之会而朘怒,精之至也。冬(终)日号而不嗄,和【之至也。知和曰】常,知常曰明,益生【曰】祥,心使气曰强。物【壮】则老,胃(谓)之不道,不道蚤(早)已。

知者弗言,言者弗知。塞其垸,闭其门,和其光,同其尘,锉(挫)其兑(锐)而解其纷。是胃(谓)玄同。故不可得而亲也,亦【不可】得而【疏;不可】得而害利,【亦不可】得而害;不可得而贵,亦不可得而贱。故为天下贵。

以正之(治)国,以畸(奇)用兵,以无事取天下。吾何以知其然也才(哉)?夫天下多忌讳,而民弥贫,民多利器,【而国家滋】昏。【人多智慧,而奇物滋起。法】物兹(滋)章,而盗贼【多有】。是以【圣】人之言曰:我无为而民自化,我好静而民自正,我无事而民自富,我欲不欲而民自朴。

其正(政)阆(闵)阆(闵),其民屯屯。其正(政)察察,其【民缺缺】。福,【祸】之所伏,孰知其极?【其】无正也?正【复为奇】,善复为【妖。人】之悉(迷)也,其日固久矣。是以方而不割,兼(廉)而不刺,直而不绁,光而不眺(耀)。

治人事天,莫若啬。夫唯啬,是以蚤(早)服。蚤(早)服是胃(谓)重积【德】。重【积德则无不克,无不克则】莫知其【极】。莫知其【极,可以】有国。有国之母,可【以长】久。是胃(谓)【深】根固氐(柢),长生久视之道也。

治大国若亨(烹)小鲜。以道立(莅)天下,其鬼不神。非其鬼不神也,其神不伤人也。非其神不伤人也,【圣人亦】弗伤也。夫两【不】相伤,故德交归焉。

大国【者,下流也,天下也】牝也。天下之交也,牝恒以静朕(胜)牡。为其静也,故宜为下也。故大国以下【小】国,则取小国。小国以下大国,则取于大国。故或下【以取,或】下而取。故大国者不【过】欲并畜人,小国不【过】欲入事人。夫【各得】其欲,则大者宜为下。

道者,万物之注也,善人之葆(宝)也,不善人之所保也。美言可以市,尊行可以贺(加)人。人之不善,何【弃之有?故】立天子,置三乡〈卿〉,虽有共之璧以先四马,不若坚而进此。古【之所以贵此道者何也?】不胃(谓)求以得,有罪以免与?故为天下贵。

为无为,【事无事,味无味。大小多少,报怨以德。图难乎其易也,为大】乎其细也。天下之【难作于】易,天下之大【作于细。

是以圣人终不为大,故能成大。】夫轻若(诺)【必寡】信,多易必多难,是以耵(圣)人【犹难】之,故【终于无难】。

【其安也易持,其未兆也易谋,其脆也易判,其微也易散。为之于其未有也。治之于其未乱也。合抱之】木,作于毫末;九成之台,作于蔂土;百千之高,始于足下。为之者败之,执者失之。是以耵(圣)人无为【也,故无败也;无执也,故无失也。】民之从事也,恒于其成而败之。故曰:"慎冬(终)若始,则无败事矣。"是以耵(圣)人欲不欲,而不贵难得之货;学不学,复众人之所过;能辅万物之自然,而弗敢为。

古之为道者,非以明【民也,将以愚】之也。夫民之难治也,以其知(智)也。故以知(智)知国,国之贼也;以不知(智)知国,国之德也;恒知此两者,亦稽式也。恒知稽式,是胃(谓)玄德。玄德深矣、远矣,【与】物反也,乃至大顺。

江海所以能为百浴(谷)【王者,以】其【善】下之也,是以能为百浴(谷)王。是以耵(圣)人之欲上民也,必以其言下之;其欲先民也,必以其身后之。故居上而民弗重也,居前而民弗害。天下皆乐谁(推)而弗猒(厌)也,不【以】其无争与?故天下莫能与争。

小国寡民,使有十百人器而勿用,使民重死而远徙。又(有)周(舟)车无所乘之,有甲兵无所陈之。使民复结绳而用之。甘其食,美其服,乐其俗,安其居。㷛(邻)国相望,鸡犬之【声相】闻,民至老死不相往来。

信言不美，美言不信。知者不博，博者不知。善者不多，多者不善。耴（圣）人无积，既以为人，己俞（愈）有；既以予人矣，己俞（愈）多。故天之道，利而不害；人之道，为而弗争。

天下【皆】胃（谓）我大，大而不宵（肖）。夫唯不宵（肖），故能大。若宵（肖）久矣，其细也夫。我恒有三琛（宝），市（持）而琛（宝）之，一曰兹（慈），二曰检（俭），三曰不敢为天下先。夫兹（慈），故能勇；检（俭），敢（故），能广；不敢为天下先，故能为成器长。【今】舍其兹（慈），且勇；舍其检（俭），且广；舍其后，且先；则死矣。夫兹（慈），以单（战）则朕（胜），以守则固。天将建之，如以兹（慈）垣之。

故善为士者不武，善单（战）者不怒，善朕（胜）敌者弗与，善用人者为之下。是胃（谓）不争【之】德。是胃（谓）用人，是胃（谓）肥（配）天，古之极也。

用兵又（有）言曰："吾不敢为主而为客，不敢进寸而退尺。"是胃（谓）行无行，攘无臂，执无兵，乃（扔）无敌。祸莫大于无敌，无敌近○亡吾琛（宝）矣。故抗兵相若，而依（哀）者朕（胜）【矣】。

吾言易知也，易行也；而天下莫之能知也，莫之能行也。夫言又（有）宗，事又（有）君。夫唯无知也，是以不我知。知者希，则我贵矣。是以耴（圣）人被褐而裹（怀）玉。

知不知，尚矣，不知知，病矣。是以耴（圣）人之不【病】也，以其病病也，是以不病。

民之不畏畏（威），则大畏（威）将至矣。毋伸（狎）其所居，毋猒（厌）其所生。夫唯弗毋猒（厌），是以不毋猒（厌）。是以耶（圣）人自知而不自见也，自爱而不自贵也。故去罢（彼）而取此。

勇于敢则杀，勇于不敢于栝（活），【此】两者或利或害。天之所亚（恶），孰知其故？天之道，不单（战）而善朕（胜），不言而善应，弗召而自来，单（战）而善谋。天冈（网）圣（恢）圣（恢），疏而不失。

若民恒且○不畏死，若何以杀瞿（惧）之也？使民恒且畏死，而为畸（奇）者【吾】得而杀之，夫孰敢矣？若民恒且必畏死，则恒又（有）司杀者。夫代司杀者杀，是代大匠斫。夫代大匠斫，则希不伤其手。

人之饥也，以其取食祱（税）之多，是以饥。百生（姓）之不治也，以其上之有以为也，【是】以不治。民之轻死也，以其求生之厚也，是以轻死。夫唯无以生为者，是贤贵生。

人之生也柔弱，其死也䐈信（伸）坚强。万【物草】木之生也柔椊（脆），其死也枯（枯）槁。故曰：坚强，死之徒也；柔弱，生之徒也。【是】以兵强则不朕（胜），木强则兢。故强大居下，柔弱居上。

天之道，酉（犹）张弓也，高者印（抑）之，下者举之，有余者云（损）之，不足者【补之。故天之道，】云（损）有余而益不足；人之道，云（损）不足而奉又（有）余。夫孰能又（有）余而【有以】奉于天者，唯又（有）道者乎？是以耶（圣）人为而弗又（有），成功而弗居也。若此其不欲见贤也。

天下莫柔弱于水,【而攻坚强者莫之能先,】以其无以易之也。水之朕(胜)刚也,弱之朕(胜)强也,天下莫弗知也,而【莫之能行】也。是故耴(圣)人之言云曰:受国之询(诟),是胃(谓)社稷之主。受国之不祥,是胃(谓)天下之王。正言若反。

禾【和】大【怨,必有余怨,安可以】为善?是以耴(圣)人执左芥(契)而不以责于人。故又(有)德司芥(契),无德司薄(彻)。【天道无亲,常与善人。】

《德》三千卅一。

道　经

道,可道也,【非恒道也。名,可名也,非】恒名也。无名万物之始也。有名万物之母也。故恒无欲也,【以观其妙;】恒又(有)欲也,以观其所曒。两者同出,异名同胃(谓)。玄之又玄,众眇(妙)之门。

天下皆知美之为美,亚(恶)已。皆知善,斯不善矣。【有、无之相】生也,难、易之相成也,长、短之相刑(形)也,高、下之相盈也,音、声之相和也,先、后之相隋(随),恒也。是以耴(圣)人居无为之事,行不言之教。万物昔(作)而弗始,为而弗侍(恃)也,成功而弗居也。夫唯弗居,是以弗去。

不上贤,使民不争。不贵难得之货,使民不为盗。不见可欲，使民不乱。是以耶（圣）人之治也，虚其心，实其腹；弱其志，强其骨。恒使民无知无欲也。使夫知不敢弗为而已，则无不治矣。

道冲，而用之有弗盈也。渊呵佁（似）万物之宗。铿（挫）其兑（锐），解其芬（纷）；和其光，同其尘。湛呵佁（似）或存。吾不知其谁之子也，象帝之先。

天地不仁，以万物为刍狗。耶（圣）人不仁，【以】百姓为刍狗。天地之间，其猷（犹）橐籥舆（与）？虚而不淈（屈），动而俞（愈）出。多闻数穷，不若守于中。

浴（谷）神不死，是胃（谓）玄牝。玄牝之门，是胃（谓）天地之根。绵绵呵，其若存，用之不堇（勤）。

天长，地久。天地之所以能长且久者，以其不自生也，故能长生。是以耶（圣）人退其身而身先，外其身而身先，外其身而身存。不以其无私舆（与）？故能成其私。

上善如水。水善利万物而有争，居众人之所亚（恶），故几于道矣。居善地，心善渊，予善天，言善信，正（政）善治，事善能，动善时。夫唯不争，故无尤。

揸（殖）而盈之，不若其已。掬（揣）而允之，不可长葆也。金玉【盈】室，莫之能守也。贵富而骄，自遗咎也。功遂身退，天之道也。

戴营袙（魄）抱一，能毋离乎？枪（抟）气至柔，能婴儿乎？脩除玄蓝（览），能毋有疵乎？爱民栝（活）国，能毋以知乎？天门启阖，能为雌乎？明白四达，能毋以知乎？生之，畜之。生而弗有，长而弗宰也，是胃（谓）玄德。

卅楅（辐）同一毂，当其无有，车之用也。燃（埏）埴而为器，当其无有，埴器之用也。凿户牖，当其无有，室之用也。故有之以为利，无之以为用。

五色使人目盲，驰骋田腊（猎）使人心发狂，难得之货〇使人之行仿（妨）。五味使人之口爽，五音使人之耳【聋】。是以即（圣）人之治也，为腹而不为目。故去彼而取此。

弄（宠）辱若惊，贵大患若身。何胃（谓）弄（宠）辱若惊？弄（宠）之为下也，得之若惊，失之若惊，是胃（谓）弄（宠）辱若惊。何胃（谓）贵大患若身？吾所以有大患者，为吾有身也。及吾无身，有何患？故贵为身于为天下，若可以橐（托）天下【矣】；爱以身为天下，女可以寄天下矣。

视之而弗见，【命】之曰微。听之而弗闻，命之曰希。〇捪之而弗得，命之曰夷。三者不可至（致）计（诘），故绐〈混〉而为一。一者，其上不谬，其下不忽。寻寻呵，不可命也，复归于无物。是胃（谓）无状之状，无物之象。是胃（谓）沕（忽）望（恍）。隋（随）而不见其后，迎而不见其首。执今之道，以御今之有。以知古始，是胃（谓）道纪。

古之□为道者，微眇（妙）玄达，深不可志（识）。夫唯不可志（识），故强为之容，曰：与呵其若冬涉水，猷（犹）呵其若畏四㙲（邻），严呵其若客，涣呵其若凌（凌）泽（释），沌呵其若朴，湷呵其若浊，旷呵其若浴（谷）。浊而静之，徐清。女〈安〉以重（动）之，徐生。葆（保）此道【者不】欲盈。是以能斃（敝）而不成。

至虚，极也；守静，督也。万物旁（并）作，吾以观其复也。夫物芸（芸）芸（芸），各复归于其根。曰静。静，是胃（谓）复命。复命，常也。知常，明也。不知常，芒（妄），芒（妄）作凶。知常容，容乃公，公乃王，【王乃】天，天乃道，道乃【久】。没身不殆。

大上，下知又（有）【之】；其【次】，亲誉之，其次，畏之，其下，母（侮）之。信不足，安有不信。猷（犹）呵其贵言也。成功遂事，而百姓胃（谓）我自然。

故大道废，安有仁义。知（智）慧出，安有【大伪。】六亲不和，安又（有）孝兹（慈）。国家阅（昏）乱，安有贞臣。

绝耴（圣）弃知，而民利百倍。绝仁弃义，而民复孝兹（慈）。绝巧弃利，盗贼无有。此三言也，以为文未足，故令之有所属。见素抱朴，少私而寡欲。

绝学无忧。唯与呵，其相去几何？美与亚（恶），其相去何若？人之所畏，亦不可以不畏人。望（恍）呵，其未央才（哉）！众人熙（熙）熙（熙），若乡（飨）于大牢，而春登台。我博（泊）焉未垗（兆），若婴儿未咳。累呵怡（似）无所归。众人皆又（有）余。我愚人之心也，湷湷呵。鬻（俗）人昭昭，我独若闷（昏）呵。鬻（俗）人察察，我独闽（闷）闽（闷）呵。沕（忽）呵，其若海。望（恍）呵，若无所止。众人皆有以，我独门元（顽）以鄙。吾欲独异于人，而贵食母。

孔德之容，唯道是从。道之物，唯望（恍）唯沕（忽）。沕（忽）呵望（恍）呵，中又（有）象呵。望（恍）呵沕（忽）呵，中有物呵。幼（窈）呵冥呵，其中有请（精）呵。其请（精）甚真，其中有信。自今及古，其名不去，以顺众父。吾何以知众父之然也？以此。

炊者不立，自视（示）者不章，自见者不明，自伐者无功，自矜者不长。其在道也，曰："粽（余）食、赘行"。物或亚（恶）之，故有欲者弗居。

曲则全，汪（枉）则正；洼则盈，獘（敝）则新；少则得，多则惑。是以耵（圣）人执一，以为天下牧。不自视（示）故章，不自见也故明，不自伐故有功，弗矜故能长。夫唯不争，故莫能与之争。古之所胃(谓)曲全者,几语才(哉)？诚全归之。

希言自然。飘(飘)风不冬(终)朝,暴雨不冬(终)日。孰为此？天地而弗能久,有(又)兄(况)于人乎？故从事而道者同于道,德者同于德,失者同于失。同于德者,道亦德之。同于失者,道亦失之。

有物昆(混)成,先天地生。萧(寂)呵漻(寥)呵,独立而不玹(改),可以为天地母。吾未知其名也,字之曰道。吾强为之名曰大。大曰筮(逝),筮(逝)曰远,远曰反。道大,天大,地大,王亦大。国中有四大,而王居一焉。人法地,地法天,天法道,道法自然。

重为轻根,静为趮(躁)君。是以君子冬(终)日行,不远其甾(辎)重。虽有环官(馆),燕处则昭若。若何万乘之王而以身轻于天下？轻则失本,趮(躁)则失君。

善行者无达迹,善言者无瑕适(谪),善数者不用梼(筹)筞(策)。善○闭者无关籥(龠)而不可启也。善结者无缰约而不可解也。是以卲(圣)人恒善怵(救)人,而无弃人,物无弃财,是胃(谓)曳明。故善人,善人之师；不善人,善人之资也。不贵其师,不爱其资,虽知(智)乎大迷。是胃(谓)眇(妙)要。

知其雄,守其雌,为天下鸡(溪)。为天下鸡(溪),恒德不离

（离）。恒德不离（离），复【归于婴儿。知】其白，守其辱，为天下○浴（谷）。为天下浴（谷），恒德乃足。恒德乃足，复归于朴。知其白，守其黑，为天下式。为天下式，恒德不贷（忒）。恒德不贷（忒），复归于无极。朴散则为器，即（圣）人用则为官长，夫大制无割。

将欲取【天下而为之，吾见其弗】得已。夫天下，神器也，非可为者也。为之者败之，执之者失之。○物或行或隋（随），或热，或硙，或陪（培），或堕。是以即（圣）人去甚，去大，去诸（奢）。

以道佐人主，不以兵强于天下。其【事好还，师之所处，荆】棘生之。善者果而已矣，毋以取强焉。果而毋骄，果而勿矜，果【而毋】伐，果而毋得已居。是胃（谓）果而强。物壮而老，胃（谓）之不道，不道蚤（早）已。

夫兵者，不祥之器也。物或亚（恶）【之，故有欲者弗居。君】子居则贵左，用兵则贵右。故兵者非君子之器。兵者不祥【之】器也，不得已而用之，铦恢为上，勿美也。若美之，是乐杀人也。夫乐杀人，不可以得志于天下矣。是以吉事【尚左，丧事尚右】；是以偏将军居左，而上将军居右，言以丧礼居之也。杀【人众，以悲哀】立（莅）【之；战】朕（胜）而以丧礼处之。

道恒无名，朴唯（虽）小而天下弗敢臣，侯王若能守之，万物将自宾。天地相合，以俞甘洛（露）。【民莫之】令而自均焉。始制有名，名亦既有，夫亦将知止，知止所以不殆。卑（譬）【道之】在天下也，猷（犹）小浴（谷）之与江海也。

知人者，知（智）也。自知，明也。朕（胜）人者，有力也。自朕（胜）者，强也。知足者，富也。强行者，有志也。不失其所者，久也。死而不忘者，寿也。

道，渢（汎）呵，其可左右也，成功遂【事而】弗名有也。万物归焉而弗为主，则恒无欲也，可名于小。万物归焉而弗为主，可命（名）于大。是以耴（圣）人之能成大也，以其不为大也，故能成大。

执大象，天下往。往而不害，安平大。乐与【饵】，过格（客）止。故道之出言也，曰："淡呵其无味也。视之，不足见也。听之，不足闻也。用之，不可既也。"

将欲擒（拿）之，必古（固）张之。将欲弱之，必古（固）○强之。将欲去之，必古（固）与之。将欲夺之，必古（固）予【之】。是胃（谓）微明。柔弱朕（胜）强。鱼不可说（脱）于渊，国利器不可以示人。

道恒无名，侯王若能守之，万物将自化。化而欲作，吾将阒（镇）之无名之朴。阒（镇）之以无名之朴，夫将不辱。不辱以静，天地将自正。

《道》二千四百廿六。

附录二 郭店竹简《老子》甲乙丙三组释文

甲组释文

十九

乚(絕)智(知)弃卞(辯),民利百伓(倍)。乚(絕)攷(巧)弃利,覜(盜)惻(賊)亡又(有)。乚(絕)僞(僞)弃慮,民复(復)季〈孝〉子(慈)。三言以爲叀(辨)不足,或命(令)之或虖(乎)豆(屬)。視索(素)保僕(樸),少厶(私)須〈寡〉欲。

六十六

江海(海)所以爲百浴(谷)王,以其能爲百浴(谷)下,是以能爲百浴(谷)王。聖人之才(在)民前也,以身後之;其才(在)民上也,以言下之。其才(在)民上也,民弗厚也;其才(在)民前也,民弗害也。天下樂進而弗詀(厭)。以其不靜(爭)也,古(故)天下莫能與之靜(爭)。

四十六中下

辠(罪)莫厚虖(乎)甚欲,咎朁僉(憯)虖(乎)谷(欲)得,化(禍)莫大虖(乎)不智(知)足。智(知)足之爲足,此互(恆)足矣。

三十上中

以術(道)差(佐)人宝(主)者,不谷(欲)以兵強于天下。善者果而已,不以取強。果而弗癹(伐),果而弗喬(驕),果而弗矜(矜),是胃(謂)果而不強。其事好。

十五

長古之善爲士者,必非(微)溺玄達,深不可志(識),是以爲之頌(容):夜(豫)虖(乎)奴若冬涉川,猷(猶)虖(乎)其奴(若)悝(畏)四罗(鄰),敢(嚴)虖(乎)其奴(若)客,觀(渙)虖(乎)其奴(若)懌(釋),屯虖(乎)其奴(若)樸,坉虖(乎)其奴(若)濁。竺(孰)能濁以朿(靜)者,酒(將)舍(徐)清。竺(孰)能庀以迬者,酒(將)舍(徐)生。保此術(道)者不谷(欲)端(尙)呈(盈)。

六十四下

爲之者敗之,執之者遠之。是以聖人亡爲古(故)亡敗;亡執古(故)亡遊(失)。臨事之紀,誓(愼)冬(終)女

(如)忖(始),此亡敗事矣。聖人谷(欲)不谷(欲),不貴難得之貨,孝(教)不孝(教),復眾之所＝甪(過)。是古(故)聖人能尃(輔)萬勿(物)之自肰(然),而弗能為。

三十七

術(道)亙(恆)亡為也,侯王能守之,而萬勿(物)牁(將)自憍(化)。憍(化)而雒(欲)复(作),牁(將)貞(鎮)之以亡名之斀(樸)。夫亦牁(將)智(知)足,智(知)以朿(靜),萬勿(物)牁(將)自定。

六十三

為亡為,事亡事,未(味)亡未(味)。大少(小)之多惕(易)必多雙(難)。是以聖人猷(猶)雙(難)之,古(故)終亡雙(難)。

二

天下皆智(知)散(美)之為散(美)也,亞(惡)已;皆智知善,其不善已。又(有)亡之相生也,戁(難)惕(易)之相成也,長耑(短)之相型(形)也,高下之相涅(盈)也,音聖(聲)之相和也,先後之相墮(隨)也。是以聖人居亡為之事,行不言之孝(教)。萬勿(物)复(作)而弗忖(始)也,為而弗志(恃)也,成而弗居。天(夫)唯弗居也,是以弗去也。

三十二

道亙(恆)亡名，僕(樸)唯(雖)妻(微)，天陞(地)弗敢臣，侯王女(如)能獸(守)之，萬勿(物)酒(將)自賓(賓)。天陞(地)相合也，以逾甘零(露)。民莫之命(令)天〈而〉自均安。訶(始)折(制)又(有)名。名亦既又(有)，夫亦酒(將)智(知)止，智(知)止所以不訶(殆)。卑(譬)道之才(在)天下也，猷(猶)少(小)浴(谷)之與江洢(海)。

二十五

又(有)酒蟲(狀)成，先天陞(地)生，敓繜(穆)，蜀(獨)立不亥(改)，可以爲天下母。未智(知)其名，绎(字)之曰道，虐(吾)弳(強)爲之名曰大。大曰澨，澨曰逺〈遠〉，逺〈遠〉曰反(返)。天大，陞(地)大，道大，王亦大。國中又(有)四大安，王凥(居)一安。人法陞(地)，陞(地)法天，天法道，道法自肰(然)。

五中

天陞(地)之勿(間)，其猷(猶)囨(橐)蘁〈籥〉與？虛而不屈，達(動)而愈出。

十六上

至虛，亙(恆)也；獸(守)中，管(篤)也。萬勿(物)方

(旁)复(作),居以須復也。天道員員,各復其堇(根)。

六十四上

其安也,易㓝(持)也。其未兆(兆)也,易悔(謀)也。其霝(脆)也,易畔(判)也。其幾也,易俴(散)也。爲之於其亡又(有)也。絧□(治)之于其未亂。合□□□□□【末】。九成之臺甲□□□□□□□足下。

五十六

智(知)之者弗言,言之者弗智(知)。閟〈閉〉其逸(兑),賽(塞)其門,和其光,迵(同)其䰇(塵)=,劃其䫉,解其紛,是胃(謂)玄同。古(故)不可得天〈而〉新(親),亦不可得而疋(疏);不可得而利,亦不可得而害;不可得而貴,亦不可得而戔(賤)。古(故)爲天下貴。

五十七

以正之(治)邦,以敧(奇)甬(用)兵,以亡事取天下。虖(吾)可(何)以智(知)其肰(然)也。夫天多期(忌)韋(諱),而民爾(彌)畔(叛)。民多利器,而邦慈(滋)昏。人多智(知)天〈而〉敧(奇)勿(物)慈(滋)叧(起)。法勿(物)慈(滋)章(彰),覞(盗)惻(賊)多又(有)。是以聖人之言曰:我無事而民自福(富)。我亡爲而民自蝨(化)。我好青（靜）而民自正。我谷（欲）不谷（欲）而民自樸。

五十五

畜（含）㥁（德）之厚者，比于赤子，蠚（螝）䘓蟲它（蛇）弗螫（螫），攫鳥猷（猛）獸弗扣，骨溺（弱）堇（筋）秫（柔）而捉固。未智（知）牝戊（牡）之合然葱（怒），精之至也。終日虖（乎）而不嚘（憂），和之至也。和曰週〈常（常）〉，智（知）和曰明。䀈（益）生曰羕囗（祥），心叟（使）燚（氣）曰強（強），勿（物）壯（壯）則老，是胃（謂）不道。

四十四

名與身箮（孰）新（親）？身與貨箮（孰）多？賞（得）與貞（亡）（箮孰）疠（病）？甚悉（愛）必大瞀（費），㕁（厚）贅（藏）必多貞（亡）。古（故）智（知）足不辱，智（知）止不怠（殆）可以長舊（久）。

四十

返也者，道遉（動）也。溺（弱）也者，道之甬（用）也。天下之勿（物）生于又（有），生于亡。

九

枽而浧（盈）之，不不若已。湍而群之，不可長保也。金玉浧（盈）室，莫能獸（守）也。貴福（富）喬（驕），自遺咎也。攻(功)述(遂)身退,天之道也。

乙 组 释 文

五十九

紿(治)人事天,莫若嗇。夫唯嗇,是以杲(早),是以杲(早)備(服)是胃(謂)……不=克=則莫智(知)其亙〈亟(極)〉,莫智(知)其亙〈亟(極)〉可以又(有)邦(國)。又(有)邦(國)之母,可以長……,長生舊(舊=久)視之道也。

四十八上

學者日益,爲道日員(損)。員(損)之或員(損),以至亡爲也,亡爲而亡不爲。

二十上

乢(絕)學亡惪(憂),唯與可(呵),相去幾可(何)? 羙(美)與亞(惡),相去可(何)若? 人之所禖(畏),亦不可以不禖(畏)。

十三

人蘢(寵)辱若纓(驚),貴大患若身。可(何)胃(謂)蘢(寵)辱? 蘢(寵)爲下也。得之若纓(驚),遊(失)之若纓（驚），是胃（謂）愳（寵）辱纓（驚）。□□□□若身？虐（吾）所以又（有）大患者，爲虐（吾）又（有）身，迊（及）虐（吾）亡身，或【可】（何）□□□□□□爲天下，若可以氒（託）天下矣。怎（愛）以身爲天下，若可（何）以迲天下矣。

四十一

上士昏（聞）道，堇（勤）能行于其中。中士昏（聞）道，若昏（聞）若亡。下士昏（聞）道，大芙（笑）之。弗大芙（笑），不足以爲道矣。是以建言又（有）之：明道女（如）孛（昧），遲（夷）道□□□道若退。上德惥（德）女（如）浴（谷），大白女（如）辱，坒（廣）惥（德）女（如）不足，建惥（德）女（如）□□貞（眞）女（如）愉。大方亡禺（隅），大器曼成，大音祇聖（聲），天象亡坓（形），……。

五十二中

閟（閉）其門，賽（塞）其逸（兌），終身不孟。啓其逸（兌），賽其事，終身不逨。

四十五

大成若夬（缺），其甬（用）不弊（敝）。大涅（盈）若中（盅），其甬（用）不穹（窮）。大攷（巧）若仙（拙），大成若詘，大植（直）若屈。趮（燥）勑（勝）蒼（滄），青（清）勑（勝）

然(熱),清清(靜)爲天下定(正)。

五十四

善建者不拔,善休者不兑(脫)。子孫以其祭祀不屯。攸(修)之身,其惪(德)乃貞(眞)。攸(修)之象(家),其惪(德)又(有)舍(餘)。攸(修)之向(鄉),其惪(德)乃長。攸(修)之邦,其惪(德)乃奉(豐)。攸(修)之天【下】□□□□□□□象(家),以向(鄉)觀向(鄉),以邦觀邦,以天下觀天下。虐(吾)可(何)以智(知)天□□□□。

丙 組 釋 文

十七

太上下智(知)又(有)之,其即(次)新(親)譽之,其既〈即(次)〉慴(畏)之,其即(次)炙(侮)之。信不足,安又(有)不信。猷(猶)虐(乎)其貴言也。成事述(遂)江(功),而百眚(姓)曰我自肰(然)也。

十八

古(故)大道癹(廢),安有息(仁)義。六新(親)不和,安有孝孥(慈)。邦象(家)緍(昏)□【安】又(有)正臣。

三十五

執大象,天下往。往而不害,安坪(平)大。樂與餌,怺(過)客止。古(故)道□□□,淡可(呵)其無味也。視之不足見,聖(聽)之不足聞(聞),而不可旣也。

三十一中下

君子居則貴左,甬(用)兵則貴右。古(故)曰兵者□□□□□□得已而甬(用)之。銛䤵爲上,弗媄(美)也。敀〈美〉之,是樂殺人。夫樂□□□以得志于天下,古(故)吉事上左,喪事上右。是以卞(偏)䞣(將)軍居左,上䞣(將)軍居右。言以喪豊(禮)居之也。古(故)□□,則以依(哀)悲位(莅)之,戰鄎(勝)則以喪豊(禮)居之。

六十四下

爲之者敗之,執之者遊(失)之。聖人無爲,古(故)無敗也;無執,古(故)□□□。斳(愼)終若訋(始),則無敗事喜(矣)。人之敗也,亙(恆)於其戲(且)成也敗之。 是以□人欲不欲,不貴戁(难)得之貨;学不学,复众人之所过(过),是以能桷(辅)壴(万)勿(物)之自朕(然),而弗敢为。

附录三　老子校定文

《老子》书，错简、衍文、脱字及误字不少，今依王弼本为蓝本，参看简本、帛书本及傅奕本等古本，根据历代校诂学者可取的见解，加以订正。下面为校定全文。

一　　章

道可道，非常道；名可名，非常名。
無，名天地之始；有，名萬物之母。
故常無，欲以觀其妙；常有，欲以觀其徼。
此兩者，同出而異名，同謂之玄。玄之又玄，衆妙之門。

二　章

　　天下皆知美之爲美，斯惡已；皆知善之爲善，斯不善已。

　　有無相生，難易相成，長短相形，高下相盈，音聲相和，前後相隨。

　　是以聖人處無爲之事，行不言之教；萬物作而不爲始，生而不有，爲而不恃，功成而弗居。夫唯弗居，是以不去。

三　章

　　不尚賢，使民不爭；不貴難得之貨，使民不爲盜；不見可欲，使民不亂。

　　是以聖人之治，虛其心，實其腹，弱其志，強其骨。常使民無知無欲。使夫智者不敢爲也。爲無爲，則無不治。

四　章

道沖,而用之或不盈。淵兮,似萬物之宗;湛兮,似或存。吾不知誰之子,象帝之先。

五　章

天地不仁,以萬物爲芻狗;聖人不仁,以百姓爲芻狗。天地之間,其猶橐籥乎? 虛而不屈,動而愈出。多言數窮,不如守中。

六　章

谷神不死,是謂玄牝。玄牝之門,是謂天地根。緜緜若存,用之不勤。

七　章

天長地久。天地所以能長且久者，以其不自生，故能長生。

是以聖人後其身而身先；外其身而身存。非以其無私邪？故能成其私。

八　章

上善若水。水善利萬物而不爭，處衆人之所惡，故幾於道。

居善地，心善淵，與善仁，言善信，政善治，事善能，動善時。夫唯不爭，故無尤。

九　章

持而盈之，不如其已；
揣而銳之，不可長保。

金玉滿堂,莫之能守;
富貴而驕,自遺其咎。
功遂身退,天之道也。

十　　章

載營魄抱一,能無離乎?
專氣致柔,能如嬰兒乎?
滌除玄鑒,能無疵乎?
愛民治國,能無爲乎?
天門開闔,能爲雌乎?
明白四達,能無知乎?

十 一 章

三十輻,共一轂,當其無,有車之用。
埏埴以爲器,當其無,有器之用。
鑿户牖以爲室,當其無,有室之用。
故有之以爲利,無之以爲用。

十 二 章

五色令人目盲；五音令人耳聾；五味令人口爽；馳騁畋獵，令人心發狂；難得之貨，令人行妨。

是以聖人爲腹不爲目，故去彼取此。

十 三 章

寵辱若驚，貴大患若身。

何謂寵辱若驚？寵爲下，得之若驚，失之若驚，是謂寵辱若驚。

何謂貴大患若身？吾所以有大患者，爲吾有身，及吾無身，吾有何患？

故貴以身爲天下，若可寄天下；愛以身爲天下，若可託天下。

十 四 章

視之不見,名曰"夷";聽之不聞,名曰"希";搏之不得,名曰"微"。此三者不可致詰,故混而爲一。其上不皦,其下不昧。繩繩兮不可名,復歸于無物。是謂無狀之狀,無物之象,是謂惚恍。迎之不見其首,隨之不見其後。

執古之道,以御今之有。能知古始,是謂道紀。

十 五 章

古之善爲士者,微妙玄通,深不可識。夫唯不可識,故強爲之容:

豫兮若冬涉川;

猶兮若畏四鄰;

儼兮其若客;

渙兮其若冰釋;

敦兮其若樸;

曠兮其若谷;

混兮其若濁;

【澹兮其若海,

飂兮若無止。】

孰能濁以靜之徐清;孰能安以動之徐生。

保此道者,不欲盈。夫唯不盈,故能蔽而新成。

十 六 章

致虛極,守靜篤。

萬物並作,吾以觀復。

夫物芸芸,各復歸其根。歸根曰靜,靜曰復命。復命曰常,知常曰明。不知常,妄作凶。

知常容,容乃公,公乃全,全乃天,天乃道,道乃久,沒身不殆。

十 七 章

太上,不知有之;其次,親而譽之;其次,畏之;其次,侮之。信不足焉,有不信焉。

悠兮其貴言。功成事遂,百姓皆謂:"我自然。"

十 八 章

大道廢,有仁義;六親不和,有孝慈;國家昏亂,有忠臣。

十 九 章

絕智棄辯,民利百倍;絕偽棄詐,民復孝慈;絕巧棄利,盜賊無有。此三者以爲文,不足。故令有所屬:見素抱樸,少私寡欲。

二 十 章

絕學無憂。唯之與阿,相去幾何?美之與惡,相去若何?人之所畏,不可不畏。

荒兮,其未央哉!

衆人熙熙,如享太牢,如春登臺。

我獨泊兮,其未兆,如嬰兒之未孩;

儽儽兮,若無所歸。

衆人皆有餘,而我獨若遺。我愚人之心也哉!沌沌兮!

俗人昭昭,我獨昏昏。

俗人察察,我獨悶悶。

澹兮其若海,飂兮若無止。

衆人皆有以,而我獨頑且鄙。

我獨異於人,而貴食母。

二十一章

孔德之容,惟道是從。

道之爲物,惟恍惟惚。惚兮恍兮,其中有象;恍兮惚兮,其中有物。窈兮冥兮,其中有精;冥兮窈兮,其中有信。

自今及古,其名不去,以閱衆甫。吾何以知衆甫之狀哉!以此。

二十二章

曲則全,枉則直,窪則盈,敝則新,少則得,多則惑。

是以聖人抱一爲天下式。不自見,故明;不自是,故彰;不自伐,故有功;不自矜,故能長。

夫唯不爭,故天下莫能與之爭。古之所謂"曲則全"者,豈虛言哉！誠全而歸之。

二十三章

希言自然。

故飄風不終朝,驟雨不終日。孰爲此者？天地。天地尚不能久,而況於人乎？故從事於道者,同於道;德者,同於德;失者,同於失。

同於德者,道亦德之;同於失者,道亦失之。

二十四章

企者不立；跨者不行；自見者不明；自是者不彰；自伐者無功；自矜者不長。

其在道也，曰：餘食贅形。物或惡之，故有道者不處。

二十五章

有物混成，先天地生。寂兮寥兮，獨立不改，周行而不殆，可以爲天下母。吾不知其名，強字之曰"道"，強爲之名曰"大"。大曰逝，逝曰遠，遠曰反。

故道大，天大，地大，人亦大。域中有四大，而人居其一焉。

人法地，地法天，天法道，道法自然。

二十六章

重爲輕根，靜爲躁君。

是以君子終日行不離輜重。雖有榮觀,燕處超然。奈何萬乘之主,而以身輕天下?

輕則失根,躁則失君。

二十七章

善行無轍迹;善言無瑕謫;善數不用籌策;善閉無關楗而不可開;善結無繩約而不可解。

是以聖人常善救人,故無棄人;常善救物,故無棄物。是謂襲明。

故善人者,不善人之師;不善人者,善人之資。不貴其師,不愛其資,雖智大迷,是謂要妙。

二十八章

知其雄,守其雌,爲天下谿。爲天下谿,常德不離,復歸於嬰兒。

知其白,守其辱,爲天下谷。爲天下谷,常德乃足,復歸於樸。

樸散則爲器,聖人用之,則爲官長,故大制不割。

二十九章

將欲取天下而爲之,吾見其不得已。天下神器,不可爲也,不可執也。爲者敗之,執者失之。是以聖人無爲,故無敗;無執,故無失。

故物或行或隨;或噓或吹;或強或羸;或培或墮。

是以聖人去甚,去奢,去泰。

三十章

以道佐人主者,不以兵強天下。其事好還。師之所處,荊棘生焉。

善有果而已,不以取強。果而勿矜,果而勿伐,果而勿驕,果而不得已,果而勿強。

物壯則老,是謂不道,不道早已。

三十一章

夫兵者,不祥之器,物或惡之,故有道者不處。

君子居則貴左,用兵則貴右。兵者不祥之器,非君子之器,不得已而用之,恬淡爲上。勝而不美,而美之者,是樂殺人。夫樂殺人者,則不可得志於天下矣。

吉事尙左,凶事尙右。偏將軍居左,上將軍居右,言以喪禮處之。殺人之衆,以悲哀泣之,戰勝以喪禮處之。

三十二章

道常無名樸。雖小,天下莫能臣。侯王若能守之,萬物將自賓。

天地相合,以降甘露,民莫之令而自均。

始制有名,名亦旣有,夫亦將知止,知止可以不殆。

譬道之在天下,猶川谷之於江海。

三十三章

知人者智,自知者明。
勝人者有力,自勝者強。
知足者富。
強行者有志。
不失其所者久。
死而不亡者壽。

三十四章

大道氾兮,其可左右。萬物恃之以生而不辭,功成而不有。衣養萬物而不爲主,可名於小;萬物歸焉而不爲主,可名爲大。以其終不自爲大,故能成其大。

三十五章

執大象,天下往。往而不害,安平泰。

樂與餌,過客止。道之出口,淡乎其無味,視之不足見,聽之不足聞,用之不足既。

三十六章

將欲歙之,必固張之;將欲弱之,必固強之;將欲廢之,必固興之;將欲取之,必固與之。是謂微明。

柔弱勝剛強。魚不可脫於淵,國之利器不可以示人。

三十七章

道常無爲而無不爲。侯王若能守之,萬物將自化。化而欲作,吾將鎮之以無名之樸。無名之樸,夫亦將不欲。不欲以靜,天下將自正。

三十八章

上德不德,是以有德;下德不失德,是以無德。

上德無爲而無以爲;上仁爲之而無以爲;上義爲之而

有以爲。上禮爲之而莫之應,則攘臂而扔之。

故失道而後德,失德而後仁,失仁而後義,失義而後禮。

夫禮者,忠信之薄,而亂之首。

前識者,道之華,而愚之始。是以大丈夫處其厚,不居其薄;處其實,不居其華。故去彼取此。

三十九章

昔之得一者:天得一以清;地得一以寧;神得一以靈;谷得一以盈;萬物得一以生;侯王得一以爲天下正。

其致之也,謂天無以清,將恐裂;地無以寧,將恐廢;神無以靈,將恐歇;谷無以盈,將恐竭;萬物無以生,將恐滅;侯王無以正,將恐蹶。

故貴以賤爲本,高以下爲基。是以侯王自稱孤、寡、不穀。此非以賤爲本邪?非乎?故至譽無譽。是故不欲琭琭如玉,珞珞如石。

四　十　章

反者道之動；弱者道之用。

天下萬物生於有，有生於無。

四 十 一 章

上士聞道，勤而行之；中士聞道，若存若亡；下士聞道，大笑之。不笑不足以爲道。故建言有之：

明道若昧；

進道若退；

夷道若纇；

上德若谷；

大白若辱；

廣德若不足；

建德若偷；

質眞若渝；

大方無隅；

大器晚成；

大音希聲；

大象無形；

道隱無名。

夫唯道,善貸且成。

四十二章

道生一,一生二,二生三,三生萬物。萬物負陰而抱陽,沖氣以爲和。

四十三章

天下之至柔,馳騁天下之至堅。無有入無間,吾是以知無爲之有益。

不言之教,無爲之益,天下希及之。

四十四章

名與身孰親？身與貨孰多？得與亡孰病？

甚愛必大費；多藏必厚亡。

故知足不辱，知止不殆，可以長久。

四十五章

大成若缺，其用不弊。

大盈若沖，其用不窮。

大直若屈，大巧若拙，大辯若訥。

躁勝寒，靜勝熱。清靜爲天下正。

四十六章

天下有道，卻走馬以糞。天下無道，戎馬生於郊。

咎莫大於欲得；禍莫大於不知足。故知足之足，常足矣。

四十七章

不出戶,知天下;不闚牖,見天道。其出彌遠,其知彌少。

是以聖人不行而知,不見而明,不爲而成。

四十八章

爲學日益,爲道日損。損之又損,以至于無爲。

無爲而無不爲。取天下常以無事,及其有事,不足以取天下。

四十九章

聖人常無心,以百姓心爲心。

善者,吾善之;不善者,吾亦善之;德善。

信者,吾信之;不信者,吾亦信之;德信。

聖人在天下,歙歙焉,爲天下渾其心,百姓皆注其耳目,聖人皆孩之。

五 十 章

出生入死。生之徒,十有三;死之徒,十有三;人之生生,動之於死地,亦十有三。夫何故?以其生生之厚。

蓋聞善攝生者,陸行不遇兕虎,入軍不被甲兵;兕無所投其角,虎無所用其爪,兵無所容其刃。夫何故?以其無死地。

五 十 一 章

道生之,德畜之,物形之,勢成之。
是以萬物莫不尊道而貴德。
道之尊,德之貴,夫莫之命而常自然。
故道生之,德畜之;長之育之;亭之毒之;養之覆之。生而不有,爲而不恃,長而不宰。是謂"玄德"。

五十二章

天下有始,以爲天下母。旣得其母,以知其子;旣知其子,復守其母,沒身不殆。

塞其兌,閉其門,終身不勤。開其兌,濟其事,終身不救。

見小曰明,守柔曰強。用其光,復歸其明,無遺身殃;是爲襲常。

五十三章

使我介然有知,行於大道,唯施是畏。

大道甚夷,而人好徑。朝甚除,田甚蕪,倉甚虛;服文彩,帶利劍,厭飲食,財貨有餘;是謂盜夸。非道也哉!

五十四章

善建者不拔,善抱者不脫,子孫以祭祀不輟。

修之於身，其德乃眞；修之於家，其德乃餘；修之於鄉，其德乃長；修之於邦，其德乃豐；修之於天下，其德乃普。

故以身觀身，以家觀家，以鄉觀鄉，以邦觀邦，以天下觀天下。吾何以知天下然哉？以此。

五十五章

含德之厚，比於赤子。蜂蠆虺蛇不螫，攫鳥猛獸不搏。骨弱筋柔而握固。未知牝牡之合而朘作，精之至也。終日號而不嗄，和之至也。

知和曰常，知常曰明。益生曰祥。心使氣曰強。物壯則老，謂之不道，不道早已。

五十六章

知者不言，言者不知。

塞其兌，閉其門，挫其銳，解其紛，和其光，同其塵，是謂"玄同"。故不可得而親，不可得而疏；不可得而利，不可得而害；不可得而貴，不可得而賤。故爲天下貴。

五十七章

以正治國，以奇用兵，以無事取天下。吾何以知其然哉？以此：

天下多忌諱，而民彌貧；人多利器，國家滋昏；人多伎巧，奇物滋起；法令滋彰，盜賊多有。

故聖人云："我無爲，而民自化；我好靜，而民自正；我無事，而民自富；我無欲，而民自樸。"

五十八章

其政悶悶，其民淳淳；其政察察，其民缺缺。是以聖人方而不割，廉而不劌，直而不肆，光而不耀。

禍兮福之所倚，福兮禍之所伏。孰知其極？其無正也。正復爲奇，善復爲妖。人之迷，其日固久。

五十九章

治人事天,莫若嗇。

夫唯嗇,是謂早服;早服謂之重積德;重積德則無不克;無不克則莫知其極;莫知其極,可以有國;有國之母,可以長久;是謂深根固柢,長生久視之道。

六　十　章

治大國,若烹小鮮。

以道莅天下,其鬼不神;非其鬼不神,其神不傷人;非其神不傷人,聖人亦不傷人。夫兩不相傷,故德交歸焉。

六 十 一 章

大邦者下流,天下之牝,天下之交也。牝常以靜勝牡,以靜爲下。

故大邦以下小邦,則取小邦;小邦以下大邦,則取大邦。故或下以取，或下而取。大邦不過欲兼畜人，小邦不過欲入事人。夫兩者各得所欲，大者宜爲下。

六十二章

道者萬物之奧。善人之寶，不善人之所保。

美言可以市，尊行可以加人。人之不善，何棄之有？故立天子，置三公，雖有拱璧以先駟馬，不如坐進此道。

古之所以貴此道者何？不曰：求以得，有罪以免邪？故爲天下貴。

六十三章

爲無爲，事無事，味無味。

大小多少，〔報怨以德。〕圖難于其易，爲大于其細；天下難事，必作於易，天下大事，必作於細。是以聖人終不爲大，故能成其大。

夫輕諾必寡信，多易必多難。是以聖人猶難之，故終無難矣。

六十四章

其安易持,其未兆易謀。其脆易泮,其微易散。爲之於未有,治之於未亂。

合抱之木,生於毫末;九層之臺,起於累土;千里之行,始於足下。

〔爲者敗之,執者失之。是以聖人無爲故無敗;無執故無失。〕

民之從事,常於幾成而敗之。慎終如始,則無敗事。

〔是以聖人欲不欲,不貴難得之貨;學不學,復衆人之所過,以輔萬物之自然而不敢爲。〕

六十五章

古之善爲道者,非以明民,將以愚之。

民之難治,以其智多。故以智治國,國之賊;不以智治國,國之福。

知此兩者亦稽式。常知稽式,是謂"玄德"。玄德深矣,遠矣,與物反矣,然后乃至大順。

六十六章

江海之所以能爲百谷王者,以其善下之,故能爲百谷王。

是以聖人欲上民,必以言下之;欲先民,必以身後之。是以聖人處上而民不重,處前而民不害。是以天下樂推而不厭。以其不爭,故天下莫能與之爭。

六十七章

〔天下皆謂我:"道大,似不肖。"夫唯大,故似不肖。若肖,久矣其細也夫!〕

我有三寶,持而保之。一曰慈,二曰儉,三曰不敢爲天下先。

慈故能勇;儉故能廣;不敢爲天下先,故能成器長。

今舍慈且勇;舍儉且廣;舍后且先;死矣!

夫慈,以戰則勝,以守則固。天將救之,以慈衛之。

六十八章

善爲士者,不武;善戰者,不怒;善勝敵者,不與;善用人者,爲之下。是謂不爭之德,是謂用人,是謂配天,古之極也。

六十九章

用兵有言:"吾不敢爲主,而爲客;不敢進寸,而退尺。"是謂行無行;攘無臂;扔無敵;執無兵。

禍莫大於輕敵,輕敵幾喪吾寶。

故抗兵相若,哀者勝矣。

七十章

吾言甚易知,甚易行。天下莫能知,莫能行。

言有宗,事有君。夫唯無知,是以不我知。

知我者希,則我者貴。是以聖人被褐懷玉。

七十一章

知不知,尚矣;不知知,病也。聖人不病,以其病病。夫唯病病,是以不病。

七十二章

民不畏威,則大威至。
無狎其所居,無厭其所生。夫唯不厭,是以不厭。
是以聖人自知不自見;自愛不自貴。故去彼取此。

七十三章

勇於敢則殺,勇於不敢則活。此兩者,或利或害。天之所惡,孰知其故?
天之道,不爭而善勝,不言而善應,不召而自來,繟然而善謀。天網恢恢,疏而不失。

七十四章

民不畏死,奈何以死懼之?若使民常畏死,而爲奇者,吾將得而殺之,孰敢?

常有司殺者殺。夫代司殺者殺,是謂代大匠斲,夫代大匠斲者,希有不傷其手矣。

七十五章

民之饑,以其上食稅之多,是以饑。
民之難治,以其上之有爲,是以難治。
民之輕死,以其上求生之厚,是以輕死。
夫唯無以生爲者,是賢於貴生。

七十六章

人之生也柔弱,其死也堅強。
草木之生也柔脆,其死也枯槁。

故堅強者死之徒,柔弱者生之徒。

是以兵強則滅,木強則折。

強大處下,柔弱處上。

七十七章

天之道,其猶張弓與？高者抑之,下者舉之;有餘者損之,不足者補之。

天之道,損有餘而補不足。人之道,則不然,損不足以奉有餘。

孰能有餘以奉天下,唯有道者。

是以聖人爲而不恃,功成而不處,其不欲見賢。

七十八章

天下莫柔弱於水,而攻堅強者莫之能勝,以其無以易之。

弱之勝強,柔之勝剛,天下莫不知,莫能行。

是以聖人云:"受國之垢,是謂社稷主;受國不祥,是爲天下王。"正言若反。

七十九章

和大怨,必有餘怨;〔報怨以德〕,安可以爲善?

是以聖人執左契,而不責於人。有德司契,無德司徹。

天道無親,常與善人。

八十章

小國寡民。使有什伯人之器而不用;使民重死而不遠徙。雖有舟輿,無所乘之,雖有甲兵,無所陳之。使民復結繩而用之。

甘其食,美其服,安其居,樂其俗。鄰國相望,雞犬之聲相聞,民至老死,不相往來。

八十一章

信言不美,美言不信。

善者不辯,辯者不善。

知者不博,博者不知。

聖人不積,既以爲人己愈有,既以與人己愈多。

天之道,利而不害;聖人之道,爲而不爭。

附录四 参考书目

一　　先秦至六朝

1　《马王堆汉墓帛书老子》
2　韩　非　《解老》《喻老》
3　河上公　《老子章句》
4　河上公　《老子道德经》
5　严　遵　《道德指归论》
6　严　遵　《老子注》
7　王　弼　《道德真经注》
8　王　弼　《老子微旨例略》
9　谷神子　《道德指归论注》
10　葛　玄　《老子节解》

二　　初唐至五代

11　陆德明　《老子音义》
12　魏　征　《老子治要》
13　傅　奕　《道德经古本篇》
14　颜师古　《玄言新记明老部》
15　成玄英　《道德经开题序诀义疏》
16　李　荣　《道德真经注》
17　李　约　《老子道德真经新注》
18　景　龙　《道德经碑》
19　开　元　《御注道德经幢》
20　唐玄宗　《御注道德真经》
21　唐玄宗　《道德真经疏》
22　广　明　《道德经幢》
23　景　福　《道德经碑》

24	马 总	《老子意林》		27	杜光庭	《道德真经广圣义疏》
25	王 真	《道德真经论兵要义述》		28	强思齐	《道德真经玄德纂疏》
				29	顾 欢	《道德经注疏》
26	陆希声	《道德真经传》		30	乔 讽	《道德经疏义节解》

三　　两宋至元代

31	宋 鸾	《道德篇章玄颂》		49	葛长庚	《道德宝章》
32	王安石	《老子注》		50	彭 耜	《道德真经集注》
33	王 雱	《老子注》		51	赵秉文	《道德真经集解》
34	陈景元	《道德真经藏室纂微篇》		52	董思靖	《道德真经集解》
				53	李嘉谋	《道德真经义解》
35	吕惠卿	《道德真经传》		54	林希逸	《老子口义》
36	司马光	《道德真经论》		55	龚士卨	《纂图互注老子道德经》
37	苏 辙	《老子解》				
38	陈象古	《道德真经解》		56	范应元	《老子道德经古本集注》
39	邵若愚	《道德真经直解》				
40	程 俱	《老子论》		57	赵至坚	《道德真经疏义》
41	叶梦得	《老子解》		58	李道纯	《道德会元》
42	时 雍	《道德真经全解》		59	刘辰翁	《老子道德经评点》
43	程大昌	《易老通言》		60	邓 锜	《道德真经三解》
44	员兴宗	《老子略解》		61	刘惟永	《道德真经集义大旨》
45	李 霖	《道德真经取善集》		62	杜道坚	《道德玄经原旨》
46	黄茂材	《老子解》		63	赵孟頫	《老子道德经》
47	寇质才	《道德真经四子古道集解》		64	张嗣成	《道德真经章句训颂》
				65	陈致虚	《道德经转语》
48	吕祖谦	《音注老子道德经》		66	吴 澄	《道德真经注》

67　林至坚　《道德真经注》
68　何道全　《老子道德经述注》
69　蒋融庵　《道德真经颂》
70　陶宗仪　《老子》

四　　明代

71　明太祖　《御注道德真经》
72　危大有　《道德真经集义》
73　薛　蕙　《老子集解》
74　张洪阳　《道德经注解》
75　释德清　《老子道德经解》
76　朱得之　《老子通义》
77　王　道　《老子亿》
78　陆长庚　《老子道德经玄览》
79　沈　津　《老子道德经类纂》
80　王　樵　《老子解》
81　李　贽　《老子解》
82　张登云　《老子道德经参补》
83　沈一贯　《老子通》
84　焦　竑　《老子翼》
85　林兆恩　《道德经释略》
86　陈　深　《老子品节》
87　徐学谟　《老子解》
88　王一清　《道德经释辞》
89　彭好古　《道德经》
90　归有光　《道德经评点》
91　祝世禄　《老子奇评》
92　陈懿典　《老子道德经精解》
93　孙　矿　《老子评注》
94　钟　惺　《老子嫏嬛》
95　钟　惺　《老子文归》
96　陶望龄　《陶周望老子解》
97　赵　统　《老子断注》
98　洪应绍　《道德经测》
99　龚修默　《老子或问》
100　潘基庆　《道德经集注》
101　郭良翰　《老子道德经荟解》
102　陈仁锡　《老子奇赏》
103　程以宁　《太上道德宝章翼》
104　顾锡畴　《道德经解》

五　　清代

105　王夫之　《老子衍》
　　　清世祖
106　　　　　《御注道德经》
　　　成克巩
　　　顾如华
107　　　　　《道德经参补注释》
　　　孙承泽
108　张尔岐　《老子说略》
109　马　骕　《老子》
110　德　玉　《道德经顺朱》
111　傅　山　《老子解》
112　宋常星　《道德经讲义》
113　花　尚　《道德经眼》
114　徐永祐　《道德经集注》
115　郭乾泗　《老子元翼》
116　徐大椿　《道德经注》
117　纪　昀　《老子道德经校订》
118　黄文运　《道德经订注》
119　卢文弨　《老子音义考证》
120　毕　沅　《老子道德经考异》
121　姚　鼐　《老子章义》
122　郑　环　《老子本义》
123　倪元坦　《道德经参注》
124　纪大奎　《老子约说》
125　任兆麟　《老子述记》
126　吴　鼐　《老子解》
127　潘静观　《道德经妙门约》
128　汪　中　《老子考异》
129　王　昶　《校老子》
130　邓　晅　《道德经辑注》
131　江有诰　《老子韵读》
132　严可均　《老子唐本考异》
133　洪颐煊　《读老子丛录》
134　清阳子　《道德经述义》
135　王念孙　老子杂志（在《读书杂志》内）
136　李涵虚　《道德经注释》
137　魏　源　《老子本义》
138　宋翔凤　《老子章义》
139　吴　云　《老子道德经幢残石校记》
140　陈　沣　《老子注》
141　俞　樾　《老子平议》（在《诸子平议》内）
142　高延第　《老子证义》
143　陶鸿庆　《读老子札记》
144　易顺鼎　《读老札记》
145　吴汝纶　《点勘老子读本》

146	郭 谐	《老子识小》	150	文廷式	《老子校语》
147	滕云山	《道德经浅注》	151	刘师培	《老子斠补》
148	严 复	《老子道德经评点》	152	陶邵学	《校老子》
149	孙诒让	《老子札记》	153	于 畅	《老子校书》

六　　民国以来

154	刘蕴和	《新解老》	173	曹聚仁	《老子集注》
155	张之纯	《评注老子菁华》	174	高岳岱	《新式标点老子道德经》
156	张其淦	《老子约》			
157	胡薇元	《道德经达话》	175	陈 柱	《老学八篇》
158	区大典	《老子讲义》	176	陈 柱	《老子》
159	马其昶	《老子故》	177	丁福保	《老子道德经笺注》
160	田 潜	《篆文老子》	178	江 瑔	《读老子卮言》
161	杨树达	《老子古义》	179	李继煌	《新解老》
162	罗振玉	《老子考异补遗》	180	王重民	《老子考》
163	蔡廷干	《老解老》	181	钱基博	《老子道德经解题及其读法》
164	吴承仕	《老子音义辨证》			
165	马叙伦	《老子校诂》	182	王 力	《老子研究》
166	江希张	《道德经白话解说》	183	陈登澥	《老子今见》
167	徐绍祯	《道德经述义》	184	刘成炘	《老子二钞》
168	支伟成	《老子道德经》	185	李 翘	《老子古注》
169	程辟金	《老子哲学的研究和批评》	186	胡远濬	《老子述义》
			187	高 亨	《老子正诂》
170	郎擎霄	《老子学案》	188	丁展成	《老子补注》
171	奚 侗	《老子集解》	189	孙思昉	《老子政治思想概论》
172	罗运贤	《老子余谊》			

190	蔡尚思	《老墨哲学人生观》		213	严灵峰	《老子达解》
191	江侠庵	《译老子原始》		214	叶玉麟	《白话句解老子道德经》
192	缪尔舒	《老子新注》		215	萧天石	《老子哲学阐微》
193	胡怀琛	《老子学辨》		216	陆世鸿	《老子现代语解》
194	丁惟鲁	《道德经》		217	张纯一	《老子通释》
195	胡哲敷	《老庄哲学》		218	许大同	《老子哲学》
196	汪桂年	《老子通诂》		219	张起钧	《老子》
197	钱　穆	《庄老通辨》		220	谭正璧	《老子读本》
198	于省吾	《老子新证》(在《诸子新言》内)		221	朱谦之	《老子校释》
199	何士骥	《古本道德经校刊》		222	任继愈	《老子今译》
200	余嘉锡	《四库提要老子注辨证》		223	吴　康	《老子哲学》
201	蒋锡昌	《老子校诂》		224	饶宗颐	《老子想尔注校笺》
202	王恩洋	《老子学案》		225	杨兴顺	《中国古代哲学家老子及其学说》
203	汤仰晖	《老子考证》		226	王寒生	《老子道德经注》
204	张心澄	《老子通考》(在《伪书通考》内)		227	何鉴宗	《老子新绎》
205	劳　健	《老子古本考》		228	梁容若	《老子的流传与注解》
206	张荫良	《老子新诂》		229	杨柳桥	《老子译话》
207	张默生	《老子章句新释》		230	罗根泽	《老子选注》
208	严灵峰	《老子章句新编》		231	车　载	《论老子》
209	严灵峰	《老子众说纠缪》		232	哲学研究编辑部	《老子哲学讨论集》
210	严灵峰	《老庄研究》		233	程兆熊	《老子讲义》
211	严灵峰	《老子知见书目》(合在《老列庄三子知见书目》内)		234	徐复观	《中国人性论史》
				235	福永光司	《老子》
212	严灵峰	《无求备斋老子集成》		236	吴静宇	《老子义疏注》

237	钟应梅	《老子新诠》	256	严灵峰	《老子崇宁王注》
238	赵文秀	《老子研究》	257	严灵峰	《马王堆帛书老子试探》
239	唐子长	《老子重编》	258	严一萍	《帛书竹简》
240	田干吾	《老子》	259	郑良树	《竹简帛书论文集》
241	吴常熙	《老子正义》	260	卢育三	《老子释义》
242	萧纯伯	《老子道德经语释》	261	许抗生	《帛书老子注译与研究》
243	葛连祥	《老子会通》	262	张松如	《老子校读》
244	纪敦诗	《老子正解》	263	冯达甫	《老子译注》
245	封思毅	《老子述解》	264	黄钊	《帛书老子校注析》
246	龚乐群	《老庄异同》	265	高明	《帛书老子校注》
247	王淮	《老子探义》	266	丁原植	《郭店竹简老子释析与研究》
248	余培林	《新译老子读本》	267	彭浩	《郭店楚简老子校读》
249	周绍贤	《老子要义》	268	刘信芳	《荆门郭店竹简老子解诂》
250	蔡明田	《老子的政治思想》	269	戴维	《帛书老子校释》
251	胡寄窗	《道家的经济思想》（在《中国经济思想史》内）	270	徐志钧	《老子帛书校注》
252	童书业	《老子思想研究》（在《先秦七子思想研究》内）	271	邹安华	《楚简与帛书老子》
253	钱钟书	《老子王弼注》（在《管锥编》内）	272	李零	《郭店楚简校读记》
254	金容沃	《老子自然哲学中无为之功能》			
255	容肇祖	《王安石老子注辑本》			

校 后 记

今年八月中旬,由北大哲学系和香港道教学院合作主办的"道家文化国际学术研讨会"在北京召开,这是一次前所未有的学术盛会,会上收到中外学者有关道家文化研究的论文约一百五十篇(外国学者占三分之一),会后我们将会议论文略作整理,计划陆续在我主编的《道家文化研究》上结集发表。在这些论文中,有关老子的部分在道家各派中占的比重最大,可见中外学者对老学的研究至今仍长盛不衰。其中湖北省博物馆彭浩教授的论文讨论了三年前在湖北荆门出土的一批和《老子》有密切联系的竹简。日后,这批珍贵文献的公布,势必再度引起老学研究的高潮。关于这批竹简的出土,近两年来报刊曾有零星报道,将其称作"中国最早的'书'",所以有关这方面的研究,一直受到学界的关注,但是该报道误将其说成是"对话体"的《老子》,以致海内外以讹传讹。这次国际会议上,我特地请参加整理这批竹简的彭浩先生给大会提交了一份报告(他的文章稍后将在《道家文化研究》上刊出),在此我先简要地作一介绍:

一九九三年冬,在湖北省荆门市郭店村的一座楚墓中出土了

一批竹简,其中部分简文的内容与通行本《老子》相同(以下称"简本")。简本的文字是典型的楚国文字,有三个显著的特点:

(一)它是由三组竹简组成,各组简的长度和编线位置各异,由此可知它们是各自成册的;

(二)简本中有两组的文字和内容与通行本《老子》相同,但句序不同,另一组的文字中有近一半的内容不见于通行本《老子》;

(三)与通行本《老子》对照,简本仅是《老子》的一部分另行组合成文。

由此初步推断,郭店楚墓中发现的简本是一部战国时期流传于楚地并与《老子》相关甚密的作品。

与时代较晚的西汉帛书本《老子》对比,简本的绝大部分文字与帛书本相同或相近,只是次序迥异,它不分作《德经》和《道经》,也多不分章。据此分析,简本的来源有两种可能,一是由于口相传授的方式,战国时期楚地流传着两种以上的《老子》抄本,简本是其中之一;一是简本是根据《老子》摘编而成的。总之,简本的出现证明《老子》成书年代的下限应早于战国早期。

由于这批竹简的整理工作尚未完成,所以彭浩先生对于具体的内容并没有进一步的透露。这批竹简及其释文近年可望问世,届时将为学界关于《老子》传本、内容和成书年代等方面的研究提供更多资料。

本书校对期间,恰逢北大高明教授的《帛书老子校注》出版,拜读之后给我很多启发，也使我对帛书《老子》与今本间的异同之研究更加留意。三校时采用了高明教授的许多高见，特在此致意。

陈鼓应
一九九六年十一月